陳拱著

王充思想評論

戴君仁題

臺灣商務印書館 發行

目錄

續版自序

本書，王充思想評論，原爲東海大學之研究而作，民國五十七年由東海大學出版、發行，及至六十七年再版一次。先後兩版均由臺中市中央書局經銷，現在已經銷售盡淨，更無餘存了。東海大學在創校之初，非常注重學校之學術地位，爲了提高學術水準，增進教學效果，極爲重視教師之研究工作，所以特別設有教師「研究、出版辦法」，儘量鼓勵同人從事研究。凡願意參加研究的，可以提出申請，經學校認可後，均予適當之補助，增加收入。而教授一級，尤爲優待，規定五年有一度休假，四年一度研究，可以帶課研究，亦可以停課研究，另撥助教一名爲整理資料之助。而其研究成果悉由學校負責出版，轉託各大書局經銷。東海有此研究環境，故在初期之十餘年中，即有中、英文著作數十種問世。

本人於民國四十七年進入東海中國文學系任教，有機會參與此一良好的研究環境，深感慶幸，亦深自惕勵，切莫辜負這種難得的際遇！東海大學創校，本極注重中國學術、文化之闡發，特於人文學科中開設二年級國文，簡稱爲「大二國文」，另外又開有「論語」、「孟子」等科目，爲全校各系二年級學生所必修。故東海學生除了必修大一國文外，還要修習大二國文及論、孟等課程，方能畢業。而大二國文，雖然亦稱國文，但在內容性質上與一般所說的國文，即大一國文，完全不同。一般的國文，多以語文訓練爲主，要在使學生了解、吸收古典性文辭之意義，學習其表達之方式。大二國文，則全以訓練思想為主，磨練其思考能力，尤其重要的，使學者對於人文哲理之認識、理解與肯定。依當時所編之教材而言，全是義（亦即今日所謂哲學）方面的基本資料。自先秦而兩漢、魏、晉、南北朝、隋、唐、宋、明及清代為止，實際上即是一部中國思想史或哲學史的基本資料。這種資料類比著大一國文之名，也稱之為大二國文，當然是不恰當的，但卻似乎較有親切之感，不比什麼哲學一類名稱，未免令人望而生畏，以至「敬而遠之」吧！

當時的大二國文，全校共分四組講授，由徐復觀先生、業師牟宗三先生及高葆光先生各擔任一組。我隨諸先生之後，亦擔任一組。其後，因為學生人數增加，又開設一組，亦由我擔任。東海開設此一課程，大約維持了二十年之久，我教此一課程，也有十七、八年的歲月。而此一教學經歷，正是我後來接授「中國思想史」一課程之最重要的經歷。要講授此種大二國文，我當時的感受，正是一則以喜，一則以憂。喜的是我有機會講授這些教材，一定有益於我的研究工作；憂的是恐怕教不好這一課程，讓學習者厭倦。然而，既然已經接受，自應盡全力以赴，雖或有最大的困難，亦須予以克服！起初，的確是由「教」以逼「學」。因為必須教，必須教得妥善，所以不能不盡力學，不得不盡力研究此種教材。此種教材本是中國正規的學問，全是人的學問，生命的學問，並非一般知識性的學問，其困難之情，實非言詞所能表達。好在這種學問，對我來說，並非完全陌生，平日大抵均已有所接觸。因而，在不斷的盡力，而復盡力之下，漸漸地確有一種「苦盡甘來」之感，深覺「教學相長」之可喜、可慰！

當然，上圖書館找有關資料並不難，安排資料、組織資料，以便講解亦不難；難的是對於此種教材本身之縱貫性之體悟，以至有所悟入以後而再以自家言辭（或文辭）加以表出。這才是最難最難的事。這不是一般的參考資料所能提供，而是以生命接生命、心靈契心靈的事，必有賴於自家生命之覿面承當，尤有賴於自家心靈之直契古人心靈，然後始能「觸處而通」，真能「歡然內懌」了！幾經盡力，盡力而復盡力，終於使我走上一條獨立研究的途徑，一條較能相應於研究中國學術思想的途徑。研究與教學不能分離，研究的目的固然在於提高教學水準，令學生受益，但研究必須深入而詳盡，而教學則須視學習者程度而有所斟酌、取捨。這亦可以表示教與學的不同，必須是雙軌的。我教這樣的國文，教了十七、八年之久，對於那些中國思想史的基本資料也揣摩了同樣的時間：教的成績如何，我不敢說，我只能盡我所應盡的而已；至於自家的研究，在此長時間中，除了留下四十餘種有關思想史的單篇論文外，也單獨研究了完整的兩家：其一是先秦的墨子思想，其另一是東漢的王充思想。

關於墨子思想，我當時所寫的，只有墨子本身的思想，一部份是叙述其思想之原委，一部份是解析其思想之內涵與問題之癥結。而其有關的許多外圍的問題，則全未涉及。故此一研究，僅限墨子思想本身，我名之爲墨學研究，分上下兩編。對於王充思想之研究，則是透過論衡八十四篇之探索，尋得其「中心觀念是氣，並知其乃由氣以上綰天道，下徹性、命之骨幹性之系統以後，其環繞於此一系統所形成之各方面思想，即已展現無餘，而其優點與缺點亦可因之而照察清楚了。此一研究，我名之為王充思想評論，與墨學研究均由東海大學出版，並由臺中市中央書局經銷，其後各再版一次，即無法再印了。唯墨學研究於上幾年曾將其有關之外圍資料綜合整理，續予申述完備，並改名為墨學之省察，由臺灣學生書局繼續出版。

而王充思想評論一書，則一直拖延至今，而未能續印。若任其就此湮没，實在心有不忍！幾經考慮，於是逕函臺灣商務印書館，懇請其為本書繼續出版。緬想商務傳統，素以文化事業為重，應可應允。果然不出所望，不久以後，即奉該館編審委員會函示，要者：以本書係由東海大學出版、中央書局總經銷，唯為釐清權益起見，須本人取得東海大學及中央書局分別同意放棄出版及總經銷權益之書面文件，則該館可以考慮出版、發行云云。

接讀商務此一回音，甚感欣慰，即與東海當局相商。校長阮大年先生亦欣見此事之成，即面著主任秘書出具同意書，並設法查明本書由中央書局經銷之情形，可否請該局開具一書面文件。據查：當年東海出版此書時，確曾委託該局經銷，然雙方並未簽訂正式契約，僅有口頭上之承諾，及本書銷售完畢，此種承諾亦自然歸於消失。故無經銷權之可言，亦無開具同意書之理由。因而，對於商務所提之兩項權益，出版權與經銷權，只有前者達成，至於後者，則在本人自家之完全保證之下，終於亦首肯了。

本書承商務繼續出版，除深致謝忱外，特將其成書原委及出版原委，序之如上，以資紀念！

民國八十四年十一月　陳拱自序於大度山

徐序

我們學術界，肯從事於研究中國文化工作的人，多承乾、嘉餖飣考訂之餘弊，一生畢力於古典之校勘、訓詁，而不肯深入到古典中的思想問題。他們表面上很謙虛的說法是：「這爲我的力所不逮」；而實際則是守着一種錯誤觀念，以爲一涉及思想，便玄虛而不合於科學。實則古典是古人爲了表達自己的思想所說出、所寫成的。其中有的偏重在事實的記載；但事實依然織入了關涉者的思想在裡面。所以由校勘、訓詁以進入到思想，乃研究工作自然的順序。不僅校勘、訓詁，是把握古人思想的工具；並且把握古人的思想，也爲確定校勘、訓詁所不可缺少的條件。治學的方法，開始是由局部的積累以成全體；接着也要由全體的觀點、脈絡，以檢證局部，判斷局部。局部與全體，是在不斷的交互參驗之下，以得出某種可靠的結論的。校勘、訓詁，是對局部的了解；思想則是全體的把握。排斥思想性的研究工作，必然也會影響到他們所作的校勘、訓詁這類的工作，因其過於零碎、淺薄，常常流於虛妄。所以這一派人士所作的研究工作，往往是以科學的口號開始，以不科學、反科學的收穫告終。這只要稍稍了解我們學術界的實情，便不應以我的話爲過當。

由校勘、訓詁而進到思想，在治學上固然是一種自然的歷程。但是校勘、訓詁的心智活動，和進入到思想研究時的心智活動，實屬於高低兩種不同的層次。沒有由思想的探求以得到思想訓練的人，當他在不能不牽涉到思想問題時，便會陷入混亂支離，缺乏起碼的由邏輯推理而來的條貫性。清代的焦循、阮元這一輩人，已經是如此；在今天則更不堪聞問。若從此一角度看，則不談思想問題，倒反而可以減少混亂。但世界上怎會有沒有思想的學問？

治思想史，是要以歷史的線索，時代的背景，古人個別的置境和性格，來解答古人所遭遇，和想解決的是什麼問題。他們在思考過程中，運用了什麼方法？遇到了什麼曲折？受到了什麼限制？得到了什麼效果？還遺留下了什麼問題？簡言之，研究者的首要任務，是在站在古人的立場、時代，盡心加以疏導，在疏導中得出批評結論。治思想史的人，應該承認我們對古人的思想，幾乎不可能作到全般的了解；所以疏導決不是一件容易的工作。西方有種說法是「只有哲學，沒有哲學史」；這話的意思是在指出寫哲學史的人，常在無意之中，把自己的哲學套在古人的身上去了。這是我們應當努力加以避免的。

陳君問梅，與余同事於東海大學中文系，忽忽已踰十年。好學深思，勇猛精進，以從事於思想史方面的工作，實為余之畏友。今其新著王充思想評論，即將刊行問世，囑予以一言為序。余受而讀之，覺其析義深刻，援引周詳，庶幾能先盡疏導之功，以擧評論之實者。爰就時代學風，以略述余之所感；且以就正於問梅。

民國五十七年徐復觀謹序。

自序

一

近人多以王充爲『自然主義』。當我寫過這本書以後，我以爲這種講法，乃是混淆不清的。誠然，王充的『自然』一詞是用得相當廣的。他嘗以『天道』爲『自然、無爲』，亦嘗以『氣』爲『自然』，『氣變』爲『自然』，『性』爲『自然』，『命』爲『自然』，『命期』爲『自然』，甚至亦以『偶、適』爲『自然』。而在這許多『自然』中，大抵可分爲兩類：天道『自然、無爲』的『自然』爲一類；其他如氣『自然』、性『自然』、命『自然』等『自然』爲另一類。這兩類『自然』，其意義並不相同。天道自然、無爲的『自然』即以『無爲』定，其意義即是『無目的地爲』，最後亦即是『絕對不爲』；其他如氣自然、性自然等『自然』，則只像我們平常所說『自然如此』的『自然』，亦即在天道自然、無爲——絕對不爲——之下，而自然而然的『自然』而已。故在王充，天道自然、無爲的『自然』，與其他如氣自然、性自然等『自然』，在意義上是顯然不同的。而近人以王充爲自然主義，似乎並未判別這兩類自然的不同。所以亦不明白他們究竟是從那個『自然』爲說的。如果是從天道自然的『自然』爲說，則所謂『自然主義』，勢必只限於天道觀念上方能說通；如果是從氣自然、性自然等『自然』爲說，則『自然主義』的意義，又必與天道自然的『自然』有歧異。而且，不論他們從那一個『自然』爲說，究竟不能普遍地賅攝王充的整個思想的。因此，近人以王充爲自然主義，而將其思想說作什麼『自然主義思想』、『自然主義哲學』，應該是不正確的。

事實上，王充思想是以『氣』的觀念爲中心的。所以與其說什麼自然主義，倒不如說『唯氣論』來得恰當些。

氣在王充，乃是天之氣，爲天所施，故可說是源於天的。而天雖然以『自然、無爲』——『絕對不爲』——爲道，但究竟還是要動行、施氣的。而且，依王充，皇天固然是有其『大德』的，唯其大德必因施氣之無目的——無目的於生物、爲物——而歸於自我封閉。因而，其皇天之大德，就生物、爲物言，必不能成爲天道觀念之眞實內容。皇天之大德既然不能成爲天道觀念之眞實內容，則其眞實內容必只是以氣爲主的。同時天只是無目的地施氣，施出氣以後，由氣去創生萬事、萬物。萬物均稟此氣而生、而存，萬事亦均依此氣而變化、云爲。這便是王充簡單的宇宙論。所以王充的宇宙論必以氣爲主。如果沒有氣，則宇宙即不成其爲宇宙，宇宙論亦不能成其爲宇宙論了。因此，我們可以說，王充的天道觀念和宇宙論——形上學——方面的思想，應該只是一種唯氣論的思想。

氣是創生萬事、萬物的唯一成份，宇宙間的一切變化事物都是氣造成的。而變化事物之最顯著者，在王充，莫過於災變和瑞應。王充之論災變和瑞應，固然以命定論爲底子，（那是爲了反對漢儒『天人感應論的災異和瑞應』而發，亦與其『適、偶論』有關），但災變和瑞應之成因却只在於氣一觀念。依王充，災變是變氣所成，瑞應則是和氣所成的。而和氣及變氣又是由氣之遭善、遇惡而成的。所以王充之論災變和瑞應，自然是以氣爲主的。並且，王充之所以要論災變和瑞應，一方面爲了反對漢儒『天、人感應論的災異和瑞應』，而在另一方面也是『爲漢應變』和『爲漢激發』的，故必與其『宣漢』有密切的關係。王充宣漢，雖然亦引種種事例爲効驗，證明漢德之所以高於百代，但其主要內容却只在瑞應。而瑞應必由氣之遭善而成。故寬泛一點說，王充的宣漢思想，應該可以歸屬於氣的系統中，至少是不能離開氣一觀念的。

氣創生萬事、萬物，而人也萬物中的一類，亦爲氣所創生。所以，人是由禀氣以爲性，亦由禀氣以爲命的。王充依禀氣之必有厚、泊，而言人性之必有善、惡。並且，他更依禀氣之必有厚、泊，而言壽命之必有長、短；以及依禀氣（衆星星位高、低之氣）之必有高、低，而言祿命之必有貴、賤。故在王充，人性只是『氣性』，命亦可以說只是『氣命』；而隨性、命觀念而來的一切理論，人性論和命定論，自然不能不是以氣爲主的。而同時，人性內容又必包括才、力、智、思等，故王充論知、論賢才之程量，實際上應該只是人性論的餘緒。雖然，王充所論均在有所對的狀態中出發，亦均有其所要對付的問題，但從客觀的立場言，應該是歸屬人性論中的。而人性論既然是唯氣的，則其論知、論賢才之程量，也應該是如此的。

王充認爲：人由禀氣以爲性，人之所以有形體、有知、有力、能活動亦只靠氣；而人死亡以後，則必氣滅——氣散——而形體朽，知、力亦隨之而消失。因爲人死必氣滅而形體朽，知、力亦隨之而消失，故不爲鬼、無知、不能害人。這便是王充的無鬼論。其要點只在於人死氣滅，故必以氣爲主。

並且，在王充，人死雖然不能爲鬼，鬼和神都只是名義上的存在，但妖却是繁多的，而鬼又只是妖中的一種。至於妖之成因即是太陽之氣——亦即是孤陽無陰之氣，一切妖都是太陽之氣所成的。而太陽之氣亦是氣。因而，王充之論妖、鬼，自然是以氣爲主的。總此所說，可知王充對於人之生存、死亡以及妖、鬼等解釋，都是不能離開氣一觀念的。

大抵王充思想，不論那一方面，總與氣的觀念有關：有些是直接的，有些是間接的。故氣在王充整個思想中，就不能不是一個中心的觀念。

而這一個作爲中心觀念之氣，就其來源說，乃是爲天所施，原則上應該是有善的。但由於天之大德不能隨其施氣而貫注於氣中，只成了自我封閉，故其氣只是純粹之氣，亦即只是一種無善之氣。王充以這種無善之氣解析一切，而形成其整個思想，故其整個思想必可名之爲唯氣論的思想。

二

王充所以闡發唯氣論思想，就其『疾虛妄』的動機說，乃是取決於他認爲當時學術上以至現實上之種種『虛妄之說』的。這自然是很正確的。只要對於王充論衡稍有接觸的人，都是能了解、能承認的。但這還只是一般上的。倘若作更深一層說，則王充各方面的重要觀念和思想，實在是以其『眞實的感受和體會』爲基礎的。換言之，亦即：王充的許多重要觀念和思想，乃是取決於其『眞實感受』一基礎的。事實是這樣的：王充一生，窮居四十餘年，其遭遇自然是很不幸的；因爲王充一生遭遇很不幸，故其對於『人生遭遇之適、偶』亦必有較深刻的感受和體會。這一點感受或體會，又決不是理論的、抽象的，必由親身經歷而來的、眞實的感受。而這一點眞實的感受，即是其許多重要觀念和思想的總基礎。

的確，人生遭遇之適、偶，亦正是人生在遭遇上的限定。人生遭遇上的種種限定，本來就是命一觀念之所以成立的地方。因而，王充言命，必依人生遭遇之適、偶爲說。這是很相應的。蓋人生在世，對於窮達、得失、死生、壽夭等等，都不可能自主，自然都是屬於遭遇的；而遭遇之或好、或壞，在現實上也不取決於人之賢、不肖，必只是適然、偶然的。這些在王充，確實都有其深切之感。所以王充抒述命的觀念，無疑地是建立在其對於『人生遭遇之適、偶』的『眞實感受』一基礎上。

但是，王充並不只是言命，還更循之而盛言『徹底的命定論』的。而此徹底的命定論，一方面固然是命一觀念之推衍，但另一方面，與其廣泛的『適、偶論』尤其是有密切的關係的。

王充的適、偶論是很廣泛的。對於宇宙間的許多事物，王充幾乎都是以適、偶爲解析的。而其中關係最大的，即是『氣之爲物』的『適、偶』。在王充，宇宙間的萬事、萬物都是氣所創生的。然而氣之創生萬事、萬物，並不是必然地會創生的，而只是適然、偶然的。比如就災變和瑞應言，災變和瑞應之生成，必繫於氣之遭善、遇惡：氣遭善成和氣，和氣感物而爲瑞物，可以生瑞應；氣遇惡成變氣，而變氣即可以直接成災變。而氣之遭善、遇惡，都不是必然地能遭、能遇的，又必只是適然、偶然的。因此，在王充，瑞應和災變之生成，自然都是適、偶的。（唯此，因與其徹底的命定論有糾葛，故使瑞應及災變之出現都成爲必然，以至造成思想上的矛盾問題。但這是另一問題。）又如就人、物之生說，人、物都是氣創生的。可是，王充總要說『人偶自生』、『物偶自生』。故人、物之生是偶然的。於此而轉從氣自身說，亦即氣之創生人、物是偶然的。又如就人性說，在王充，人性之所以有善、有惡，根本只在於人原初稟氣之有厚、泊。而人原初稟氣之所以有厚、泊，又只是看遭遇的。遭遇好，稟得氣厚，其性必善；反之，其性必惡。而遭遇之或好、或壞一定只是適、偶的。所以在王充，人原初稟氣之或厚、或泊是適、偶的，亦即人性之所以有善、有惡是適、偶的。再由人性而言命，依王充，命之所以有壽夭、貴賤，亦只由於人原初稟氣之有厚泊、高低（高低係指衆星星位高低之氣）。而人原初稟氣之所以有厚泊、高低，也只是看遭遇的。遭遇好，稟得氣厚、位高，其命必壽、必貴；反之，其命必夭、必賤。故在王充，人原初稟氣之厚泊、高低，都是適、偶的，亦即人命之所以有壽夭、貴賤都是適、偶的。但這兩者——性和命——之所以如此，轉從氣自身說，亦即氣之賦性、賦命是適、偶的。由此，一方面可見王充之適、偶論是很廣泛的，另一方面亦可見這許多適、偶論必密切關聯着其重要思想——如宇宙論、人性論、命定論及災變和瑞應論——之成立。而王充這許多適、偶論，自然都是來自其對於『人生遭遇之適、偶』的『眞實感受』一基礎之直接推衍。如此，則王充的宇宙論、人性論、命定論等許多重要思想，亦必來自此一基礎之間接引生和發展。

而且，王充這些廣泛的適、偶論，同樣也關聯着其天道觀念之形成的。王充以爲天道是『自然、無爲』的。其所謂『自然、無爲』，實際即是『無目的地爲』，最後亦即是『絕對不爲』。王充之所以將天道講成絕對不爲，其目的即在切斷天與人的關係，藉以否定漢儒『天、人感應』一觀念。而這種絕對不爲的天道觀念，與其廣泛的適、偶論，在形式上是互爲因果的。這就是說，在王充，因爲天之所以爲天之道是絕對不爲的，所以天對於宇宙間的萬事、萬物，不僅決不具備任何創生性，同樣也決不具備任何主宰性的。因爲天對於宇宙間的萬事、萬物不具備任何創生性和主宰性，所以萬事、萬物之生、之存以及一切相與關係也都是適然、偶然的。反過來說也一樣：因爲萬事、萬物之生、之存以及一切相與關係都是適然、偶然的，所以亦即顯示天對於萬事、萬物必不具備任何創生性和主宰性的。而天之所以不具備任何創生性和主宰性，必只由於天道之『自然、無爲』或即『絕對不爲』。因此，王充絕對不爲的天道觀念，與其廣泛的適、偶論，在形式上確實是互爲因果的。由於這兩者在形式上必互爲因果，故亦產生兩者在實際形成上之先後問題。如果絕對不爲的天道觀念之形成在先，則便可以引生廣泛的適、偶論之成立；如果廣泛的適、偶論之成立在先，則亦同樣可以引生絕對不爲的天道觀念之形成。這兩者究竟何者在先、何者在後，僅就形式上之因果關係說，實在是難以斷定的。可是，若透過王充闡發思想的整個情形加以體會，似乎其廣泛的適、偶論之形成，應該是先於其絕對不爲的天道觀念的。這意思亦等於說，王充絕對不爲的天道觀念，應該是爲其廣泛的適、偶論所引生的。而王充廣泛的適、偶論既然必來自其對於『人生遭遇之適、偶』的『眞實感受』一基礎之直接推衍，則其絕對不爲的天道觀念，亦必由此一基礎之間接引生和發展。

依以上所說，舉凡王充的適、偶論，天道和命的觀念、人性論、命定論以至災變和瑞應論等重要觀念和思想，大抵都是來自其『眞實感受』——『人生遭遇之適、偶』——一基礎的。因而，王充的『眞實感受』，對於其思想之闡發，乃是有很大關係的。要是他不具備這一點眞實感受，他究竟怎樣就很難說了。由此而言，作爲一個思想者，多少必須有點眞實感受，始能有所成就；否則，徒然憑其一點清明的理智思考到處浮展，實在是很難眞能成事的！雖然，王充的各方面思想都是問題重重，亦有頗多的病痛，但在這一點上，畢竟是有其意義的。

* * * * *

然而，値得惋惜的是：王充的『眞實感受』似乎尚欠深刻，而未能深透到底，轉而體悟出一種人生的正面成份。

大體王充的『眞實感受』——『人生遭遇之適、偶』，從某種意味上說，確實亦正是人生之『無常』。人生原有其無常，但亦必有其『定常』。無常可以說是人生的負面，而定常却必是人生的正面。聖賢學問固然可以由直接透悟人生正面之定常發，但亦可以由負面之無常而深透到底，轉而體悟出某種正面之定常以產生。這兩者都有極大的意義。前者如儒家、道家，後者如晚來的佛家，即是如此的。儒家不言人生無常，並非不知無常，乃是直接透悟『仁心、仁體』，因之而開出了人生之定常，故不言無常，只言定常。道家亦不大言人生無常，根本只在克除原始生命之歧出或有爲，轉而透悟『無爲』——『道』，亦開出了一種人生之定常。佛家盛言無常，無論宇宙、人生都是因緣生滅，但却能由無常而深透到底，並因之而透悟『佛性』，亦開出了一種人生的定常。儒、道、佛三家之定常，本質上雖並然不相同，義理層次上亦必有其高低、偏全之異，但作爲人生之定常說，依然是可以相同的。儒、道、佛都有其定常，故必可以依其定常而超越、消除其種種無常。而在此超越、消除的過程中，即產生了道德、宗教等人生的大學問和人世的大事業。故僅就儒、道、佛之定常說，乃是可以相提並論以見其所以偉大之處。王充自然是難以及此的。

不過，雖然如此，王充畢竟也是略有接觸的。所以他說：『操行有常賢，仕宦無常貴』。前者即可以表示人生之定常，而後者必只是無常。但他對於前者亦只此一句，並未能循之而體悟出『操行』所以『有常賢』的『仁心、仁體』，並由之而彰顯人生之定常。故此一句，亦必只是適然、偶然地說出的。至於後者，他却有冗篇、累牘的重複和發揮，故可知其必尙停留在此人生無常的感受之中。停留在此人生無常的感受中，人生當然是虛幻的，一切都是適、偶的，實在不只限於遭遇之適、偶或無常。而且，他更由此而推衍爲廣泛的適、偶論，藉以解釋宇宙間萬事、萬物之生、之存以及一切相與關係，於是整個宇宙亦不免成爲虛幻了。於此，吾人可以想像：王充的心靈意識一定是很灰色、蒼涼的，對於人生和宇宙都是不堪茫昧，而無可奈何的。而其所以如此，根本原因，即在其尙停留於人生負面之無常的緣故。

並且，從另一方面說，王充因爲尙停留於人生負面之無常，而未能轉而透悟人生之正面，所以亦必造成其『內有所傷、外有所疾』的生命風格。前人有以王充爲『內傷時、命之坎坷，外疾世俗之虛僞』者。我覺得這兩句很恰當，故依之以論其風格。而在事實上，王充此種風格，自然必關係於其所處的時代，尤其必關係於其造論衡的動機和目的。這就是說，王充時代的許多虛妄之說，固然足以激發其造論衡，但由於其生命風格之不甚健康，故必決定其造作動機之不純，以及目的之歧出。王充自以其論衡爲『詮輕、重之言，立眞、僞之平』。然由於其造作動機之未純和目的之歧出，所以這也只成爲一個美好的原則，不必就是眞能如此的。平心而言，論衡全書所論，不僅不能如此，實際上是含藏着很多問題和病痛的。前人謂其『發憤著書，其言多激』；謂其『矯枉過正之尤甚』；謂其『激而過當』：都是很相應的。故論衡內容之所以不能得其平正，乃是王充不健康的生命風格所造成的。而其生命風格之所以不健康，又只因爲王充尙停留在人生負面之無常的結果。

總之，王充對於人生負面之『無常』——『人生遭遇之適、偶』，確實有較深刻的感受，可惜尙未能深透到底，轉而體悟出人生正面的定常，故其心靈意識不免灰色和蒼涼，而生命風格之不健康，更造成其思想上的種種問題和病痛。這是他自身的不幸，也是學術思想的不幸！倘若循其人生無常之感受而能深透到底，則物極必反，自然能悟出人生正面之某種定常，藉以轉化其無常的一面，再益之以一生辛勤之精神和毅力，其成就決不是同日可語了！

前面這些意思，有的已在本書中說到，有的却因爲行文上的拘束而未能論及。故當本書印行問世之時，只再綜述之如上。蓋必如此，或可稍助讀者了解王充爲人之全貌。孟子說：『讀其書，不知其人可乎？』讀其書自然必須知其人，知其人亦所以眞能讀其書。故此，若由知其人而能以生命接生命，則古人雖然已往，亦必只如『旦、暮遇之矣』。

三

本書係依王充思想之結構加以敍述和批評的。於此，尙有幾點意思，必須附帶地加以說明。

（一）漢代知識分子的心靈，似乎是較具體的，對於抽象的思考多屬欠缺。而王充實在是較富於抽象的思考的。故亦較適宜於觀念或原則之創發的。但他的缺點依然很大。當他拈出一個什麼原則時，他總是引用多量而不必要的、掌故性或常識性的事例爲證，甚至從事例中引生事例；有時僅只一個原則，通篇到底都是事例。於是，便顯出繁瑣不堪，使人只見事例，原則反被淹沒了。爲了原則不被淹沒，只有重複。而在重複中，詞句運用就很難一致，勢必影響原則本身的確定性。而且，重複多了，往往亦會落到自相抵觸的地步。這或由於其『以文多爲貴』，而自眩淵博的結果。而在實際上，這種淵博，不僅沒有好處，反而成了沉重的包袱。故後世必謂其傷枝蔓，自然是很相應的。

然而，這種多引事例爲證的方法，王充認爲是一種很有效的效驗——他反對道家論自然，不引效驗，不能取信於人，故自己必以此爲效驗。至於近人之重視哲學方法者，却盡力推崇，認爲它是什麼『科學的效驗方法』。這種講法，大致亦有相應的地方。不過，我們可以說，如果王充這種效驗是科學的，則亦只能適用於科學，乃是很難適用於哲學，尤其是哲學中的形上學的。而王充使用這種方法原是很混淆的。比如他要證明天道之『自然、無爲』——『絕對不爲』，即引用淮南子等『宋人刻楮葉』爲效驗，而以『天無萬萬、千千手，不能並爲萬萬、千千物』。這顯然是錯誤的。王充不明白形上或應然世界——即理想世界，與現實世界之層次，往往將應然世界的觀念拉到現實中，而繁引種種事例爲效驗，故必造成問題和病痛。而近人之强調此種方法者，恐怕與王充是同樣混淆不清的。因此，對於王充這種方法，在本書首章中，原是列有一節，依其原有題材加以敍述和批評的。但因爲牽涉頗廣——主要是哲學形上學和科學的界域、性質等問題，就不免篇幅過多，而所論亦頗不稱意，故特予抽去。關於這一點，要詳論只有待將來另寫了。這是我要向讀者致歉的地方。

(二)論衡一書，原是王充陸續寫成，而且也都針對當時的問題而發的，自然不免有隨事立說，造成許多自相抵觸的地方。不過，雖然如此，可是若能通過其全幅內容而加以會通，則其思想實在不是漫無結構的。有結構，亦必系統可說。這自然不能不是王充高明的地方。王充思想，是以天道觀念爲本源，以氣爲中心的。氣源於天，而爲創生萬事、萬物的唯一成份，宇宙間的一切都以氣爲成因。而當中最重要的，當然是人之性、命。故就氣之來源並扣緊性、命而言，則氣一觀念即是上綰天道，下開性、命的中心觀念。而由天道而氣，由氣而性、而命，的確是王充思想的一個骨幹性的系統。這是從煩瑣、駁雜的論衡中清理出的一個系統。把握此一系統而加以展示，其他各方面思想之關聯和繫屬，大體都可以有其清楚的眉目了。故本書內容，除了首章論王充與論衡的重要情形外，其下各章即是循此一骨幹性的系統加以敍述和評論的。深望讀者首先把握其此一系統而理解之，則對於本書內容當該不至有何困難了。

(三)王充的天道觀念是最易產生誤解的。王充自以其『自然、無爲』的天道觀念，爲承繼於原始道家；而近人即有依之以言王充『自然主義』的天道觀，爲承繼道家哲學而發展，並以這種『自然論』的天道觀如何、如何優於『目的論』的天道觀，更以其自然主義爲恢復西漢初期的自然主義，如淮南子一系，以至如何開後來魏、晉哲學的自然主義。這種講法，完全是誤解的，可能由王充引用道家式的詭辭——如『不治之治』、『無爲之爲』等——所產的誤解。事實上，王充自己儘在一些道家式的事例和詭辭上滑溢，於是近人之講哲學史者，即以其『自然』爲『道家公同的觀念』，而將前後三代都連上了。這是一種很大的糾葛，許多似是而非的論調都由此產生。本書（第二章）先考察其『自然、無爲』的確定意義，並進而與原始道家——老子——作一切實的比較，然後通過其簡單的宇宙論之結構，明其『自然、無爲』的天道即是一個『絕對不爲的死道』。這在一方面，可以使其從道家的糾葛釐清出來，各還其原有的面目；而在另一方面，亦論其天道觀念在形上學中之所以站不住脚，以及對於『天、感應』一觀念的否定之所以無效。這就王充自身及近人之誤解言，大抵是足够了的。

但由此亦產生了兩個尙待解決的問題：其一是『天、人感應』的問題，其另一是『强肉强食』的問題。前者是由王充對於此一觀念之否定無效所引生，後者是其宇宙論中所涵的觀念。王充盡力否定『天、人感應』一觀念，故必以天道爲絕對不爲，於是始能切斷天與人的關係，而使此一觀念歸於消失。不過，作爲一個宇宙論或形上學中的天道，說它是一個絕對不爲死道，無論如何是難以成說的。如此，則以絕對不爲的天道來否定『天、人感應』的觀念，自然是必歸於無效的。因爲無效，故亦引生吾人對於『天、人感應』一觀念的問題：究竟此一觀念是否有其肯定的理由？而同時，王充以天道爲絕對不爲，故其天亦不具備任何主宰性。因此，宇宙間的一切，不論物世界或人世界，就只能依其『氣勢』之優劣（由禀氣之厚、泊而定）而歸於相賊害、相鬪爭，亦即歸於『弱肉强食』的。（這或許就是近人以王充爲『進化論』的主要因由）。而這種『弱肉强食』的觀念，在哲學的宇宙論或形上學中，是否就有成立的理由？對於這兩個問題，我曾思之再三，亦曾閱讀過不少有關書籍，想加以論定。我以爲若僅從科學的立場說，則前者——『天、人感應』一觀念——是無法成立，或者根本就可以置之不問，甚至亦可以說它是迷信的；而後者——『弱肉强食』一觀念——却正可以說，乃是自然宇宙中的事實。可是，人類不能只有科學，亦須有哲學，有哲學的宇宙論和形上學，尤其須有道德的形上學——藉此可以保持人類一個應然世界或理想世界。因而，倘若從道德形上學的立場說，或即直接從人類不容已的仁心出發，則我以爲前者是應該有肯定的理由的，至於後者，亦必可以由仁心之擴大而加以轉化和安頓的。但因爲學識淺陋，思理粗拙，甚感心有餘而力不足，所以亦只能讓其暫缺。這是本書不足的地方。

（四）研究古典，並非復古，乃是通過古典之含藏而作有系統的敍述和批評，藉以明其是非、得失，以求學術之發展和轉進。這原是研究古典的共同目的。因此，對於任何古典之研究，自然不能只限於敍述原意，更須就原意而疏導之、批評之，澄汰其渣滓，估定其意義與價值，然後學術文化之進步可期，人類歷史之進步亦可期。所以研究古典必須有敍述，更須有批評。敍述是在彰顯原意，故須就其原有內容加以連綴，而逐步展示之。於此，最忌研究者之自我作古，將自以爲高明的觀點硬套在古人身上，甚至因某種時代風尙而無中生有。（如近人以論衡實知、知實二篇爲開東方邏輯之宗，即是一例）。故在敍述上，必須平心以求，盡力做到不失原意、不歪曲原意，始爲妥善。至於批評，自然要以原意爲基礎，再進而抒展研究者自己的見解或看法，而評定其是非、得失，始能達研究之目的。而在這一層上，最忌研究者成見用事。所謂成見，簡單地說，亦即：只循研究者主觀的好、惡，曲意褒貶，而無客觀的根據而已。事實上，這種成見用事，不僅不能成爲批評，亦必有失學格。故此，批評而能持平、能有客觀的根據，則雖然只是研究者個人的見解，實際亦必是客觀的觀點。依此而言，敍述和批評，應該是有其基本原則的。此種原則，可以借荀子的話表示。荀子說：『以仁心說，以學心聽，以公心辨』。荀子此言固然是從辯論上說，但在學術的研究上，也不失爲一個極好的原則。

因而，本書對於王充各方面思想之敍述和批評，大體是盡力趨向於此一原則的。可是，人心是易蔽的，人必須隨時警惕自己，才能從蔽塞中自我超拔，而不至有太大的放失。故本書之敍述和批評，雖然自份盡量趨向於此一原則，但究竟能符合多少，却非自己所敢說。那自然只能訴之於讀者了。

（五）本書承復觀師伯作序。盛情均值感念，謹此深致謝忱！

民國五十七年七月一日，

陳　拱自序於臺中大度山。

第一章 有關王充與論衡的重要情形

第一節 王充的風格

要說明王充的思想，對於王充的爲人，我們似乎是不能不先加以理會的。合論衡自紀篇和後漢書本傳，便可以看出王充一生的大致情形（註一）。由這情形，我們便可以說，王充一生，除了前二十餘年爲學習時期，以及後來兩次短期做官以外，其餘的時間幾乎都是窮居鄉里，前後約有四十餘年之久。在這四十餘年中：他一方面，固然盡力寫作，寄托其生命、心靈於文墨；而在另一方面，也就因爲一生遭遇坎坷，成爲長時期的幽居、獨處，生命不能通於廣大的社會人群，所以對於進退、窮達、貧富、貴賤、吉凶、禍福以至壽夭、生死……等等，自然不免有其種種感受。而這所謂進退、窮達等，在中國傳統上，本來都是說做『命』的，王充當然也不能例外。所以論衡一書，開頭由逢遇到初稟等十餘篇，大談、特談其『命定論』，便是最明顯的例證。而同時，王充也是相當傑出，而自命不凡的。故在自紀篇，他以爲自己從少就有『巨人之志』而遠超過其儕輩的，稍長之後，讀書博多，『援筆而衆奇』，『才高而不尙苟作，口辯而不好談對』；而後漢書本傳亦稱其『好博覽而不守章句』，常就洛陽書肆閱所賣書，一見即能誦憶，因之而能『博通衆流、百家之言』：這些都足以表示王充確實是很傑出的。但在中國古代的傳統裡，由於政治和社會形態的限定，一個人幼而苦學，長大以後，除了仕宦一途，就很難有另外的路可走。王充生於這種傳統之下，其所遭遇的，却又不免只是一生冷落，而最後亦只能做些筆尖上的工作，如何能免於人生的種種感受？有所感受，必有所抒發。這是一定的道理。王充，就由於有此種種感受，故在自紀篇中，即有冗篇、累牘之說明。自紀篇說：

『……不好徼名於世，不爲利、害見將（註二）。常言人長，希言人短。專薦未達，解已進者過；及所不善，亦弗譽（按此數句語意不明，或有脫誤）。有過不解，亦弗復陷（當作「蹈」）。能釋人之大過，亦悲夫人之細非。好自周，不肯自彰。勉以操行爲基，耻以材（同「才」）能爲名。衆會乎坐（同「座」），不問、不言；賜見君將，不及、不對。在鄉里，慕蘧伯玉之節；在朝廷，貪史子魚之行。見汙傷，不肯自明。位不進，亦不懷恨。貧無一畝庇身，志佚於王、公；賤無斗、石之秩，意若食萬鐘。得官不欣，失位不恨。處逸樂而欲不放，居貧苦而志不倦』。

按此段所說，係繫於其做官之後，其詳情雖然不得而知，但亦必有所感受而發。當中所說，如隱短、褒長，自周而不自彰，不問、不言，不及、不對：凡此種種，都足以表示他有良好的教養，頗不乏謙謙君子的風格。但這些還不是我們這裡所要特別注重的。

我們這裡所要特別注重的，則在於其人生之遭遇方面。所謂『不好徼名於世，不以利、害見將』；所謂『勉以操行爲基，耻以材能爲名』：這些均表示其重本、輕末之精神，至少不爲『名』和『利』、『害』等的所牽累。所謂『得官不欣，失位不恨』：則其對於得失、進退均無動於衷了。而後文所謂『貧無一畝庇身，志佚於王、公』及『賤無斗、石之秩，意若食萬鐘』，即與『處逸樂而欲不放，居貧苦而志不倦』者無異：這些更足以表示其不爲貧富、貴賤所牽累，而且有『貧而樂、富而無失』之崇高的風格。

對於這種風格，說得比較深刻些，應該即是儒家『君子無入而不自得』的境界，或即是道家『齊生死、同得失』的境界。而這在一般上，王充是已經接觸到了的。故自紀篇答或問云：

『不清不見塵，不高不見危，不廣不見削，不盈不見虧。……好進，故自明；憎退，故自陳。吾無好、憎，故默無言。羊勝爲讒，或使之也；鄒陽得免，或拔之也。孔子稱命，孟子言天。吉凶、安危，不在於人。昔人見之，故歸之於命、委之於時，浩然恬忽，無所怨、尤。福至不謂己所得，禍到不謂己所爲。故時進，意不爲豐；時退，志不爲虧。不嫌虧以求盈，不違險以趨平，不鬻智以干祿，不辭爵以弔名，不貪進以自明，不惡退以怨人。同安危而齊死生，鈞吉凶而一成敗。遭十羊勝，謂之無傷。動歸於天，故不自明』。

這一段所說，原是王充答覆『自己爲俗材所陷，而不肯「自明」之意』而說的。其中所說，確實有極好的地方。就世俗言：『好進，故自明；憎退，故自陳』。而王充自以爲在進、退上並無好、憎，故能默然而息。在此處眞能默然而息，決不是很容易的，除非其生命眞能全幅順適、調暢。蓋進而爲官、退而窮居，對於這些而眞能無好、無憎，亦即表示其對於進退之遭遇，均能完全放下，而一無任何滯着之處了。倘若對於進退之遭遇眞能如此，則舖開來說，對於其他的一切遭遇，如吉凶、安危、禍福、虧益、險夷、榮辱以至死生、成敗等相對事物，亦必無一而不如此了。人生的一切遭遇固然都是身外的事物，但在現實上是很難不滯着的。只要稍有滯着，即有相對底引生，甚至有無窮底引生。比如有滯於『進』之得意，自然地引生出『退』之失意。而且，即由此得意和失意，更可以引生出其他一切，如成敗、利鈍、吉凶、禍福、生死、榮辱……等等之無窮底糾葛。這些相對的事物，一旦繫於主觀生命之滯着，那麼它們便因之而形成因果的鎖鏈，必使整個生命套在此鎖鏈上打滾、旋轉，而永無休止了。此即莊生所謂『與物相刃、相靡，其行盡如馳，而莫之能止』之人生的『大芒』（註三）。於此而能往上翻躍，（此必繫於主觀的履踐工夫），當下超越這些相對事物之限制，擺脫了其因果鎖鏈，則人生就有其大解放、有其大自由。這便是生命之調適、上遂，也便是『生命之歸於自己』。生命眞能歸於其自己，則便不為任何外在事物所牽累、所搖撼了。如此，則對於一切外在事物均能順應而無將、迎，均能隨緣而無執滯了。如理地說，人生一切的遭遇，都是外在的。遭遇之善、不善，原都有其機緣性、有其限定性，往往都不是自己所能作主和為力的。因而，在這裡，始有稱『命』、言『天』的理致。在這裡，如果生命眞能歸於其自己：則當遭遇善時，必能安之若素，『無說豫之色』，而『若卒自得』，（亦見自紀篇），或即『時進，意不為豐』；反之，當遭遇不善而無法克服時，於是『歸之於命、委之於時』，而其自己依舊必能『浩然恬忽，無所怨尤』。這正是孔、孟儒家以及道家的『人生境界』。這種境界：就儒家言之，即禮記中庸所謂『君子素其位而行』之『無入而不自得』（註四）的境界；就道家言之，即莊生所謂『齊物』（註五）的境界；而在王充，亦即所謂『同安危而齊生死，鈎吉凶而一成敗』的境界。此種人生境界，在本質上，固然儒、道二家可以不同；但在形態上，却是完全一致的。王充從『見陷』之『不肯自明』，而依這些言辭以明其爲人，未嘗不是他窮居四十餘年中所體會出的一點極深刻意義。如果王充眞能如此做到，則其風格實在是極高尙的。

然而，事實似乎並不如此簡單。上列那些表示儒、道二家境界上的言辭，王充好像只是隨着說說而已，並非眞能達到的。而這意思本只是說，王充的生命仍舊不免有其滯着之處。這在下列的一問、一答中，便可以見其端睨。自紀篇云：

『充仕數不耦（「偶」），而徒著書以自紀。

『或虧（當作「戲」）曰：所貴鴻材者，仕宦耦（偶）合，身容、說納，事得、功立，故爲高也。今吾子涉世落魄，仕數黜斥，材未練於事，力未盡於職。故徒幽思屬文，著記美言，何補於身？衆多欲以何趍乎？

『答曰：材鴻莫過孔子。孔子才不容，斥逐、伐樹、接淅（當作「浙」）、見圍、削迹，困餓陳、蔡，門徒菜色。今吾材不逮孔子，不偶之厄未與之等。偏可輕乎？且達者未必知（「智」），窮者未必愚。遇者，則得；不遇，失之。故夫命厚、祿善，庸人尊顯；命薄、祿惡，奇俊落魄。必以偶合稱材、量德，則夫專城、食士者，材賢孔、墨。身貴而名賤，則居潔而行墨。食千鍾之祿，無一長之德，乃可戲也。若夫德高而名白，官卑而祿泊（同「薄」），非才能之過，未足爲累也。士願與憲共廬，不慕與賜同衡；樂與夷俱旅，不貪與蹠比迹。高士所貴，不與俗均。故其名稱不與世同。身與草、木俱朽，聲與日、月並彰；行與孔子比窮，文與揚雄爲雙：吾榮之！身通而知（「智」）困，官大而德細：於彼爲榮，於我爲累。偶合容說，身尊、體佚，百載之後，與物俱歿。名不流於一嗣，文不遺於一札。官雖傾倉，文德不豐，非吾所臧。德汪濊而淵懿，知滂沛而盈溢，筆瀧漉而雨集，言溶潏而泉出，富材、羨知，貴行、尊志，體列於一世，名傳於千載：乃吾所謂異也』。

按此一問、一答，亦必爲深切的感受而發，當該可以稱作王充的重要自白之一。當中所問的固然甚爲庸俗，而所答亦頗見混沌未淸。就其所答而言，前半由孔子一生之厄運，而影射其自己之不應該『可輕』，主要意思即在：賢者未必達，達者未必賢；達或不達，原只在於偶合；並不能以達或不達，定其賢、否。這是很有道理的。人生在世，達或不達，乃是遭遇。即使不擇手段以求達，也未必就能達，而賢者亦決不肯不擇手段以求達的。故其達亦必更難。因此，必以達或不達一定賢、否，只是庸俗之見。至于後半所說，則不很高明，儘見王充爲人，頗有『名根未盡』之處。

而這又是套在他所謂『文德』上說的。王充並不惋惜：『身與草、木俱朽，行與孔子比窮』；但他却甚榮貴：『聲與日、月並彰，文與揚雄爲雙』。前者固然甚好，後者却不免有滯着。而且，文與揚雄爲雙，乎也只爲了聲與日、月並彰。所以一則說，『名不流於一嗣，文不遺於一札……非吾所臧』，再則說，『……筆瀧漉而雨集，言溶潏而泉出……體列於一世，名傳於千載，乃吾所謂異也』。而且，他也說過：『恥名之不白，不患位之不遷』。（亦見自紀篇）。不過，他所求之名，依此段所說，只是『文名』。而文名亦是名。如此，則王充雖然不好『徼名於世』，但却依然不忘『大名於身後』。這便是我們所謂名根未盡之處。

當然，他一生辛苦，消耗其生命於故紙堆之中，因之而希冀其『體列於一世，名傳於千載』，原屬人情之常，乃是無可深責的。可是，同出於自紀篇，在前文，王充儘盡力强調其如何超脫，何以至此而即顯出微弱？難說一般的名不足重視，而文名眞的必須重視嗎？亦正由於並未眞能超脫的緣故。否則，行之所在，亦即是言論之所在。倘若眞能行之所在，則自紀篇何以會走上前後抵觸的路子？

並且，如實、如理地說，名根未盡亦決不只限於爲名而求，擧凡一切富貴、利達之求，都是可以因之而被引生的。故名根未盡，亦正足以顯示其對於富貴、利達之求之未盡。關於這一層，若再就論衡須頌、佚文等篇中涉及其自己之『歌頌漢德』來說，則便可以明白我們所說實在即是事實，並不是一種無根據而苛刻的責備。佚文篇云：

『周、秦之際，諸子並作，皆論他事，不頌主上，無益於國、無補於化。造論之人（按此爲王充自稱），頌上恢國，國業傳在千載，主德參貳日、月，非適諸子書傳所能並也。……孔子稱周曰：「唐、虞之際，於斯爲盛，周之德，其可謂至德已矣！」孔子，周之文人也，設生漢世，亦稱漢之至德矣。……』。

論衡稱頌漢德之處頗多，這只是其中之一段。而這一段好像說，他的稱頌漢德，正是取法於孔子的，更以孔子若生漢世亦必稱頌漢德。這實在是相當無聊的！孔子稱頌周德，並不如王充所說那樣混沌(註六)。又須頌篇云：

『高祖以來，著書(當有「者」字)非不講論。漢司馬長卿爲封禪書，文約不具。司馬子長紀黃帝以至孝武，揚子雲錄宣帝以至哀、平，陳平仲紀光武，班孟堅頌孝明，漢家功德頗可觀見。今上即命，未有褒載，論衡之人，爲此畢精。故有齊世、宣漢、恢國、驗符』。

這正是王充的願望，也是他做過了的事實。依他的講法，他正是踵承揚、班等之後，而爲『今上畢精』的。按『今上』係指漢章帝，乃是王充當身之君主，可能是東漢較好的君主。但王充要爲今上畢精，應該是不能沒有嫌疑的吧！漢代文人對於君主的歌頌原是相當盛的，但亦似乎限於做官者。而王充是不求榮利的平民，何以亦如此呢？而且他眞正要爲今上畢精，他着實惋惜自己缺少路子或機會，以至惋惜自己歌誦功德之無法徹底和切實。所以他在須頌篇又說：

『唯班固之徒，稱頌國德，可謂譽得其實矣。頌文譎以奇，彰漢德於百代，使帝名如日、月。孰與不能言，言之不美善哉？秦始皇東南遊：升會稽山，李斯刻石紀頌帝德；至瑯琊，亦然。秦無道之國，刻石文世，觀讀之者，見堯、舜之美。由此言之，須頌明矣！當今，非無李斯之才也，無從升會稽、歷瑯琊之階也』。

須頌篇又說：

『從門應庭，聽堂、室之言，什而失九；如升堂、闚室，百不失一。論衡之人，在古荒流之地，其遠非徒門、庭也。……聖者垂日、月之明，處在中州，隱於百(似應作「千」)里，遙聞傳授，不實形耀(?)。不實，難論。得到詔書，計吏至，乃聞聖政。是以褒功失丘山之積，頌德遺膏腴之美。使至臺閣之下，蹈班、賈之跡，論功德之實，不失毫、釐之微。……』。

這兩段所說，實在是極粗俗，也是極露骨的。在一般上，作爲一個知識分子，這些話似乎是不容易出口的，何況筆之於書而留之後世呢？的確，王充歌頌漢德，固然可能有其理論上的理由或根據，亦可能有其苦心，但亦大可不必涉及其自身，而必如此火烈烈地『當仁不讓』的！所以在這裡，根本不須追問其理論的根據如何、其苦心如何，僅就其什麼『無從升會稽、歷瑯琊之階』以及什麼『使至臺閣之下，蹈班、賈之跡』而言，則王充之心跡，應該可以不言而喩了。孔子云：『臧武仲以防求爲後於魯，雖曰不要君，吾不信也』(註七)。然則，王充以此種態度歌頌漢德，若說不『要君』，又誰能相信呢？古語云：『瓜田不納履，李下不整冠』。對於一個自命潔身自好之士，這似乎是應該有的態度吧！揚、班之徒，身既然爲官，而在歌功、頌德盛行的風氣中，有時亦自不免敷衍幾句。一個窮居數十年之人，縱然有其極確定的根據，而必力求爲當身君主歌功、頌德，原亦不無嫌疑之處；何況以這種如此粗俗、露骨的話來『要君』，能說只是嫌疑嗎？所以有人說：『王充一生，窮居、著文，自命清高，究竟未忘靑、紫』。這是很相應度評定。而同時，依此而言，其對作篇所謂『陽成子張作樂、揚子雲造玄，二經發於臺下，讀於闕掖，卓絕驚耳』：亦未嘗不是爲王充所欣羨的場面呢！而近人譚宗浚必謂其『淡然榮利，不逐時流』(註八)。我們不知道究竟是從那裡說的！

可是，王充畢竟時、命不濟，雖然想要挺身爲今上歌頌，但終其一生，亦不能隨所願欲。故當其轉入人生之最後歷程之時，即有『悲不自勝』之告白。這便是自紀篇最後一段所說的事實：

『……章和（漢章帝年號）二年，罷州家居。年漸七十，時可懸輿（註九）。仕路隔絕，志窮無如。事有否然，身有利害。髮白、齒落，日月踰邁。儔倫彌索，鮮所恃賴。貧無供養，志不娛快。歷數冉冉，庚辛域際（註一〇）。雖懼終徂，愚猶沛沛。乃作養性之書凡十六篇。養氣自守，適食、則（古通「節」）酒，閉目塞聰，愛精自保，適輔服藥引導，庶幾性命可延，斯須不老！既晚無還，垂書示後。唯人性命，長、短有期。人亦蟲物，生死一時。年歷但記（當作「訖」），孰使留之？猶入黃泉，消為土灰！……命以不延，吁嘆悲哉！』

按此段所說，的確是其人生最深切的感受，亦正是透顯了極度濃重的悲情。近人劉盼遂云：『自唯人性命起至此十句，乃仲任自撰絕命之辭，其病榻綿惙，垂死命筆之狀，蓋可想見』（註一一）！劉氏此言，甚為的當。不過，亦不必只限於此十句。就整個說，則亦眞是滿紙悲情，句句血、淚之言，大有『人生到此，天道寧論』之慨！而這在一般上，吾人唯一只能致其深切的同情，實在再也不應該說什麼了的！

但是，倘若就其强調超脫而言，則我們似乎應該指出：王充這種悲情，並不是客觀的悲情，而只是一種主觀的、個人的悲情；而這種主觀的悲情，又不是繫於其自己之身有所未修、德有所未充而發，而只是繫於其『仕路隔絕』以至『貧病、老死』之無法解脫而發的。如果繫於前者而發，則主觀的同時即是客觀的，情的同時即是理的；不幸的是，只繫於後者而發，故亦只能歸於主觀的悲情，不必就能融攝理在內的悲情。而這正是葛洪所謂『懼身、名偕滅』之悲情(註一二)。大抵自紀篇敍述至此，人生確實進入了山窮、水盡之境地，而難有任何峯廻、路轉之望，故亦不免透露了這種悲情。而這種悲情，與其前文所說，即很明顯地成了一種强烈的對照。前文所謂『歸之於命，委之於時，浩然恬忽，無所怨、尤』以及所謂『同安危而齊生死，鈞得失而一成敗』：那是何等語氣！而一到這裡，却透露了如此無可奈何的悲情，難說不是一種虛弱和氣餒嗎？

誠然，人在眞實踐履上下不了工夫，則現實遭遇之惡劣，畢竟是極殘酷、極殘酷的，尤其到此生命底最後歷程之時！否則，生命倘若果眞能歸於其自己，則在垂死之際，既然可以一無任何悲情，亦可以有其更大、更大的悲情的。故王陽明臨終云：『此心光明，夫復何言』(註一三)？這便是亭亭、當當，一任何無悲情了。而孔子臨終亦云：『泰山其頹乎！梁木其壞乎！吉人其萎乎』！這便是聖人之更偉大的悲情(註一四)。王充原只滯留在文人的型態，自然是說不上這些的！

我總以爲王充在人生之遭遇上頗有其深切的感受，亦頗能了悟儒、道之人生境界上的一些言辭，並能靈活地運用這些言辭而强調自己之超脫。這是他的一點長處。而值得惋惜的是，在實際上，他並未眞能達到此種高深的境界。故亦依然只是一個文人的型態。於此而再就其對於當時學術風氣之深惡、痛絕——詳下文二、三節——而言，則後人謂其『內傷時、命之坎坷，外疾世俗之虛僞』(註一五)，正可以作爲王充風格之最中肯而最切實的寫照。

第二節　王充之時代

王充之生命風格，如上文所述，乃是內有所傷而外有所疾的。因而，就其外有所疾一方面說，自然必牽涉到他所處的時代。

王充是東漢初期人，他生於光武建武三年，卒於和帝永元年之間，即在公元二十七年至九十八、九年左右，大抵活了七十餘歲。他所處的時代，從學術風氣上說，特別從其與政治的關聯上說，在論衡一書中所反映的問題，那是很多、很多的。這些問題，有關於當時政治上『天、人感應』之災異和瑞應的，有關於經學的，有關於道家末流所衍化之成仙、得道的，亦有關於風俗、習慣的。而在這種種問題之中，最重要的，則是關於『天、人感應』一觀念的問題；其餘數者，除了經學外，大抵也都是環繞着『天、人感應』一觀念而引生的問題。因而要了解王充所疾的時代之虛妄問題，我們就其重要的『天、人感應』一觀念，以及環繞着此一觀念所產生種種情形加以申述，便可見出其大致情形了。

如衆所周知，漢高祖以平民得天下，正值秦世大弊之後，除了吏制、圖籍等有所繼承外（註一六），在文化思想上，似乎是相當空虛的。在其初期的數十年中，以黃、老無爲之術爲治，頗得休養、生息之效（註一七）。及至武帝之時，董仲舒出，始有正式的文化運動，（即所謂『更化』運動）。這是西漢政治上的一件大事，也是決定兩漢學術思想上的一件大事。雖然爲後人病詬者甚多，但畢竟是不能抹煞的一件大事。

史、漢本傳均稱，仲舒少治春秋。而漢書傳贊嘗引劉歆云：『仲舒遭漢承秦滅學之後，六經離析，下帷發憤，潛心大業，令後學者有所統壹，爲群儒首』。由此可知，他不是謹守師訓的訓詁學者，而是綜合六經微言大義，繼前聖而鑄其系統之思想者。不過，雖然如此，但其思想亦不免有其駁雜之處，大抵雜有陰陽家的宇宙論和歷史論的成份，以及一部份法家的成份，而成的一個系統。其詳細情形均見於其春秋繁露一書。而其透過政治藉以形成文化運動的，則便是後人所說的天、人三策。天、人三策之根本意旨，即在肯定『天道爲王道之本』，王者必須上承『天之所爲，而下以正其所爲』，並因之而言立制度，與禮、樂之教化。這一套文化思想，其背後的精神，實在具備一個『超越的理想』，也是融化古代傳統文化所形成的一個系統(註一八)。

然而，因爲這一套思想，是從超越或形而上的，亦即所謂『天道』方面立說，所以必肯定『天、人相與之際』；同時，又因爲夾雜着陰陽家的氣息，所以亦必盛言災異、瑞應等觀念。這裡，只錄其天、人對策第一策中的數段，便可見其一斑。他說：

『臣謹案春秋之中，就前世已行之事，以觀天、人相與之際，甚可畏也：國家將有失道之敗，而天迺先出災害以譴告之；不知自省，天又出怪異以警懼之；尚不知變，而傷敗迺至。以此見天心之仁愛人君，而欲止其亂也。自非大亡（同「無」）道之世者，天盡欲扶持而全安之，事在彊勉而已矣。彊勉學問，則聞、見博而知益明；彊勉行道，則德日起而大有功。此皆可使還至而立有效者也。詩曰：「夙夜匪懈」。書云「茂哉、茂哉」。皆彊勉之謂也』。

按此段由『天、人相與之際，甚可畏也』而言天之出災變、怪異以譴告、警懼人君等，即表示『災異』一觀念。『災異』之起，必在人君之『失道』、『不知自省』和『不知變』。要消彌此災異，則只有強勉：強勉學問、強勉行道。如此，則天、人相與之際雖然可畏，但亦可以由人君之『修德』以轉化之，而成『天、人感應』了。這應該是仲舒一點重要的意思。他又說：

『臣聞天之所大奉使之王者，必有非人力所能致而自至者，此受命之符也。天下之人，同心歸之，若歸父母，故天瑞應誠而至。書曰：「白魚入于王舟，有火復于王屋，流爲烏」。此蓋受命之符也。周公曰：「復哉，復哉！」孔子曰：「德不孤，必有鄰」。皆積善、累德之效也。及至後世，淫佚衰微，不能統理群生，諸侯背畔，殘賊良民，以爭壤土，廢德教而任刑罰。刑罰不中，則生邪氣。邪氣積於下，怨惡畜於上。上、下不和，則陰、陽繆盭，而妖孽生矣。此災異之所緣而起也』。

此段所說，即包括災異、瑞應或符命兩者。而災異只起於人君之失德；瑞應或符命，則必基於人君之積善、累德。故仲舒由天、人感應，而盛言災異、瑞應，固然含有陰陽家的氣息，但在根本上依然只在人君之積德與、否。這是中國古代的大傳統，乃是夏、商、周以來大抵都很流傳的。仲舒之說，春秋繁露中所論尚多，我們並沒有多引的必要。

這種由天、人感應而來之災異和瑞應的思想，在漢代大帝國中，在董氏以前，固然已經具備（註一九），但其成爲漢代政治上主流，似乎應該是董仲舒開出的。而且，一經其開出以後，即支配了西漢二百餘年之久。這不僅武帝以及其後之各代君主，在官書上經常說到極多，即是當時的學者、名臣，幾乎沒有不以此爲說的。太史公雖然不說災異、瑞應，而且由於善人之不得其福、惡人之反得其壽，表示對於天道之懷疑，但他仍舊直下肯定『通天、人之際』一思想的（註二〇）。此外，如眭弘、夏侯始昌、夏侯勝、劉向、蓋寬饒、焦延壽、京房、翼奉、李尋、谷永等，一直可以推到王莽之時，都是說災異和瑞應的（註二一）。的確，他們當中所學不必完全相同，有些亦不免狂熱，但一般地說，他們在根本上多未離開人君『積德與、否』的意義說話的。由此可知，董仲舒在這一層上，其影響是很大的。

他們不離開人君積德與、否，而言天、人感應之災異和瑞應，不必就是完全沒有道理的，當中如夏侯勝、京房，特別如翼奉，似乎是有其全套之系統可說，故亦可能是『持之有故、言之成理』的。而且，他們的說法，在作用上，至少可以使專制君主明白一件事，即：使他覺得自己並非一個絕對至上者。這是儘有其好處的！一般上，人們對於這些理論，大抵難免全以迷信、虛妄視之者。唐君毅先生嘗說：『在中世紀之宗教、道德觀念下，自然之災害，亦由人之罪惡所致，亦由神之罰。現代人全不解，說他是迷信。迷信也許是迷信，但你只以他是迷信，則只見你之淺薄。須知說自然災害是由人之罪惡，即認定人之德行，須對宇宙負責，認定精神在外受了阻抑，便須向內以反省自己之罪，除去自己之罪。說自然災害，是人之罪惡，是出於一最嚴肅之道德責任感的話』（註二二）。唐先生這種講法，雖然不是就漢儒之災異和瑞應而說，但在道理上應該也是相同的。

而在事實上，漢儒他們的系統，大抵都是從超越的天道方面說下來，又多夾雜着濃厚的陰陽家的氣息，所以亦不免有其濃厚的神秘性，以至有其原始宗教的色彩。他們固然並不離開人君之積德、累善，但因爲講多了、講久了，當嚴肅的道德意識提不起之時，自然不免於庸俗，而亦不免被人只看作迷信、虛妄了。及至西漢末年、讖、緯之書出，即不可能不與之合流，於是也就流弊百出了。近人必將其混爲一談，甚至更以漢武帝之提倡方士迷信，亦一律歸罪於他們（註二三），雖然是不相干的，不過亦可以表示漢儒他們這種講法，一定有其不够健全的地方。

讖、緯之書，大抵都是一般別有意圖之輩所僞造的，而與王莽以符命篡位必有密切的關係。故隋書經籍志云：

『易曰：河出圖、洛出書。然則聖人之受命也，必因積德、累業，豐功、厚利，誠著天地、澤被生人，萬物之所歸往，神明之所福饗，則有天命之應。蓋龜、龍銜負出於河、洛，以紀易代之徵，其理幽昧，究極神道，……說者又云，孔子旣敍六經，以明天、人之道，知後世不能稽同其意，故別立緯及讖，以遺來世。其書出於前漢，有河圖九篇、洛書六篇，云自黃帝至周文王所受本文；又別有三十篇，云自初起至于孔子九聖所增演，以廣其意；又有七經緯三十六篇，並云孔子所作。幷前合爲八十一篇。而又有尙書中候、洛罪級、五行傳、詩推度災、氾歷樞、含神務，孝經勾命決、援神契，雜讖等書。漢代有郗氏、袁氏說，漢末郎中郗萌集圖緯讖雜占，爲五十篇，謂之春秋災異。宋均、鄭玄並爲讖緯之注。然其文辭淺俗，顚倒、舛繆，不類聖人之旨。相傳疑世人造爲之後，或者又加點竄，非其實錄。起王莽好符命。光武以圖讖興，遂盛行於世。』

依此段所說，我們可以明白讖、緯之書的大概情形了。其中所謂七經緯三十六篇，則見於後漢書樊英傳注（註二四）。

讖，緯之僞，東漢儒者如桓譚、鄭興、尹敏等均已力加辯斥，幾至得罪（註二五），而張衡辯之尤切。張衡所辯之重要理由，依後漢書本傳所載，即有以下諸要點：

一、『若夏侯勝、眭孟之徒，以道術立名，其所述著，無讖一言』；

二、『劉向父、子領校秘書，閱定九流，亦無讖錄』；

三、『春秋元命苞中，有云公輸班與墨翟事，見戰國，非春秋時也』；

四、『又言別有益州，益州之置，在於漢世』；

五、『賈逵摘讖，互異三十餘事，諸言讖者皆不能說』；

六、『王莽簒位，漢世大禍，八十篇爲何不戒』？

讖、緯之所以爲僞從這數點看，應該是很確定的。故張衡即斷定其爲『成、哀以下，乃始聞之』或即『成於哀、平之際』，乃是『虛僞之徒』用以『要世、取資』的結果；而隋書經籍志，亦必稱之『起王莽之好符命』。這些也是很正確的。而且，讖、緯之僞，必借假『天、人感應』而預說災異和符命，故亦不免與西漢儒者之說混合，更爲王莽簒漢之假借。而這也似乎便是後人一律視爲迷信、虛妄的主要因由。

王莽，從當國以至篡位，原初是自己製造『白雉之瑞』，薦之宗廟，於是『羣臣乃盛陳莽功德：致成周白雉之瑞，千載同符』。莽即因此『順天心』而獲得了安漢公之位。之後，即有很多人爲他製造『麟、鳳、龜、龍，衆祥之瑞七百有餘』，使他騙得了『加九命之錫』的封號。再往後說，就多得不易敍述了。平帝有疾，莽依周公故事，作策請命於泰畤，願以身代。平帝死時，謝囂奏稱：『武功長孟通浚井，得白石，上圓、下方，有丹書著石，文曰：告安漢公莽爲皇帝』。於是王莽就做了『攝皇帝』，改號居攝。居攝二年，劉京和臧鴻等又言瑞應，說『攝皇帝當即眞』。又有無賴哀章作銅匱圖，說天帝要王莽爲眞天子，獻之高廟。於是王莽便做了新皇帝，策命孺子嬰，『親執其手，流涕歔欷，曰：「昔周公攝位，終得復子明辟；今予獨迫皇天威命，不得如意」。哀歎良久。……』。凡此種種，說來很可駭怪，但却都是事實。而在當時，不僅劉歆、陳崇輩盡力爲王莽歌功、頌德；即作太玄之揚雄亦同樣不能免俗（註二六）。其荒謬之情，實在難以形容。班固云：『是時，爭爲符命封侯，其不爲者相戲曰，獨無天帝除書乎？』這固然是記當時情形，亦正可以表示史家之誅伐。而王莽似乎並不以爲虛妄，故在臨死之時，還要說『天生德於予，漢兵其如予何』（註二七）？由此可知，一個人說謊多了，儘會使自己也相信其爲眞的；否則，便是臨死還要騙人！我們讀這一段歷史，不僅佩服王莽之騙術、不僅佩服當時士大夫之無恥，亦同樣可以了解『天、人感應』一觀念之大末落！這難道是漢儒，特別如董仲舒者所能逆料？但他們本身之不健全，又何能辭其咎？

光武中興，也得力於圖讖。他以圖讖即皇帝位，以圖讖決嫌疑，晚年起明堂、靈臺、辟雍等，更宣佈圖讖於天下（註二八）。他一生相信讖記，是眞、是假，乃是誰都無法確定的。至於他重用王梁、孫咸，就由於他們名應讖籙（註二九）；他討厭桓譚、尹敏和鄭興，也就由於他們攻擊圖讖。而此後明帝、章帝，更『祖述』其事，『儒者爭學圖讖，兼復附以妖言』（註三〇）；賈逵之流，亦以圖讖附會左氏，要求立於學官，以教弟子（註三一）。於是圖讖就大行於天下了。雖然，當時有張衡之竭力分辨，證明讖、緯之書非聖人之言，但也好像中毒過深，以至如風、如草，上行、下效，所以到頭來亦歸於全無效果。

以上所述，可以了解王充所處時代之一斑。我們試想：這樣的一個時代，能說不是一個迷信、虛妄的時代？而這一個迷信、虛妄的時代，亦可以說是『由天、人感應』一觀念而形成的。王充之『外有所疾』，最主要的即是對於這種迷信、虛妄的風氣而發的。（雖然，王充並不分別漢儒和圖讖，他是整個地反對的）。近人對於他那種攻擊虛妄的精神，自然是有其相應的了解的。因而，亦即形成對於王充之推崇。

第三節　論衡之所以造

王充的著作，依論衡自紀篇和對作篇所說，本來是很多的。最初有譏俗節義十二篇，那是疾世俗之趨炎、寡恩而作；又有政務一書，那是憫人君爲政之不得其宜而作；又有論衡八十五篇，那是傷僞書、俗文多不實誠而作；又有備乏、禁酒二種，那是爲了漢章帝時歉收而作；最後又有養性書十六篇，那是晚年爲自己養氣、全身，期望延年而作的。他一生有這許多時間——幽居四十餘年，又有這許多不平，所以也就有這許多著作。

不過，值得惋惜的是：也許就因爲他一生遭遇不好，他的著作，除了論衡（今存八十四篇）一書流傳到現在以外，其他各種可能從來便未和後世見面過。這當然是很不幸的！而且，即就論衡一書來說，當初發現之時，也只是被人作爲一種新奇的『助談資料』（註三二），似乎難說是眞正地被看重的。這與王充原初的志思，不知有多遙遠的距離呢！而且，即就今天來說，論衡流傳了幾乎二千年，亦不一定就能相應地被了解的。這當然也是很不幸的！所以王充不僅自己一生的遭遇不好，即其書的遭遇也是相當壞的。但這些都是『莫之致而至』的，都是無可奈何的事！

然而，姑且不論這些遭遇上如何不幸，倘若就王充原初的志思而說，則其對於論衡一書，自然是非常重視的。事實上，論衡一書是他畢生的最大成績，它曾經消耗了他一生十分之八、九的時間和精力（註三三）。而范書本傳亦稱其『閉門潛思，絕慶弔之禮，戶牖、牆壁各著刀、筆，著論衡八十五篇……』。由此可見其如何的辛勤和艱苦了。因而，王充對於其論衡之重視，原是用不到多加解釋的。

就由於他特別重視論衡，所以也就有許多、許多關於論衡底說明，以及近人所謂『效驗方法』（註三四）。這裡，即就其所以造（註三五）論衡的『動機』和『目的』加以申述。

王充之所以造論衡，其動機與其書之內容是完全一致的，即所謂『疾虛妄』。關於這一點，雖然，本節前文所謂『傷僞書、俗文多不實誠』，實際上已經說到了的。但是，究竟如何傷，或即如何疾，則尚須約略地加以指陳。現在，可以先看佚文篇底說明：

『足蹈於地，跡有好、醜；文集於礼（當作「札」），志有善、惡。故夫占跡以睹足，觀文以知情。詩三百，一言以蔽之，曰：「思無邪」。論衡篇以十（當作「百」）數，亦一言也，曰：「疾虛妄」』。

這一段所說，本來是泛指論衡全書之內容的。意思是說，論衡之文，幾乎百篇，當然是有其實情的。由於『占跡以睹足，觀文以知情』，故觀三百篇之詩，可以由『思無邪』一語之賅括而知其實情；同樣，觀近乎百篇之論衡，也可以由『疾虛妄』一語之賅括而知其實情。所以這所謂疾虛妄，是指論衡一書之內容而說的。

可是，雖然如此，而此所謂『疾虛妄』，乃是同樣可以看作他造論衡之唯一的動機的。這只須看下列對作篇所說，便可以明白：

『聖人作經，藝（當作「賢」）者傳記，匡濟薄俗，驅民使之歸實誠也。……孔子作春秋，周民弊也，故采毫毛之善、貶纖介之惡，撥亂世，反諸正。……是故周道不弊，則民不文薄；民不文薄，春秋不作。楊、墨之學不亂傳（當作「儒」）義，則孟子之傳不造；韓國不小弱，法度不壞廢，則韓非之書不為；高祖不辨得天下，馬上之計未轉，（按此二句似有誤），則陸賈之語不奏；衆事不失實，凡論不壞亂，則桓譚之論不起。故夫賢、聖之興文也，起事不空為，因因不妄作。……是故論衡之造也，起衆書並失實，虛妄之言勝眞美也。……世俗之性，好奇怪之語，說(同「悅」)虛妄之文。何則?實事不能快意，而華虛驚耳、動心也。故才能之士，好談論者，增益實事，爲美盛之語；用筆、墨者，造生空文，爲虛妄之傳。聽者以爲眞然，說(「悅」)而不舍；覽者以爲實事，傳而不絕。不絕，則文載於竹、帛之上；不舍，則誤入賢者之耳。至或南面稱師，賦姦僞之說；典城、佩紫，讀虛妄之書。明辨然、否，疾心傷之。安能不論』?

這一段話，他從孔子之作春秋等說到自己之造論衡：一方面，表示寫作動機都在『有所對』的狀態之下表現；另一方面，表示自己所以造論衡之動機，也只是如此。的確，寫作之動機，雖然可以不必就如王充所說，只在『有所對』的狀態之下表現，但能超越有所對的狀態而歸於無所爲而爲，乃是很不容易的。因此，王充所以要造論衡之動機，固然只對『虛妄』——如所謂『衆書之並失實，虛妄之言勝眞美也』以至所謂南面師之賦姦僞之說，達官、貴人之讀虛妄之書等——的『事實』而發，在一般上說，當然是很好的，也是近人重視王充的重要因由之所在。因爲這正表示他並不順時代之學術風氣走，而必求逆之以盡其對於客觀時代的擔負。這是一種很可貴的客觀意識或客觀精神之顯示。

這種客觀意識或客觀精神，實在是源於人之仁心底具體表現，表現於客觀一方面而形成的。王充自然也是同樣的。而且，這在王充，實在也是說到了的；同時，也好像他的造論衡，就是出於這仁心所驅迫的。所以對作篇又說：

『孟子傷楊、墨之議，大奪儒家之論，引平直之說，褒是、抑非，世人以爲好辨。孟子曰：「予豈好辨哉?予不得已」!今吾不得已也。虛妄顯於眞，實誠亂於僞，世人不悟，是、非不定，紫、朱雜廁，瓦、玉集糅。以情言之，豈吾心所能忍哉？衞驂乘者越職而呼車，惻怛發心，恐土（當作「上」）之危也。夫論說者閔世、憂俗，與衞驂乘者同一心矣。愁精神而憂魂魄，動胷中之靜氣，賊年、損壽，無益於性。禍重於顏回，違負黃、老之教，非人所貪。不得已，故爲論衡。……』。

這一段話說得相當好，當該都是從親身感受中發出的。他從孟子之『不得已』說到自己之『不得已之心，即是『豈吾心所能忍』之『不忍之心』，即是『惻怛發心』的『惻怛之心』，即是『不容已之仁心』——用現在的話來說，亦即是『道德的心』。而這一點不容已的仁心，即是他所以要『疾虛妄』而造論衡的根本動力。並且，也就因爲有這一點不已容的仁心在驅使，所以王充雖然弄到愁精神、憂魂魄，雖然明知其賊年、損壽，以至動胷中之靜氣，違負黃、老之教，但他依然不能不艱苦地經營其論衡之書。這正是康德所謂『無上的命令』，使自己不能不聽其驅遣。

由此可知，王充造論衡之動機，最後亦必落到他那一點不容已的仁心上。仁心之表現爲作用，原是有其正、負兩方面的。表現於正面的作用，即是好善；表現於負面的作用，即是惡惡。這便是仁心的『一機二用』。故孔子云：『唯仁者能好人、能惡人』（註三六）。好人是好人之善，惡人是惡人之惡。王充造作之動機，即在『疾虛妄』。虛妄當然是惡的，是世之惡、是人之惡。故疾虛妄，亦只是惡人之惡。如此，則王充造作之動機，也就是其不容已的仁心之負面表現。

敍述過王充造作論衡之動機，我們便可以再說說他的目的。

從動機而說目的，我們可以說，在王充，其動機固然只是一，而其目的卻並不只是一。照他自己所說，至少有二：其一，可以說是『化俗』；其另一，則是『宣漢』。

所謂化俗，亦即是後漢書本傳所謂『正時俗嫌疑』的意思。自紀篇云：

『夫賢、聖歿而大義分，蹉跎殊趨，各自開門。通人觀覽，不能釘銓（當作「訂詮」）。遙聞傳授，筆寫、耳取，在百歲之前。歷日彌久，以為古昔之事，所言近是，信之入骨，不能自解。故作實論，其文盛，其辨爭，浮華、虛偽之語莫不澄定。沒虛華之文，存敦厖之朴；撥流失之風，反宓戲（按即伏羲）之俗』。

又對作篇云：

『故夫賢人之在世也：進則盡忠宣化，以明朝廷；退則稱論貶說，以覺失俗。俗也（當作「失」）不知還，則立（？）道輕為非；論者不追救，則迷亂不覺悟。……故虛妄之語不黜，則華文不見息。華文（此處當有「不」字）放流，則實事不見用。故論衡者，所以銓（「詮」）輕、重之言，立眞、偽之平。非苟調文、飾辭，為奇偉之觀也。其本皆起人間有非。故盡思、竭心，以譏世俗』。

這兩段所說，文意雖然並不只指其所以造論衡之目的，但其主要意思還是離不開這一點的。前段從賢、聖歿而大義分，說到自己之作實論，即在沒虛華以存敦厖之朴，撥流失以反古俗，這自然是表示造論衡之目的。而後段從進之盡忠宣化與退之貶說覺俗，說到論衡之詮輕重、立眞偽，亦正表示論衡之所以造，目的即在『覺俗』——只是其辭語漫濫，未能扣緊要點而已。依此，王充造論衡之目的，我們謂之爲『化俗』，當該是很符合其原意的。

並且，王充這一個目的，好像又是可以聯在政治上，而作爲君主教化之資者。故對作篇又云：

『人君遭弊，改教於上；人臣愚（當作「遇」）惑，作論於下。（下）實得，則上教從矣。冀悟迷惑之心，使知虛、實之分。實、虛之分定，而華僞之文滅。華僞之文滅，則純誠之化日以孳矣』。

這可以說是從『化俗』那個目的推衍出來的，同時也是一種原則性的話，表示人臣作化俗之論，可以作爲上教之所取資，使純誠之化日孳。

至於『宣漢』，乃是論衡一書重要內容之一，也是他所以造論衡之最重要的目的。須頌篇說：

『紘歌爲妙異之曲，坐者不曰善，紘歌之人必怠不精。何則？妙異難爲，觀者不知善也。聖國揚妙異之政，衆臣不頌，將順其美，安得所施哉？……國德溢熾，莫有宣褒，使聖國大漢有庸庸之名。咎在俗儒不實論也』。

須頌篇又說：

『古今聖王不絕，則其符瑞亦宜累屬。符瑞之出，不同於前；或時已有，世無所知。故有講瑞。俗儒好長古而短今，言瑞則渥前而薄後。是應實而定之。漢不爲少，漢有實事，儒者不稱；古有虛美，誠心然之。信久遠之僞，忽近今之實：斯蓋三增、九虛所以成也，能聖、實聖所以興也。儒者稱聖過實，稽合於漢，漢不能及。非不能及，儒者之說使難及也。實而論之，漢更難及：穀熟、歲平，聖王因緣以立功化。故治期之篇，爲漢激發。治有期、亂有時。能以亂爲治者，優。優者有之：建初孟年，無妄氣至，聖世之期也。皇帝執（當作「敦」）德，救備其災。故順鼓、明雩爲漢應變。是故災變之至，或在聖世。時旱湛禍，爲漢論災（註三七）。是故春秋爲漢制法，論衡爲漢平說』。

這兩段所說，確實很清楚地表示其造作之動機和目的。在王充，大漢聖國有溢熾之德，而俗儒只知稱前聖，不肯爲實論，使漢有庸庸之名。這是很虛妄的。故必造論衡以正之。但這還是屬於造作之動機一方面的。而其中所說有關漢德以及所提論衡中之各篇，都是表示造作該書之目的。他以講瑞、是應顯符瑞之應漢德；以三增（語增、儒增、藝增）和九虛（書虛、變虛、異虛、感虛、福虛、禍虛、龍虛、雷虛、道虛）及能聖、實聖（按此二篇已佚）闢俗儒信久遠之虛美，而忽近今之實德；以治期爲漢之聖主激發；以順鼓、明雩爲漢應變。這些都表示他造作之目的。這裡，他已說上十九篇，再加齊世、宣漢、恢國、驗符、盛褒、須頌、對作等篇，幾乎近三十篇論衡之文：都是用以宣揚漢德的。而且，在王充，漢德不在百代（指五帝、三王等）之下，甚至必高於百代，其深淺、優劣以爲亦只靠論衡才能測定。故云：『不樹長竿，不知深、淺之度；無論衡之論，不知優劣之實』。（亦見須頌篇）。因而，他不惜以三十篇之文宣揚漢德。由此可知，王充之所以造論衡，宣漢就不能不是一個最大的目的。所以他也就可以總括一句：『春秋爲漢制法，論衡爲漢平說』。

論衡之造，因爲有這兩個目的，所以王充是很希望其能爲當代君主所採用的，但也不免有其恐懼之心。這便是對作篇所謂：

『古有命使采爵，欲觀風俗、知下情也。詩作民間，聖王可云：「汝民也，何發作」？因罪其身，歿滅其詩乎？今已不然，故詩傳亞（當作「至」）今。論衡、政務，其猶詩也，冀望見采。而云有過，斯蓋論衡之書有以興也。且凡造作之過，意其言妄而謗誹也。論衡實事、疾妄，齊世、宣漢、恢國、驗符、盛褒、須頌之言，無誹謗之辭。造作如此，可以免於罪矣』。

依這一段所說，他一方面希望論衡、政務如詩一般能被採用，一方面又以齊世等篇無誹謗之辭，當該可以免罪。這是一種很複雜的心理，也是一種很矛盾的心理。

王充之所以如此，似乎也是不難理解的。他這裡所擧的幾篇，除了盛褒一文已佚外，其餘都是歌頌漢德的，何嘗能說『無誹謗之辭』？就是論衡全書又何嘗有誹謗之辭？因此，他底恐懼，决不在於對漢帝國之誹謗、不誹謗，而必在於論衡的整個內容上。論衡的整個內容大抵是反傳統的，對於當時學術風氣以至政治風氣，本來就有其極大的反動性。他怕論衡眞的被採用，可能會引起套在當時風氣下的、當身君主以至一般顯赫者之反感。依此而言，則王充雖然由『實事、疾妄』，甚至亦不顧慮『違詭於俗』以造論衡（註三八），但究竟還是顧慮其違詭於朝廷的。故不免有此矛盾的心理。這正顯示了知識分子在專制政體下之最可憐的心聲！這在原則上是值得同情的。

可是，在實際上，似乎是不應該如此的。一個人倘若眞能見理既明，肯定自己所說的必然是眞理，則當下便可以披斬一切糾葛，不必為其被採用而有所顧慮的。不然，倘若為了避免無妄之災，則亦儘可以切斷對於世俗的期望，而求『藏諸名山、傳諸其人』的。何必希冀其見採？如此，則雖然冷落一生，畢竟可以為千秋、萬世立規模，而無愧於心了。這才是知識分子底大超脫，也是知識分子應有的大氣概！王充生命儘有滯着，自然是達不到這一層次的。達不到這一層次，所以說這個、說那個，固然值得同情，但亦難免於責備！這也是無可奈何的事！

而同時，他由疾虛妄之動機以造論衡，轉而表示他的目的在於化俗和宣漢，這也是很有問題的。切實地說一句，著作的動機和目的，本來是不可分的。要說可分，也只是正面和負面之分，並不是有其另外之目的的。比如就王充說，他那疾世俗虛妄之動機，是從負面表現的；由此而轉到目的，便是撥世俗虛妄而歸之於正。於此，前後兩者固然可以有動機和目的之分，但在本質上却只是不容已的仁心之一機二用。而這亦只等於說，動機與目的之分只有形式意義，並沒有本質意義。從本質上說，只是一個仁心之兩種表現——表現於正面的固然是仁心，表現於負面的也是仁心。故就仁心之表現於動機說，動機與目的是不可分的。

因而，我們便可以說：動機倘若是單純的，則其目的亦必與動機相反而相應；不然，倘若動機是混淆的，則其目的就很難不落到歧出的境地的。這是必然的道理。王充由『疾虛妄』這一動機出發，如果只歸於『化俗』的一目的，則其動機一定是單純的。可是，王充並不如此，他除『化俗』外，還有『宣漢』一個目的，並且還是比較最大的一個目的。這就不能不是一種歧出。目的之所以歧出，也就反顯其動機本身之不够單純。這是無法避免的事實。的確，王充以宣漢爲最大的目的，在理論上也是『從疾俗儒之虛妄』而來的。因爲疾俗儒之虛妄，故必造論衡以正其虛妄。正其虛妄，則在原則上，俗儒之口可以被塞而世俗亦可以被化了。所以王充由疾虛妄一動機出發，只須結歸到『化俗』一目的就够了，大可不必再說什麽『論衡爲漢平說』一類話的。而其所以如此，亦正表示其動機決不源於單純的仁心，至少必夾雜着另外的成份。而這另外的成份，亦即我們上文所說『未忘靑、紫之心』！

總之，王充爲其不容已的仁心所驅使，使其對於當時之虛妄風氣眞有所疾，而必求造論衡以正之，這在一般上，自然不能不說是好的；但只由於『疾虛妄』這一動機有所夾雜，故不僅使其由動機而轉爲目的之時，必有所歧出，即其『疾虛妄』之所以疾的動機本身，亦不必能得其正、得其合理的。因此，王充以爲『論衡者，所以詮輕、重之言，立眞、僞之平』，恐怕只是一個美好的原則，不必眞能如此做到的。而後人不明白其中的道理，一味只在字面上穿鑿(註三九)，實在是不免於無聊的！

第四節　論衡反虛妄之內容例要

王充之造論衡，乃是從疾虛妄出發的。故在論衡一書中，就有所謂很多反虛妄的內容，約略地加以估計，當在一百數十種以上。王充時代所流行的種種說法，王充大多都以爲是虛妄的。不過，對於那些他認爲虛妄之說，他也不是完全加以否定的。有些固然否定，有些往往經過一番理論上的駁斥以後，即給予一種另外或即新的解釋。但由於論衡所反之虛妄的內容太多，而其解釋大抵也都是很冗長、繁瑣的，所以在這裡，我們只能將其分作以下數類，並就每類中各舉二、三要例加以敍述，藉以明白其反虛妄的大致情形。

第一類，我們稱之爲『虛妄與適、偶』。這一類是王充對於他認爲虛妄之說，經過一種理論上的駁斥以後，即以『適、偶』觀念加以解釋。現在，我們只擧二例於下。

例一、書虛篇載：

『傳書言：孔子當泗水之（當作「而」）葬，泗水爲之卻流。此言孔子之德能使水卻，不湍其墓也。世人信之。是故儒者稱論，皆言孔子之後當封，而以泗水卻流爲證。如原省之，殆虛言也。

『夫孔子死，孰與其生？生能操行，愼道應天；死操行絕，天祐至德（當作「無德致祐」）。故五帝、三王招致瑞應，皆在生存，不以死亡。孔子生時，推排不容，故嘆曰：「鳳鳥不至，河不出圖，吾已矣夫」！生時無祐，死反報乎？孔子之死，五帝、三王之死也。五帝、三王無祐，孔子之死獨有天報，是孔子魂聖，五帝、三王之精不能神也。泗水無知，爲孔子卻流，天神使之，然則孔子生時，天神（當有「何」字）不使人尊敬？如泗水卻流，天欲封孔子之後，孔子生時功德應天，天不封其身，乃欲封其後乎？

『是蓋水偶自卻流。江河之流有回復之處，百川之行或易道、更路，與卻流無以異。則泗水卻流，不爲神怪也』。

按傳書此言，未知其所從出，就其所敍的看，乃是屬於『天、人感應』中的事。其意思是說，孔子德高，死後當泗水而葬，天使水卻流以保其墓，而世儒因之以言孔子之後當封，此即爲天報有德之證。王充以此爲虛妄，故駁斥之。他以爲天不祐孔子於生時，何能報之於死後？於是，即轉到他的另一種解釋，那只在『是蓋水偶自卻流』一語中。偶，即偶然。其意思是說，只是泗水偶然卻流，並非天應孔子之德而使之卻流。這是王充對於『泗水卻流』的另一種解釋，即是以『偶然』代替了原有的『天、人感應』中之『必然』。

例二、感虛篇載：

『傳書言：倉頡作書，天雨粟、鬼夜哭。此言文章興而亂漸見，故其妖變致天雨粟、鬼夜哭也。夫言天雨粟、鬼夜哭，實也；言其應倉頡作書，虛也。

『夫河出圖、洛出書，聖帝、明王之瑞應也。圖、書文章與倉頡所作字畫何以異？天地爲圖、書，倉頡作文字，業與天地同、指與鬼神合，何非、何惡，而致雨粟、神哭之怪？使天地、鬼神惡人有書，則其出圖、書非也。天不惡人有書，作書何非而致此怪？

『或時倉頡適作書，天適雨粟、鬼偶夜哭。而雨粟、鬼神哭自有所爲。世見應書而至，則爲作書生亂敗之象，應事而動也』。

按『倉頡作書，天雨粟、鬼夜哭』之說見淮南子本經訓，可能是道家之說，以爲文字、書契等出，文明日盛，則去本、趨末，詐僞萌生，故有天雨粟、鬼夜哭之變（註四〇）。王充並不注意這一意思，亦不以天雨粟、鬼夜哭爲虛妄；而只以天雨粟、鬼夜哭，爲應倉頡作書爲虛妄。而其所以以此爲虛妄，又是類比『河出圖、洛出書』而說的。他以天地、鬼神爲圖、書與倉頡作文字同業、合旨。如此，則天地、鬼神何致有所非、惡，而必雨粟、夜哭？

這樣，他便推出了自己的一種解釋，即：『倉頡適作書，天適雨粟、鬼偶夜哭』。那只是說，二者適、偶相應，並非天、鬼應倉頡作書而特爲之雨粟和夜哭。這也是以適、偶觀念代替『感應』的。

第二類，可以謂之爲『虛妄與命定』。這一類是王充對於他認爲虛妄之說，亦經過一種理論上的駁斥以後，而以命定論加以解釋。只舉三例於下。

例一、福虛篇載：

『楚相孫叔敖爲兒之時，見兩頭蛇，殺而埋之。歸，對其母泣。母問其故，對曰：「我聞見兩頭蛇(者)死。向者出，見兩頭蛇，恐去母死，是以泣也」。其母曰：「今蛇何在？」對曰：「我恐後人見之，即殺而埋之。」其母曰：「吾聞有陰德者，天必報之。汝必不死，天必報汝」。叔敖竟不死，遂爲楚相。埋一蛇獲二祐，天報善明矣。

『曰：此虛言矣。

『夫見兩頭蛇輒死者，俗言也；有陰德天報之福者，俗議也。叔敖信俗言而埋蛇，其母信俗議而必報：是謂死、生無命，在一蛇之死。齊孟嘗君田文以五月五日生，其父田嬰讓其母曰：「何故擧之」？曰：「君所以不擧五月子，何也」？嬰曰：「五月子長與戶同，殺其父、母」。曰：

「人命在天乎？在戶乎？如在天，君何憂也？……」。後文長與一（衍文）戶同，而嬰不死。是則五月舉子之忌，無效驗也。夫惡見兩頭蛇，猶五月舉子也。五月舉子，其父不死，則知見兩頭蛇者無殃禍也。由此言之，見兩頭蛇自不死，非埋之故也。埋一蛇獲二福，如埋十蛇得幾祐乎』？

這是王充以命定論駁斥『天、人感應』——因果報應——之說。這裡的因果報應，乃是就孫叔敖之見蛇、埋蛇一事而說的——亦見於漢儒的著作中(註四一)。而在王充，那只是俗言、俗議。他以爲叔敖信俗言而埋蛇，其母信俗議而必報，這正表示死、生無命，只在於一蛇之死。由此可知，在王充，死、生是有命的。死生既然有命，則叔敖見蛇不死，並非因爲埋蛇之故，而只在於叔敖命本不當死。至於叔敖之另一福祐——長爲楚相，亦只在其命本當貴而已。

例二、禍虛篇載：

『漢將李廣與望氣王朔燕語曰：「自漢擊匈奴，而廣未常（嘗）不在其中。而諸校尉以下，才能不及中，然以胡軍攻（功），取侯者數十人。而廣不爲侯（當爲衍文）後人，然終無尺土（當作寸）之功以得見（當爲衍文）封邑者，何也？豈吾相不當侯，且固命也」？朔曰：「將軍自念，豈常有恨者乎」？廣曰：「吾爲隴西太守，羌常反，吾誘而降之八百餘人，吾詐而同日殺之。至今恨之，獨此矣」。朔曰：「禍莫大於殺已降，此乃將軍所以不得侯者也」。李廣然之，聞者信之。

『夫不侯猶不王也。不侯何（當作「有」）恨，不王何負乎？孔子不王，論者不謂之不（當作

「有」）負；李廣不侯，王溯謂之有恨：然則王溯之言，失論之實矣。

『論者以爲人之封侯，自有天命。天命之符，見於骨體。大將軍衛青在建章宮時，鉗徒相之曰：「貴至封侯」。後竟以封萬戶侯。衛青未有功，而鉗徒見其當封之證。由此言之，封侯有命，非人操行所能得也。鉗徒之言實得其效，王溯之語虛而無驗也。……』。

這很明白，李廣之所以不得封侯（事見史、漢李廣傳），只在其命定如此，並非由於其殺降卒之故。

例三、辨祟篇說：

『世俗信禍祟，以爲人之疾病、死亡及更患、被罪、戮辱、懽笑皆有所犯，起功、移徙、祭祀、喪葬、行作、入官、嫁娶，不擇吉日，不避歲月，觸鬼、逢神，忌時相害，故發病、生禍，絓法入罪，至于死亡，殫家、滅門：皆不重愼，犯觸忌諱之所致也。

『如實論之，乃妄言也。

『凡人在世，不能不作事。作事之後，不能不有吉、凶。見吉，則指以爲前時擇日之福；見凶，則刻（當爲衍文）以爲往者觸忌之禍。……工技射事者欲遂其術，……。故世人無愚智、賢不肖，人君、布衣皆畏懼、信向，不敢抵犯，……。故書列七卜，易載八卦，從之未必有福，違之未必有禍。

『然而，禍福之至，時也；死生之到，命也。人（當作「夫」）命懸於天，吉、凶存於時。命窮，操行善，天不能續；命長，操行惡，天不能奪。……世間不行道德，莫過桀、紂；妄行不軌，莫過幽、厲。桀、紂不早死，幽、厲不夭折。由此言之：逢福、獲喜，不在擇日、避時；涉患、麗禍，不在觸歲、犯月明矣。……』。

這是王充對於當時世俗忌諱之駁斥。世俗之所以有這樣多的忌諱，無非爲了避禍、求福。由此種種忌諱以避禍、求福，在王充，都是虛妄的。他以爲禍福之情只在命、時。而命、時是註定了的，操行尙不能加以改變，何有於擇日、避時等忌諱？這是王充依命定論駁斥世俗之虛妄。

第三類，是『虛妄與天道之自然、無爲』。這一類的主要內容，即是王充依其天道觀念駁斥其所反對的『天、人感應』之說。我們只舉二例於下。

例一、寒溫篇云：

『說寒、溫者曰：人君喜則溫、怒則寒。何則？喜、怒發於胸中，然後行出於外，外成賞、罰。賞、罰，喜、怒之效。故寒、溫渥盛，凋物、傷人』。

這是『天、人感應』中的事，亦是漢代流行之說（註四二）。王充曾以寒溫篇全篇加以駁斥，其中最重要的如：

『……春溫、夏暑、秋涼、冬寒，人君無事，四時自然。夫四時非政所爲，而謂寒、溫獨應政治？正月之始，正月之後，立春之際，百刑皆斷，囹圄空虛，然而一寒、一溫。當其寒也，何刑所斷？當其溫也，何賞所施？由此言之，寒、溫天地之節氣，非人所爲明矣』。

這是以寒、溫爲天地自然之節氣，非人所爲，故不應人君之喜、怒或賞、罰。

該篇又嘗設難並作解答云：

『或難曰：洪範庶徵曰，「急恒寒若，舒恆燠若」。若，順；燠，溫；恒，常也。人君急，則常寒順之；舒，則常溫順之。寒、溫應急、舒，謂之非政，如何？

『夫豈謂急不寒、舒不溫哉？人君急、舒，而寒、溫遞至，偶適自然，故若相應——猶卜之得兆、筮之得數也。人謂天地應令問，其實適然。夫寒、溫之應急，舒、猶兆、數之應令問也：外若相應，其實偶然。何以驗之？夫天道自然，自然、無爲，二令（當作「合」）參偶，遭適逢會。人事始作，天氣已有，故曰道也。使應政事，是有（當有「爲」字），非自然也』。

後段王充對於難者的解答，亦即對於說寒、溫者之正面的解釋。他以爲人君急、舒，而寒、溫遞至，只是適偶逢會，並非天應人君。天是不應人君的。而天之所以如此，只由於天道之自然、無爲。天道『自然、無爲』，故不應政事。不然，若應政事，則是『有爲』而非『自然』了。這是王充以天道之『自然、無爲』駁斥寒、溫應政事之虛妄。

例二、譴告篇云：

『論災異（當有「者」字），謂古之人君爲政失道，天用災異譴告之也。……天神譴告人君，猶人君責怒臣下也。故楚嚴王曰：「天不下災異，天其忘子（當作「予」）乎？」災異爲譴告，故嚴王懼而思之也。

『曰：此疑也。夫國之有災異也，猶家人之有變怪也。有災異，謂天譴（當有「告」字）人君；有變怪，天復譴告家人乎？……占大以小，明物事之喩，足以審天。……。

『夫天道，自然也，無爲。如譴告人，是有爲，非自然也。黄、老之家，論說天道，得其實矣。……』。

天以災異譴告人君，乃是『天、人感應』一觀念中的事，此在當時是極流行的。王充以小占大，謂國之有災異，猶家人之有變怪。家人之有變怪，非天之譴告，故國之有災異，自然亦非天之譴告。而天之所以不譴告，在王充，即在天道之自然、無爲；如果天能譴告，則是『有爲』而非『自然』了。這是依天道之『自然、無爲』駁斥天譴告人君之說，亦即駁斥『天、人感應』一觀念。

第四類，是『虛妄與氣、性』。這一類是王充依『氣』、『性』之不可變更，駁斥其所認爲虛妄之說。我們亦只擧二例於下。

例一、道虛篇載：

『儒書言，淮南王學道，招會天下有道之人。傾一國之尊，下道術之士，是以道術之士並會淮南，奇方異術莫不爭出，王遂得道，擧家升天，畜產皆仙，……。

『此虛言也。

『夫人，物也；雖貴爲王、侯，性不異於物。物無不死，人安能仙？鳥有毛羽，能飛，不能升天；人無毛羽，何用飛升？使有毛羽，不過與鳥同；況其無有，升天如何？案能飛升之物，生有毛羽之兆；能馳走之物，生有蹄足之形。馳走不能飛升，飛升不能馳走：禀性、受氣，形體殊別也。今人禀馳走之性，故生無毛羽之兆，長大至老，終無奇怪。好道學仙，中生毛羽，終以飛升。使物性可變，金、木、水、火可革更也？……』。

這是依『禀性、受氣』之不可變更，駁斥『淮南王學仙道，舉家升天的虛妄』之說。

例二、齊世篇云：

『語稱上世之人，侗長、佼好、堅强、老壽，百歲左右；下世之人，短小、醜陋、夭折、早死。何則？上世和氣純渥，婚姻以時，人民禀善氣而生，生又不傷，骨節堅定，故長大老壽，狀貌美好。下世反此，故短小、夭折、形面醜惡。

『此言妄也。

『夫上世治者聖人也，下世治者亦聖人也。聖人之德前後不殊，則其治世，古、今不異。上世之天，下世之天也。天不變易，氣不改更。上世之民，下世之民也，俱禀元氣。元氣純和，古、今不異，則禀以爲形體者何故不同？夫禀氣等，則懷性均；懷性均，則形體同；形體同，則醜、好齊；醜、好齊，則夭、壽適。一天、一地，並生萬物。萬物之生，俱得一氣。氣之薄、渥，萬古若一。……』。

按以聖王盛德之世優於下世，大體是當時很流行之說（註四三）。王充以此爲虛妄，乃是就古今之氣不異，而言人之『禀氣』、『懷性』之不異。這便是以『氣』、『性』之不異，駁斥上世之人優於下世的虛妄之說。

第五類，是『虛妄與事實』。在這一類中，王充並沒有一定的觀念爲根據，大體都是依常識性的理論駁斥其所謂虛妄之說。而這種常識性的理論，就王充自己說，也許便是『論衡實事、疾妄』的『事實論』，所以我們姑且即以『虛妄與事實』標之。現在，只擧三例於下。

例一、儒增篇載：

『書說，孔子不能容於世，周流游說七十餘國，未嘗得安。

『夫言周流不遇，可也；言干七十國，增之也。

『案論語之篇、諸子之書，孔子自衛及魯，在陳絕糧，削迹於衛，忘味於齊，伐樹於宋，並費與頓牟。至不能十國。傳言七十國，非其實也。或時干十數國也。七十之說，文書傳之，因言干七十國矣』。

以孔子曾遊說七十餘國，本是先秦與漢代流行之說（註四四）。而王充即以論語等爲據，而言孔子干七十餘國爲儒者所增，並爲非事實。

例二、是應篇說：

『儒者言，（當有「太平時」三字）萐脯生於庖廚者。言廚中自生肉脯，薄如萐形，搖鼓生風，寒涼食物，使之不臭。

『夫太平之氣雖和，不能使廚生肉萐以爲寒涼。若能如此，則能使五穀自生，不須人爲之也。能使廚自生肉萐，何不使飯自蒸於甑，火自燃於竈乎？凡生萐者，欲以風吹食物也。何不使食物自不臭？何必生萐以風之乎？廚中能自生萐，則冰室何事？而復伐冰以寒物乎？……世言燕太子丹使日再中、天雨粟、烏白頭、馬生角、廚門象生肉足：論之既虛；則萐脯之語、五應之類，恐無其實』。

按萐脯應太平之說，見於漢代之官書（註四五），應該亦是當時流行之說。而王充之駁斥，乃是依事類推，指出其在事實上之不可能。

例三、正說篇有云：

『……孔子因故舊之名，以號春秋之經，未必有奇說、異意，深美之據也。今俗儒說之：「春者，歲之始；秋者，其終也。春秋之經可以奉始、養終，故號爲春秋」』。

這是儒者美化春秋之號，王充駁斥之云：

『春秋之經，何以異尙書？（說）尙書者，以爲上古帝王之書，或以爲上所爲下所書。授事相實而爲名，不依違作意以見奇。說尙書者得經之實，說春秋者失聖之意矣。春秋左氏傳：「桓公十有七年，冬十二月，朔，日有食之。不書日，官失之也」。謂官失之言，蓋其實也。史官記事，若今時縣官之書矣，其年、月尙大難失，日者微小易忘也。蓋紀以善、惡爲實，不以日、月爲意。……失（夫）平常之事，有怪異之說；徑直之文，有曲折之義：非孔子之心。夫春秋實言及（多）、夏；不言者，亦與不書日、月同一實也』。

王充此段所駁，其主要理由即在『春秋實言及多、夏』，只是名義上未言及而已。其所以不言及多、夏，亦與左氏傳『不書日、月』的事實相同。

以上所列五類，就論衡全書反虛妄之內容言，確實不到十分之一，當然是不够的。可是，如果就其反虛妄的正面正觀念或理論言，則其正面觀念或理論，實在不外乎『適、偶』，『命定』，『氣、性』，『天道之自然、無爲』以及『事實論』或即『常識論』等五者而已。

而這五者，也就構成了王充思想之全貌。當中除了常識論外，其餘四者都是王充整個思想的重要觀念，而且也都是有其相互的關係的。在王充，天是以『自然、無爲』爲道的。因爲天以『自然、無爲』爲道，故宇宙間並沒有一個絕對的主宰，於是宇宙間一切事物之相互關係都是『適然、偶然』的。這是王充『適、偶』之說所以成立之處。故在理論上，『適、偶』之說必基於天道觀念而產生。並且，天雖然以『自然、無爲』爲道，但『氣』畢竟是天所施的。天施氣以生人、物，故人之『性』、『命』又是氣所構成的。因此，從思想之結構上說，在王充，天道一觀念，自然可說是一個最重要的觀念；而氣一觀念乃是上通天道，下開性、命的一個中心觀念。故由『天道』而『氣』、而『性』、而『命』，這實在是王充思想之骨幹性的系統。而適、偶之說以及其他各方面的思想，都是可以看作環繞此一骨幹性的系統而形成的。以下各章，我們大致即是就此一系統爲準，而分別地加以陳述的。

註一　論衡自紀篇：『王充者，會稽上虞人也，字仲任。其先世本魏郡元城一姓。孫一（按此當有誤）幾嘗從世軍有功，封會稽陽亭。一歲，倉卒國絕，因家焉。以農桑爲業。世祖勇，任氣，卒咸不揆於人。歲凶，橫道傷殺，怨讎衆多。會世擾亂，恐爲怨讎所擒，祖父汎舉家檐（擔）載，就安會稽，留錢塘縣，以販賣爲事。生子二人，長曰蒙，少曰誦。誦即充父。祖世任氣，至蒙、誦滋甚。故蒙、誦在錢塘，勇勢凌人，末復與豪家丁伯等結怨，舉家徙上虞。（按此段述世祖及蒙、誦等勇勢凌人，即爲劉知幾、王應麟等所痛斥，見劉氏史通序傳第三十二及王氏困學紀聞十諸子）。建武（按漢光武年號）三年（西元二十七年），充生。爲小兒，與儕倫遨戲，不好狎侮。儕倫好掩雀、捕蟬，戲錢林熙，充獨不肯。誦奇之。六歲敎書，恭愿仁順，禮敬具備，矜莊寂寥，有巨人之志。父未嘗笞，母未嘗非，閭里未嘗讓。八歲出於書館。書館小僮百人以上，皆以過失袒謫，或以書醜得鞭。充書日進，又無過失。手書既成，辭師受論語、尙書，日諷千字。經明、德就，謝師而專門，援筆而衆奇。所讀文書，亦日博多。才高而不尙苟作，口辯而不好談對。非其人，終日不言。其論說始若詭於衆，極聽其終，衆乃是之。以筆著文，亦如此焉；操行、事上，亦如此焉。在縣位至掾功曹，在都尉府位亦掾功曹，在太守爲列掾五官功曹行事，入州爲從事』。按自紀篇述生平者止此，其餘有關者見本節正文。後漢書王充傳：『王充字仲任，會稽上虞人也。其先自魏郡元城徙焉。充少孤，鄉里稱孝。後到京師，受業太學，師事扶風班彪。好博覽而不守章句。家貧無書，常就洛陽市肆閱所賣書，一見輒能誦憶。遂博通衆流、百家之言。後歸鄉里，屛居敎授。仕郡爲功曹，以數諫爭，不合去。充好論說，始若詭異，終亦有理實。以爲俗儒守文，多失其眞，乃閉門潛思，絕慶、弔之禮，戶牖、牆壁各著刀筆，著論衡八十五篇，二十餘萬言。釋物類同異，正時俗嫌疑。刺史董勤辟爲從事，轉治中。自免還家。友人同郡謝夷吾上書薦充才學，肅宗（按即章帝）特詔公車徵，病不行。年漸七十，志力衰耗，乃造養性書十六篇，裁節嗜欲，頤神自守。永元（按係漢和帝年號）中，病卒於家』。

註 二　不爲利、害見將，黃暉論衡校釋云：『將，猶從也。言不爲利、害所動』。

註三　見莊子齊物論。

註四　禮記中庸云：『君子素其位而行，不願乎外。素富貴，行乎富貴；素貧賤，行乎貧賤；素夷狄，行乎夷狄；素患難，行乎患難。君子無入而不自得焉』。（朱子中庸章句第十四章）。按此即是超越富貴、貧賤、夷狄、患難之遭遇，而能依其當下所處，以爲其所當爲之意。這就表示不爲富貴、貧賤等所束縛之『無入而不自得』的人生境界。

註五　莊子齊物論有云：『予惡乎知說（悅）生之非惑邪？予惡乎知惡死之非弱喪，而不知歸者邪？……予惡乎知夫死者不悔其始之蘄生乎？』按此即表示『玄同死、生』（郭象註語）或即『齊死、生』之意。又養生主亦云：『安時而處順，哀樂不能入也。古之所謂帝之玄解。』按此亦由死生而言泯哀樂，亦表示齊死生、哀樂之意。凡此均爲『齊物』的境界。

註六　論語泰伯篇云：『舜有臣五人，而天下治。武王曰：「予有亂臣十人」。孔子曰：「才難，不期然乎？唐、虞之際，斯爲盛，有婦人焉，九人而已。三分天下有其二，以服事殷，周之德，其可謂至德也已矣」』。按此章所謂『唐、虞之際斯爲盛』，係指武王時人才之盛而說；而所謂『周之德可謂至德也已矣』，則係指文王之『三分天下有其二』而尙服事殷而說的。其中所說都是有分際的。王充刪去當中數語而混淆之，以爲孔子亦必歌頌當代之德，這是很無聊的，難說孔子稱周如此混沌嗎？

註七　見論語憲問篇。

註八　譚宗浚論衡跋嘗謂：『然充此書（按指論衡）雖近於冗漫，而人品則頗高。當其時，讖、緯方盛，異說日出，而充獨能指駮偏謬，剖析源流，卓然不爲浮論所惑，其識見有過人者。又陰、竇擅權之際，明、章蒞政之初，不聞藉學問以求知、託權門以進取，其淡然榮利，不逐時流，范史特爲取之，有以也』。（海學堂四集，轉引黃暉論衡校釋附編三）。按所謂『不逐時流』，大抵是可以說的，但所謂『淡然榮利』却非事實。

註　九　懸輿，意即致仕。黃暉論衡校釋引舊說云：『日在縣輿，一日之暮；人年七十，亦一世之暮。而致其政事於君，故曰縣輿也。亦有作縣車者』。縣，古通懸。

註一〇　黃暉論衡校釋謂：『域，讀作或。……惠士奇曰：『古文域作或』。又引論衡訂鬼篇云：『人病且死，殺鬼之至者，庚辛之神也。庚辛或際，謂將殞歿也』。

註一一　見劉氏論衡集解該段註文。

註一二　抱朴子自敍篇云：『昔王充年在耳順，道窮、望絕，懼身、名之偕滅，故自紀終篇』。

註一三　見王陽明年譜。（正中書局印行王陽明傳習錄附錄）。

註一四　禮記檀弓上，亦見史記孔子世家。唐君毅先生云：『孔子知其將死，唯嘆泰山其頹乎？梁木其壞乎？哲人其萎乎？蓋孔子精神，既超越主觀之自我，以客觀化於歷史文化之世界，亦客觀化其自身人格於人倫世界。孔子此時已不知其爲孔子，而唯知世間之一哲人，將永逝於人間。彼乃爲世間嘆此哲人之逝，此至仁之嘆也』。（見人文精神之重建孔子與各類自由第六節）。

註一五　欽定四庫全書總目一百二十子部三十雜家類曰：『充書大旨，詳於自紀一篇。蓋內傷時命之坎坷，外疾世俗之虛僞，故發憤著書，其言多激……』。按此雖然以其書爲主，但『內傷時命之坎坷，外疾世俗之虛僞』二語，對於王充實在是極相應的寫照。

註一六　史記蕭相國世家載：『沛公至咸陽，諸將皆爭走金帛財物之府，分之。何獨先入，收秦丞相御史律令、圖書藏之。沛公爲漢王，以何爲丞相。項王與諸侯屠燒咸陽而去。漢王所以俱知天下阸塞、戶口多少、强弱之處，民所疾苦者，以何得秦圖書也。……漢二年，漢王與諸侯擊楚。何守關中，侍太子，治櫟陽，爲法令約束，立宗廟、社稷、宮室、縣邑』。由此可知，秦之律令、圖書與漢高之定治天下必有極大的關係。

註一七　史記曹相國世家載：『孝惠帝元年，除諸侯相國法，更以參爲齊丞相。參之相齊，齊七十城。天下初定，悼惠王富於春秋。參盡召長老諸生，問所以安集百姓，如齊故俗。諸儒以百數，言人人殊。參未知所定。聞膠西有蓋公，善治黃、老言。使人厚幣請之。既見蓋公，蓋公言治道，貴清淨，而民自定。推此類具言之。參於是避正堂，舍蓋公焉。其治要用黃、老術。故相齊九年，齊國安集，大稱賢相。惠帝二年，蕭何卒。……參代何爲漢相國，舉事無所變更，一遵蕭何約束。擇郡國吏，木詘於文辭，重厚長者，即召除爲丞相史；吏之言文刻深，欲務聲名者，輒斥去之。日夜飲醇酒。……參爲漢相國，出入三年，卒……百姓歌之曰：蕭何爲法，顜若畫一，曹參代之，守而勿失；載其清淨，民以寧一。……太史公曰：……參爲漢相國，清淨，極言合道，然百姓離秦之酷後，參與休息無爲，故天下俱稱其美矣。』又呂后本紀太史公云：『孝惠皇帝、高后之時，黎民得離戰國之苦，君臣俱欲休息乎無爲。故惠帝垂拱，高后女主稱制，政不出戶房，天下晏然，刑罰罕用，民務稼穡，衣食滋殖。』此爲曹參所開之風氣。而後文、景之治，(以文帝爲主)，修躬玄默，勸趨農桑，大抵均得黃、老無爲之術而與民生息，前後數十年之久。

註一八　此義發自業師牟宗三先生，見其所者歷史哲學第四部、第二章、第一節。(該書增訂本於民國五十一年三月香港人生出版社印行)。

註一九　淮南子一書頗有關於『天、人感應』的思想。而漢文帝本紀所載之詔書中，亦頗有天爲災異而警戒之言。故由『天、人感應』而言災異，董氏之前已略具備。

註二〇　史記伯夷列傳：『或曰，天道無親，常與善人。（按此語見老子）。若伯夷、叔齊可謂善人者，非耶？積仁、絜行如此，而餓死！且七十子之徒，仲尼獨薦顏淵為好學。然而回也屢空，糟糠不厭，而卒蚤死。天之報施善人，其何如哉？』又云：『余甚惑焉，儻所謂天道，是邪、非邪？』又太史公報任安書嘗謂其所作史記百三十卷，『亦欲以究天、人之際，通古今之變』。

註二一　均見漢書本傳。

註二二　見理想與文化雜誌第九期續刊辭。

註二三　胡適云：『……讖、緯符瑞等等的道士迷信（即是儒教迷信），是西歷第一世紀的第一種特色』。又說：『漢代的大病，就是虛妄。漢代是一個騙子時代，那二百多年之中，也不知道出了多少的荒唐的神話，也不知造出了多少荒謬的假書，王莽、劉歆都是騙子中的國手，讖、緯之學，便是西漢騙子的自然產兒。』（見王充的論衡）。按胡氏此言頗為混淆，蓋西漢儒者並不騙人。故張衡只言讖、緯之偽，不以儒者為偽。

註二四　後漢書樊英傳註：『七緯者：易緯稽覽圖、乾鑿度、坤靈圖、通卦驗、是類謀、辨終備也；書緯璇璣鈐、考靈耀、刑德放、帝命驗、運期授也；詩緯推度災、氾歷樞、含神霧也；禮緯含文嘉、稽命徵、斗威儀也；樂緯動聲儀、稽耀嘉、汁圖徵也；孝經緯援神契、鉤命決也；春秋緯演孔圖、元命苞、文耀鉤、運斗樞、感精符、合誠圖、考異郵、保乾圖、漢含孳、佑助期、握誠圖、潛潭巴、說題辭』。按上述只有三十五篇。

註二五　後漢書桓譚傳：『是時，帝（按指光武）方信讖，多以決定嫌疑。……』。譚上疏諍之。光武甚不悅，其及詔會議靈台處所。帝謂譚曰：吾以讖決之何如？譚默然良久，曰：臣不讀讖。帝問其故，譚復極言讖之非經。帝大怒，曰：「桓譚非聖、無法」。將斬，下之。譚叩頭流血，良久乃得解』。又伊敏傳：『帝（按指光武）以敏博通經記，今校圖讖……敏對曰：讖書非聖人所作，其中多近鄙別字，頗類世俗之辭，恐誤後生。帝不納。敏因其闕文，增之曰，「君無口為漢輔」。帝見而怪之。召敏，問其故。敏對曰：「臣見前人增損圖書，敢不自量，竊幸萬一」。帝深非之，意雖不罪，而亦因此沉滯』。又鄭興傳：『帝（按亦指光武）嘗問郊祀事曰：「吾欲以讖斷之，如何」？興對曰：「臣不為讖」。帝怒曰：「卿不為讖，非之邪」？興惶恐曰：「臣於書有所未學，而無所非也」。帝意迺解。興數言政事，依經守文，文章溫雅，然不識讖，故不能任』。

註二六　楊子法言至孝篇：『周公以來，未有漢公之懿也，勤勞則過於阿衡』。李軌注云：『漢公，王莽也』。

註二七　本段所述，均據漢書王莽傳。

註二八　後漢書光武紀：『宛人李通等，以圖讖說光武云：「劉氏復起，李氏為輔」。光武初不敢當』。又：『光武在長安時，同舍生彊華自關中奉赤伏符，曰：「劉秀發兵捕不道，四夷雲集龍鬭野，四七之際火為主」。群臣因復奏曰：「受命之符，人應為大。萬里合信，不議同情。周之白魚，曷足比焉？……」。光武於是……即皇帝位』。又：『是歲（按指光武中元元年）初起明堂、靈臺、辟雍及北郊兆域，宣佈圖讖於天下』。

註二九　見後漢書方術傳第七二上。

註三〇　見後漢書張衡傳。

註三一　見後漢書賈逵傳。

註三二　後漢書王充傳註引袁山松書云：『充所作論衡，中土未有傳者。蔡邕入吳，始得之，恆祕玩以為談助。其後王朗爲會稽太守，又得其書。及還許下，時人稱其才進。或曰，不見異人，當得異書。問之，果以論衡之益。由是遂見傳焉』。傳註又引抱朴子（按此見北堂書抄九八及太平御覽六〇二）云：『時人嫌蔡邕得異書，或搜求其帳中隱處，果得論衡，抱數卷持去。邕丁寧之曰：惟我與爾共之；而勿廣也』。按蔡邕入吳得論衡當在六、七十之後，而論衡成爲蔡邕祕玩，談助資料，亦只是一種新奇而已。此即可以表示論衡命運是何等坎坷了。

註三三　黃暉王充年譜據會稽典錄以『論衡造於永平末，定於建初之年』，考定論衡各篇之著作時期，大半都在漢章帝時。其結語云：『總上所考，則知論衡大半作於章帝時。講瑞篇云：此論抄於永平之初，至和帝永元中，還改定舊稿。則知仲任於此書致力，前後凡三十年，亦云勤矣』。按永平爲漢明帝年號。永平共十八年。若依會稽典錄，『論衡造於永平之末』，則王充只有四十餘歲；但依原書講瑞篇『此論抄於永平之初』，則其造論衡似應較早十餘年。大體王充之造該書，可能永平之初即已開始，到永平之末完成，至永元（漢和帝號）中，（此時王充已年漸七十），還在修改。故論衡之成，必耗去其大段盛年的時間和精力。

註三四　此爲胡適之說。胡氏引論衡明雩篇『變復之家不推類驗之，空張法術惑人君』及薄葬篇『事莫明於有效，論莫定於有證』等，言王充的批評方法爲『效驗的方法』。（見王充的論衡）。

註三五　王充自以爲其論衡非『作』，亦非『述』，而只是『論』。他以爲五經是作，太史公書、劉子政序、班叔皮傳是述。論衡乃『就世俗之書訂其眞僞、辨其虛實，非造始更爲，無本於前』，故只是『論』。但他又說：『論衡諸篇，實俗間之凡人所能見，與彼「作」者無以異也』。又說：『今著論死及死僞之篇，……斯蓋論衡有益之驗也。言苟有益，雖「作」何害？倉頡之晝，世以紀事；奚仲之車，世以自載；伯余之衣，世以辟寒、暑，桀之瓦屋，以辟風、雨。夫不論其利、害，而徒譏其造作，是則倉頡之徒有非，世本十五家皆受責也。

故夫有益也，雖「作」無害』。這些可表示論衡又是『作』了。我們不知到底、是『作』是『論』？但因其有『論衡之「造」也……』一語，故即以『造』爲說。以上原文並見對作篇。

註三六　見論語里仁篇。

註三七　黃暉校釋於此云：『時早禍湛，文不成義、以句倒求之，當亦擧論衡篇名，今本脫』。

註三八　論衡自紀篇云：『充書違詭於俗』。又云：『論貴是而不務華，事尙然而不高合。論說辯然、否，焉得不譎常心、逆俗耳』？

註三九　明天啓本傅巖序有云：『古今、天地、人物、百家迂怪之說，洞曉靡漏，彙而爲一，莫如論。論曰衡，平也。不倚時尙，不任意氣，（按此語極非），覽之悠然，歸於偶然。孔子曰：四十不惑。仲任庶幾焉』。又劉光斗序亦云：『故余從事筆研以來，……雖所喜者古文詞，而於論衡獨深嗜。論，論說而窮其旨也；曷言乎衡？衡以持平。平則無偏低昂，重不可增錙銖，輕不可減毫毛，天下事理，於是取衷，故題之曰論衡』。此均只在文字上穿鑿，究竟爲何才眞能銓輕重、立眞僞，實在非渠輩所知。

註四〇　淮南子本經訓：『昔者倉頡作書、而天雨粟、鬼夜哭。（高誘注云：「蒼頡始視鳥迹之文，造書契，則詐僞萌生。詐僞萌生，則去本、趨末，棄耕作之業而務錐刀之利。天知其將餓，故雨粟；鬼恐爲書文所劾，故夜哭也」。）……能愈多而德愈薄矣。……以明大巧之不可爲也』。此蓋以書契出後，世日文明而必滋生詐僞。其意義大抵亦涵於先秦道家學說之中。

註四一　賈誼新書春秋篇及劉向新序雜事篇第一均載此事。

註四二　淮南子原道訓云：『人大怒破陰，大喜墜陽』。此爲人之喜怒與陰陽相應之意。董仲舒春秋繁露王道通三篇云：『人主於生殺之位，與天共持變化之勢，喜則爲暑氣，而有養長也，怒則爲寒氣，而有閉塞也』。此後，大小夏侯、劉向父子等皆有類似之說，均以人君喜、怒應天氣之寒、溫。故此爲漢代甚流行之說。

註四三　大戴禮記盛德篇云：『聖王盛德，人民不疾，六畜不疫，五穀不災，諸侯無兵而正，小民無刑而治』。韓詩外傳卷第三云：『太平之治、無瘠、癰、跛、眇、尪、蹇、侏儒、折短，父不哭子，兄不哭弟……』。董仲舒對策（見漢書本傳）亦云：『故堯、舜行德，則民仁壽；桀、紂行暴，則民鄙夭』。

註四四　莊子天運篇：『丘治詩、書、禮、樂、易、春秋六經，自以爲久矣，孰知其故矣，以干七十二君，論先王之道，明周、召之迹』。呂氏春秋孝行覽遇合篇：『孔子周流海內，再干世主，如齊、至衞，所見八十餘君』。淮南子泰族訓：『孔子欲行王道，東、西、南、北七十說而無所偶』。桓寬鹽鐵論相刺篇：『孔子曰：「詩人疾之不能默，丘疾之不能伏」。是以東、西、南、北七十說而不用，然後退而修王道，作春秋，垂之萬載之後，天下折中焉。豈與匹夫、匹婦耕、織同哉？』。劉向說苑善說篇：『趙襄子謂仲尼曰，先生委質以見人主，七十君矣，而無所通。……』。又至公篇：『夫子行說七十諸侯，無定處，意欲使天下之民各得其所，……』。史記儒林傳：『仲尼干七十餘君』。

註四五　白虎通封禪篇：『德至山林，則景雲出，芝實茂，陵出黑丹，阜出萐莆，山出器車，澤出神鼎』。又云：『孝道至，則萐莆生庖廚。萐莆者、樹名也，其葉大於門扇，不搖自扇，於飲食淸涼，助供養也』。陳立白虎通疏證：『說文艸部萐下云，萐莆者，瑞草也，堯時生於庖廚，扇暑而涼。論衡指瑞作萐脯。……御覽引世紀云：堯時廚中自生肉脯，薄如翣，搖則生風，使食物寒而不臭，名曰翣脯』。

第二章　天道之自然、無爲及其問題

第一節　天道之自然、無爲的考察

王充所以主張『天道自然、無爲』，依上文所述，乃是針對漢儒『天、人感應』的觀念而發的。但他所謂『天道自然、無爲』原是有許多論證的。現在，我們先依論衡自然篇所論爲主，分四點加以考察。

第一，由天無口、目，以證驗天道之自然、無爲。自然篇說：

『何以（當有「知」字）天之「自然」也？以天無口、目也。案有爲者，口、目之類也。口欲食而目欲視，有嗜欲於內，發之於外，口、目求之，得以爲利欲之爲也。今無口、目之欲，於物無所求索，夫何「爲」乎？

『何以知天無口、目也？以地知之。地以土爲體，土本無口、目。天、地，夫、婦也。地無口、目，亦知天無口、目也。使天體乎？宜與地同；使天氣乎？氣若雲、烟——雲、烟之屬，安得口、目？』

按此二段所說，應該就是王充所謂『事莫明於有效，論莫定於有證』之效驗或證驗方法。王充以地無口、目證驗天之所以無口、目，並以天無口、目證驗天之所以無爲。無爲即自然，自然必由無爲顯。自然、無爲，似乎即是同意義的兩個名詞。故王充以天無口、目證驗天之所以無爲，即可以答覆『何以知天之自然也』一問題。因此，王充以天無口、目證驗天之所以無爲，亦即證驗天之所以『自然、無爲』。『自然、無爲』本是天之所以爲天之道。故以天無口、目證驗天之所之自然、無爲，亦即證驗天之所以爲天之道。

可是，王充以天無口、目證驗天之所以爲天之道，在表面上以乎是順理成章之說，而在實際上却是不能沒有問題的。因爲王充這種證驗乃是以地驗天的。以地驗天，固然可以，但若以人驗天，則一定更好。在這裡，王充認爲『天、地，夫、婦也』；而在他處，譬如在雷虛篇，王充又嘗以爲『天之與人，猶父、子』的。如此，則以地驗天——猶以婦驗夫，尙不免有性別上的異致；不如以人驗天——亦猶以子驗父，可以完全相同。然而，如果以人驗天，則王充這種證驗似乎是立刻可以被否認的。於此，循王充的理路說：人是有口、目的，以人驗天，則天當然亦可以是有口、目的；人有口、目，可以有爲，則以人驗天，天亦可以有口、目，當然亦可以有爲。如此，則王充以地無口、目證驗天之所以無爲，不是成爲大問題了嗎？

而且，天之所以自然、無爲，應該與人一樣，根本不在於口、目之有或無。無口、目也許可以無爲，即使有口、目亦同樣可以無爲的。嚴格地講，能否無爲乃是純粹精神上的問題，並不在於感官形器的問題。如下所引，王充以爲道家人物，如老子、文子等都是無爲的。這便是有口、目亦能無爲的一例。王充必以口、目之有或無證驗天之所以無爲，實在是無效的。因爲能否無爲，不取決於口、目之有或無。此一證驗本身既然無效，則其所證驗的天之所以爲天之道——『自然、無爲』，也自然是無效的。

第二，由天之不譴告人君以顯示天道之自然、無爲。關於這一點，王充在自然篇說得最多，約佔該篇二分之一，當中的意思大致也都是相同或類似的。茲錄其數段並略加說明，以見其大致情形。該篇云：

『或復於桓公。公曰：「以告仲父」。左右曰：「一則仲父，二則仲父，爲君乃易乎」？桓公曰：「吾未得仲父，故難；已得仲父，何爲不易」？夫桓公得仲父，任之以事、委之以政，不復與知。皇天以至優之德，與王政而譴告人，則天德不若桓公，而覇君之操過上帝也』。

該篇又云：

『曹參爲漢相，縱酒歌樂，不聽政治。其子諫之，笞之二百。當時天下無擾亂之變。淮陽鑄僞錢，吏不能禁。汲黯爲太守，不壞一鑪，不刑一人，高枕安臥，而淮陽政清。夫曹參爲相，若不爲相；汲黯爲太守，若郡無人。然而漢朝無事，淮陽刑錯者，參德優而黯威重也。計天之威、德，孰與曹參、汲黯？而謂天與王政而譴告之，是謂天德不若曹參厚，而威不若汲黯重也』。

該篇又云：

『夫百姓，魚、獸之類也。上德治之，若烹小鮮，與天、地同操也。……道家德厚，下當其上、上安其下，純蒙無爲，何復譴告？故曰：政之適也，君、臣相忘於治，魚相忘於水，獸相忘於林，人相忘於世，故曰天也。孔子謂顏淵曰：「吾服汝，忘也；汝之服於我，亦忘也」。以孔子爲君、顏淵爲臣，尚不能譴告，況以老子爲君、文子爲臣乎？老子、文子似天、地者也。…

……』。

這裡所錄三段，乃自然篇論天之不爲譴告的重要者，意思大抵是相同的。首段以桓公爲政，一切均委之於管仲，即不再與於政事而譴告管仲。所以從桓公之爲政而不與於政事以譴告管仲，推而證驗天之爲政亦決不會與於王政而譴告人君的。（的確，天是否如桓公一樣地爲政，王充固然沒有明文，但依此事例而言，應該是爲政的；否則，以這種事例作類比是很有問題的）。於此，而必以爲天譴告人君，則天德不及桓公，而霸君之操反超過上帝了。這是決不可能的。次段以曹參、汲黯無爲而治，並不譴告人民，而漢朝無事、淮陽刑錯。這只由於曹參德優而汲黯威重的緣故。所以從曹參、汲黯之爲政而不譴告人民，即可以推而證驗天之爲政亦決不會與於王政而譴告人君的。於此，而必說天譴告人君，則天之德、威，即不及曹參和汲黯之厚、重了。這也是決不可能的。第三段以道家人物，如老子、文子，德厚似天、地，甚至可以與天、地同操，故其爲政、治民，若烹小鮮，使上、下之人均能歸於相安、相忘（註一），純蒙無爲，而不譴告。所以從道家人物之爲政而不譴告人，即可以推而證驗天之爲政亦決不會有譴告之事。由此可知，王充所說的三者，都是推人之不譴告以證驗天之不譴告的。在這裡，如果模倣王充的口氣說，則便是：『何以知天之不譴告也？以人之不譴告也』。

王充推人之不譴告以證驗天之不譴告，其根本用意，即在顯示天道之『自然、無爲』的。故自然篇又說：

『萬石君子有過：不言，對案不食。至優之驗也。夫人之優者猶能不言，皇天德大，乃謂之譴告乎？夫天無爲，故不言災變。……』。

這所謂『天不言災變』，即是說天不以災變譴告人君。而天所以不以災變譴告人君，只因爲其無爲。這是由天不以災變譴告人君以顯示天之所以無爲，亦即顯示天道之『自然、無爲』。譴告篇亦說：

『夫天道，自然也，無爲；如譴告人（當有「君」字），是有爲，非自然也』。

這就是由天之不譴告人君以顯示天道之『自然、無爲』的。這雖然說在譴告篇，但若落在這裡說仍是一樣地恰當的。

然而，我們必須指出：王充由天之不譴告人君以顯示天道之自然、無爲，並未說明其『自然、無爲』究竟是怎的？究竟是『不爲』的，還是『爲』的？換言之，王充以天道爲自然、無爲：是不是眞的『不爲』呢？或依然『爲』呢？如果眞的是『不爲』的，則其所謂『自然、無爲』即有實際的着落可說；反之，如果並非眞的不爲，依然還是『爲』的，則其所謂『自然、無爲』亦有實際的着落可說。而這兩方面的可能情形，在這一點——在『由天之不譴人君以顯示天道之自然、無爲』的一點——上，王充並沒有明白的交代。因此，在這一點上，我們也無法明白其所謂天道之自然、無爲，究竟是怎樣的自然、無爲。

第三，由天之不爲瑞應以顯示天道之自然、無爲。自然篇云：

『或曰：太平之應，河出圖、洛出書，不畫不就、不爲不成。天、地出之，有爲之驗也。張良遊泗（當作「氾」）水之上，遇黃石公，授太公書。蓋天佐漢、誅秦，故命令神石爲鬼書授人，復爲有爲之效也。

『曰：此皆自然也。夫天安得以筆、墨爲圖、書乎？天道自然，故圖、書自成。晉唐叔虞、魯成季友生，文在其手，故叔曰虞，季曰友。宋仲子生，有文在其手，曰爲魯夫人。三者在母之時，文字成矣。而謂天爲文字，在母之時，天使神持錐、筆、墨刻其身乎？自然之化固疑難知，外若有爲，內實自然。是以太史公紀黃石事，疑而不能實也。趙簡子夢上天，見一男子在帝之側；後出，見人當道，則前所夢見在帝側者也。（當有「實」字）論之（當作「者」），以爲趙國且昌之狀（當作「妖」）也。黃石授書，亦漢且興之象也。妖氣爲鬼，鬼象人形，自然之道，非或爲之也』。

這裡，或問者以爲太平瑞應，河圖、洛書及黃石授書，都是天所爲的，故可以證驗天之有爲。而王充之答覆，則以瑞應並非天之有爲，都是自然的、自成的。依王充，河圖、洛書和叔虞、季友、仲子之文，以至趙簡子之見人、黃石公之授書（註二），都不是天之所爲，都是自然的、自成的。天不能得筆、墨爲圖、書，不能使天神持錐刻爲文字，亦不能使簡子見人，黃石授書的。因此，在王充，一切瑞應都不是天所爲，天是不爲瑞應的。而天之所以不爲瑞應，當然只在於天道之『自然、無爲』。這就表示，王充是由天之不爲瑞應以顯示天道之自然、無爲的。

不過，王充由天之不爲瑞應以顯示天道之自然、無爲，其所謂『自然、無爲』，究竟是『爲』的？還是眞的『不爲』呢？這依然還是一個問題。王充說：『天道自然，故圖、書自成』。又說：『自然之化固疑難知，外若有爲，內實自然』。這兩句話對上列問題，乃是很重要的。就前者說，所謂『圖、書自成』，其中的『自』字應該如何解釋呢？是『自己』呢？還是『自然』呢？如果作『自己』解，則圖、書之成，只是自己成的。圖、書只是自己成，亦即不是天成的；不是天成的，亦即與天道完全無關。而天道之自然、無爲，也便成爲眞的『不爲』了。如果作『自然』解，則圖、書乃是自然而成的。所謂自然而成，其中的『自然』雖然不必就是天道自然的『自然』，但與天道之自然應該是有關的。這意思是說，圖、書並非自己成，乃是在天道自然之下，隨天道之自然而自然地成其爲圖、書。倘若這是符合王充原意的，則天道之自然、無爲，便不是眞的『不爲』，而依然是『爲』的。『爲』和『不爲』是相反的，究竟如何呢？這是王充行文不清楚所造成的問題。但就後者說，應該還是『爲』的。後者所謂『自然之化固疑難知，外若有爲，內實自然』，原是順上文叔虞、季友等之『文』說下來的。其中『自然之化』一辭非常重要：一方面，應該是指天道本身之『自然』而說；另一方面，亦應該關連着叔虞等三者的文之『生成』。故合這兩方面看，我們便可以說，叔虞等三者的文，都是在天道自然的『自然之化』之下『生成』的。如果這是符合王充的原意，則其所謂天道自然、無爲，便不是眞的『不爲』，而依然是有其『化』、有其『自然之化』的，亦即依然是『爲』的。如此，則由後者以例前者，前者亦應該是和後者一樣的。這就是說，王充由天之不爲瑞應以顯示天道之自然、無爲，其『自然、無爲』並不表示眞的『不爲』，畢竟還是『爲』的。既然還是爲的，則其所謂天道之『自然、無爲』便可以有一實際的着落，亦即可以有一確定意義可說了。而這還須看下一點的說明。

第四，由天在生物、爲物上之『無目的地生』、『無目的地爲』以顯示天道之自然、無爲。這也可以先看自然篇所說：

『草、木之生，華、葉青葱，皆有曲折，象類文章，謂天……復爲華、葉乎？宋人或刻木爲楮葉者，三年乃成。孔子（當作「列子」）曰：使（當有「天」字）、地三年乃成一葉，則萬物之有葉者，寡矣（註三）！如孔子（列子）之言，萬物之葉自爲生也。自爲生也，故能並成；如天爲之，其遲當若宋人刻楮葉矣。觀鳥獸之毛、羽，毛、羽之采色通（似當作「遏」）可爲乎？鳥、獸未能盡實。春觀萬物之生，秋觀其成，天、地爲之乎？物自然也。如謂天、地爲之，爲之宜用手。天、地安得萬萬、千千手，並爲萬萬、千千物乎？……』。

按此段所說頗美，主要即在指出萬物之生，並非天、地之所爲，而只是『自爲生』的。就由於萬物自爲生，所以才能同時並生。所謂同時並生，即是這個生、那個也生，此個生、彼個也生，滿眼青、黃、碧、綠，都是一起生出。倘若這一切都是天、地之所爲，則在王充，應該只能點點、滴滴地爲，而不可能同時並爲的。因爲天、地不可能有『萬萬、千千手，並爲萬萬、千千物』的。王充這種說法，大抵亦與上述第一點相同，乃是不免滯於形器的。實際講，如果肯定萬物爲天、地所生，則天、地之生萬物，不必就要用手的。王充以天、地不能有萬萬、千千手，並爲萬萬、千千物，乃是不能透悟精神而只滯於形器的結果。比如當中所引『宋人刻楮葉』一事例，亦見於淮南子泰族訓，其中的說法，就與王充完全不同，實在也比王充高明得多了（註四）。不過，王充的主要用心並不在此，而只在指出萬物之『自爲生』。所謂自爲生，亦應該與上文第三點一樣：萬物即在天道自然之下，隨其自然而自然地生成的意思。

我們所以能這樣說，只由於在王充，萬物雖然都是自爲生的，但並不表示其就不是天、地之所生。這就是說，在王充，畢竟可以說，萬物還是天、地所生的，只是天、地之生萬物並『不故生而生』而已。關於這一層，我們可以看物勢篇的兩段話：

『夫天、地合氣，人偶自生也。猶夫、婦合氣，子則（當作「偶」）自生也。夫、婦合氣，非當時欲得生子；情欲動而合，合而子生矣。且夫、婦不故生子，以知天、地不故生人也。』

該篇又說：

『夫天不能故生人，則其生萬物，亦不能故也。天、地合氣，萬物偶自生矣。』

這裡的兩段，前者是針對當時儒者所謂『天、地故生人』而發的，而後者乃是前者之引申。只先就後者說，王充所謂『夫天不能故生人，則其生萬物，亦不能故也』：這便可以表示萬物都是天生的，只是不故生而已。由此而再轉溯到前者，則萬物之所以非天或天、地所故生，王充是從人非天或天、地所故生而引申的。這意思亦等於說，由於天、地不故生人，所以亦知天、地不故生萬物。而天、地之所以不故生人，王充又是從夫、婦之『不故生子』而得其證驗的。故云：『且夫、婦不故生子，以知天、地不故生人也。』而夫、婦之所以不故生子，王充又是從夫、婦合氣之初之『不欲生子』而說的。他所謂『夫、婦合氣，非當時欲得生子；情欲動而合，合而子生矣』：就可以表示，對於生子言，夫、婦之合氣乃是無目的的，無目的於生子的——要說有目的，目的亦只在於合氣，亦即只在於滿足情欲（註五），並非在於生子。由此可知，在王充，夫、婦之生子，乃是『無目的於生而生』的。無目的於生而生，即是『不欲生而生』，亦即是『不故生而生』。王充由夫、婦生子之『不故生而生』以證驗天、地之『不故生人、生萬物』，實際上即是由夫、婦生子之『無目的於生而生』以證驗天、地之生人、生萬物的。換言之，就由於夫、婦生子之無目的於生而生，所以知天、地之生人和生萬物亦是『無目的於生而生』的。

而天、地生人和生萬物之無目的於生而生，亦正是天、地之所以『自然、無爲』之處。故自然篇又說：

『天之動行也，施氣也。體動氣乃出，物乃生矣。由（同「猶」）人動氣也，體動乃氣乃出，子亦生也。夫人之施氣也，非欲以生子，氣施而子自生矣。天動不欲以生物，而物自生，此則「自然」也；施氣不欲（當有「以」字）爲物，而物自爲，此則「無爲」也。……』。

這裡，王充是只就天說的。凡說天必涵地，故只就天說，亦與就天、地說一樣。只就天說，依王充，天是要動行的。天之動行，即在施氣。而天在王充，乃是有體的，或即是體的（註六）。因此，天之動行，亦即是天之體之動行。天之體一動行，便要施氣；而氣一施，也便可以生物、爲物了。不過，天之動行、施氣，雖然可以生物、爲物，但就其自身說，其原初並不欲以生物、爲物的，猶如人之動氣（施氣），其原初並不欲以生子一樣。天之動行、施氣原初並不欲以生物、爲物，這就表示：其動行、施氣並不是爲了生物、爲物，亦即『無目的於生物、爲物』的意思。天之動行、施氣原初本無目的於生物，而物畢竟就能自生，這便是天之所以『自然』的地方；同樣，天之動行、施氣原初本無目的於爲物，而物畢竟就能自爲，這便是天之所以『無爲』的地方。由此可知：王充所謂『自然、無爲』，乃是指天之動行、施氣之『無目的於生物而物自生』、『無目的於爲物而物自爲』而說的。而這裡所謂『自生、自爲』的『自』字，當然不能作『自己』解，只能作『自然』解。作自然解，其意思是說，萬物均在天之動行、施氣之無目的於生、於爲之下，而『自然地被生』、『自然地被爲』的。如此，則所謂天之動行、施氣之『無目的於生物而物自生』、『無目的於爲物而物自爲』，實際上亦即等於說：天在生物、爲物上，只是『無目的地生』、『無目的地爲』的。而這『無目的地生、無目的地爲』，即是天之所以『自然、無爲』的地方。

並且，天在生物、爲物上之所以如此——所以只是無目的地生、無目的地爲，當然只由於天道本身之『自然、無爲』。這只是說，就由於天道本身是自然、無爲的，所以天在生物、爲物上才是無目的的。因而，由天在生物、爲物上之無目的地生、無目的地爲，便可以顯示天道本身之『自然、無爲』了。故在王充，他所說的天道『自然、無爲』，並不是不生、不爲，乃是無目的地生、無目的地爲的。而這『無目的地生』、『無目的地爲』，即是天之所以生物、爲物的究竟，即是天之所以爲天之道的究竟，亦即是天道之『自然、無爲』的確定意義。

從以上四點之考察，王充所論固然不少，但能眞正地指陳出天道『自然、無爲』之確定意義的，實在只有第四點。可是，雖然如此，倘若以第四點爲準而看其他三點，則我們可以說，除了第一點完全無效外，其中第二、三兩點，應該都是與第四點相同的。第二、三兩點，王充原是由天不爲譴告、不爲瑞應以顯天道之自然、無爲的。王充以爲天不爲譴告、不爲瑞應，意思似乎即是：天在譴告和瑞應上，並非『不告』、『不應』；而只是『無目的地告』、『無目的地應』的。因爲天在生物、爲物上的確是『無目的地生、無目的地爲』的。天在生物、爲物上既然是無目的地生、無目的地爲的，則其在譴告和瑞應上，亦應該都是如此的。否則，王充如何能將譴告和瑞應與生物、爲物列在同一層次以顯示天道之自然、無爲？而且，王充也曾說過：『夫天之不故生五穀、絲、麻以衣、食人，由（猶）其有災變不欲以譴告人也。』（自然篇）。這裡的『不故』，即是『不欲』；依上文所述而言，亦即是『無目的』的意思。因此，所謂天不故生五穀、絲、麻等物：並不表示天不生五穀、絲、麻等物；而只表示五穀、絲、麻等物，爲天所『無目的地生』而已。同樣，所謂天有災變不欲以譴告：亦並不表示天不譴告人；而只表示災變之出現或產生，爲天所『無目的地告』的。王充又說：『如天瑞爲故，自然焉在？無爲何居』？（自然篇）。這也只表示瑞應非天所『故爲』，而是天所『不故應地應』，亦即『無目的地應』的。天在譴告和瑞應上既然是『無目的地告』、『無目的地應』，則與其在生物、爲物上之『無目的地生、無目的地爲』就不能不是完全相同的了。這樣，我們便可以說，天在生物、爲物上之『無目的地生、無目的地爲』既然即是天道『自然、無爲』的確定意義，則其在譴告和瑞應上之『無目的地告』和『無目的地應』也同樣即是天道『自然、無爲』的確定意義。

總之，王充所謂天道『自然、無爲』，無論落在生物、爲物上或即落在譴告和瑞應上，並不能說天就是不生、不爲，或即不告、不應的，而只是無目的地生、爲、告、應而已。而這些在生物、爲物、譴告及瑞應上之無目的地生、爲、告、應的『生』、『爲』、『告』、『應』等字，本來都是動詞，其性質都是相同的，所以亦必可以簡化而賅括於『無目的地爲』一語之中的。而這『無目的地爲』一語，即是天之所以爲天之究竟，亦即是天道之『自然、無爲』的確定意義。對於這一意義，在未進一步考察之前，我們是可以這樣理解的。

第二節　天道之自然、無爲與道家

的確，王充的天道觀念，在表面上，乃是與原始道家連得上關係的。這在王充自己，實在以爲即是承繼原始道家而來的。所以在譴告篇，當他說過什麼『夫天道，自然也、無爲，如譴告人，是有爲，非自然也』以後，接着就說：『黃、老之家，論說天道，得其實矣。』這是王充對於原始道家論說天道之稱道，亦可以表示王充自己之論說天道乃是承繼道家的。而在自然篇開頭，王充駁斥『或說』以爲『天生五穀、絲、麻』等『以衣、食人』時，即有所謂『試依道家論之』之語；雖然，他在下文，並沒有確定地說過如何依道家立論，但在自然篇全文中，他也確實散散落落地、寬泛地引用過不少道家式的事例和言辭的（註七）。而同時，在自然篇結尾之時，他還特別標明，什麼『論合於人事，不入於道意，從道、不從事，雖違儒家之論，合黃、老之義也』之說。這些便可以表示該篇之論天道，乃是依據黃、老之義的。因此，王充之論天道，在他自己，好像全是承繼原始道家而來的。所以胡適在其王充的論衡一短文中，亦即認爲：『王充的天道論是從道家哲學發展而來的』。這在一般上，好像也是可以說的。

但這實在只是一般地、泛泛地說的，甚至只是表面上的。倘若說得比較切實而嚴格一點，則問題確實不是那麼簡單的。因爲要說王充的天道觀念是承繼於道家，或即從道家哲學發展而來，在根本上，我以爲必須就王充所謂天道『自然、無爲』的意義，與道家所謂『自然、無爲』的意義，作一切實的對照，看它們是否有其符合之處，然後才能斷定。

關於這一層，照我們上節的考察：王充所謂天道『自然、無爲』，並不是不爲，而是『無目的地爲』的；這所謂『無目的地爲』，即是其『自然、無爲』的確定意義。而且，在這裡，我們更可以說：這一確定意義，實在又是王充的天道觀念中最根本而最重要的成份；除了這一成份以外，幾乎是沒有什麼可說的。所以要斷定王充的天道觀念是否承繼於道家，或即從道家哲學發展而來，只能看這一成份是否與道家所論的相符合。否則，只就譴告篇和自然篇裡那些道家式的事例和言辭，而即承認其來自道家哲學，實在不免是要大上當的。因爲這不僅有盲人說象的可能，甚至有築塔於沙灘上的危險！

不過，王充所說的道家，本來係指原始道家，亦即是指黃、老而說的。黃、老並稱，乃是西漢初年，道家『無爲』之術用於政治的影響。其中的黃帝究竟如何，現在文獻不足，無法對照；至於老子，畢竟還流傳着道德經五千言。因此，要了解王充與道家之『自然、無爲』的意義是否符合，我們只須就老子道德經中所說的加以對照，即已足夠了。

＊　＊　＊　＊　＊　＊

老子所謂『無爲』，即是道。而道之所以爲道，根本是實踐的工夫中提練出來的。故道德經四十八章稱：

『爲道日損，損之又損，以至於無爲。無爲而無不爲。』

這很明顯，乃是就『爲道工夫』而言『道』——『無爲』——之呈現的。所謂『損』，即是『減損』。爲道工夫只在減損，只在繼續不斷地減損。能如此，則便可以達到『無爲』的境界。這裡的減損，老子雖然未提到減損什麼，但會通着老子全書而言，所要減損的，總不外乎人之原始生命的歧出表現，以及私欲、私智、私意等『有爲』（註八）。能繼續不斷地減損原始生命之歧出以及私欲、私智等有爲，則其心便是乾乾淨淨地一無任何渣滓或雜滯了。這個一無任何雜滯的心，當然可說是一個境界，一個『空無、虛靜』的心靈境界。這個境界老子稱之爲『無爲』。而這個『無爲』，乃是在『爲道』工夫中呈現的，故一定亦即是道。這個道是純粹精神之眞實，心之眞實，亦即是生命之眞實。

道即是『無爲』，而『無爲』又只是一個空無、虛靜的心靈境界。此一境界，老子雖然只稱之爲『無爲』，但同樣亦可以稱之爲『無』或『自然』的。因爲它是由損去原始生命之歧出和私欲、私智等有爲而呈現，其本身畢竟是空無、虛靜的，故可以稱之爲『無』；而同時，又因爲它是由損去原始生命之歧出和私欲、私智等有爲而呈現，必可以表示人生之自我解放而獲得高度的自由、自在的唯一境界，故亦可以稱之爲『自然』（註九）。因此，不論『無』、『無爲』或『自然』，總只表示一個空無、虛靜的心靈境界，亦只是一個道而已。

老子闡明了這一個道，於是提升而爲宇宙萬物之本體（註一〇）。故老子學亦即具備了一套形上學和宇宙論。就宇宙論說，這個道原是生天、生地、生萬物的，乃是超於天、地或天之上的（註一一）。不過，事實也不是完全如此，在老子書，有的天、地即係指『道』而說的（註一二）；而且，亦嘗說到『天道』或『天之道』的（註一三）。所謂『天之道』應該即是『天道』，而『天道』亦應該即就『道』而說的。故老子之道，亦可以即是天道。同時，由於道即是『無』、『無爲』或『自然』，所以要說老子之天道爲『自然、無爲』——如王充所說，應該也是可以說的。

在老子，天道既然可以爲『自然、無爲』，然則此『自然、無爲』究竟是『爲』的，還是『不爲』的？此在宇宙論方面，原書固然沒有直接的言辭可資引用，但在人生或人事上却是說的很多的。荀子說：『善言天者必有徵於人』（註一四）。依人事、人道證驗天道，乃是古今、中外共通的理路（註一五）。因而，要了解老子天道之『自然、無爲』究竟如何，我們亦是可以從人事上說的。

從人事上說，當人眞能盡爲道的工夫而達『無爲』這一個境界時，則依老子，落在現實生活上，便可爲此、爲彼，爲這、爲那……而『無不爲』的。這便是上文所引『無爲而無不爲』的意思。由此可知，在老子，『無爲』不僅不是不爲，乃是可以無限地爲的（註一六）。

並且，就由於無爲不是不爲，而是可以與限地爲，故能依『無爲而爲』，必有極大的功益。此即：

『天下之至柔，馳騁天下之至堅——無有入無間。吾是以知無爲之有益。不言之教、無爲之益，天下希及之。』（道德經四十三章）。這裡的『至柔』，即是指『無爲』而說的。以至柔馳騁至堅，有如『無有入無間』，乃是指『無爲而爲』之大功益而說的。故『無爲』正如一把鋒利無比的匕首。而能『無爲而爲』，則是無往而不利的。莊子養生主中說庖丁解牛，實在就是老子這一意思的具體描述。

而同時，依無爲而爲，對於所爲的事物亦能放開、讓開，而不予以任何支配或控制。所以道德經二章說：

『……是以聖人處無爲之事、行不言之教，萬物作焉而不辭、生而不有、爲而不恃，功成而弗居。』

這就表示對於所爲的事物之放開、讓開。其中比較重要的，即是『生而不有』、『爲而不恃』等兩句。聖人依無爲而爲（處無爲之事），對於所生、所爲之物而能不有、不恃，當然亦不會加以支配或控制了。

由上述可知：能無爲而無不爲，無爲而爲之所以有大功益，以及對於所爲的事物之能放開、讓開，乃是在於爲的態度或方式之不同於尋常。關於這一層，老子嘗有所謂：

『爲無爲，則無不治。』（三章）。

『爲無爲、事無事、味無味。』（六十三章）。

這裡的兩段，前者是就政治上說，後者是就處世上說。但不論從那裡說，老子所謂『爲無爲』，意思即是以『無爲的方式或態度』去『爲』，亦可以說即是『無爲之爲』。（就政治上說，即是『不治之治』）。因而就這所謂『無爲之爲』說，並不是玄妙到不可理解的，那只表示：爲的方式或態度之不同於尋常，或即不同於『有爲之爲』而已。老子書又說：

『善行無轍迹，善言無瑕讁，善數不用籌策，善閉無關楗而不可開，善結無繩約而不可解。』（二十七章）。

這一段都是象徵的話。所謂善行、善言、善數、善閉、善結等，都是用以象徵『無爲之爲』的。無爲之爲，乃是一種不着形迹的，正如善行者之『無轍迹』等一樣。因此，所謂無爲之爲，實際即是一種『不着迹地爲』，於此而通到心上說，亦即是一種『無執着地爲』。

在人事上，『無爲之爲』既然即是一種『無執着地爲』，（若就『自然』言，亦可以說作『自然地爲』），則由人事以證驗天道之『自然、無爲』，其天道之『自然、無爲』，亦必只是一種『無執着地爲』——決不是『不爲』的。事實上，也只有無執着地爲，才能爲此、爲彼，爲這、爲那……，而歸於『無不爲』了。故云：『無爲而無不爲』。

＊　＊　＊　＊　＊　＊

從以上所述，我們便可以再看王充的說法。王充所論與老子連得上關係的，似乎約有四點。現在，先申述於下。

第一，由『大人與天、地合德』而言大人的『無爲之治』。自然篇有云：

『至德純渥之人，稟天氣多，故能則天，自然、無爲。稟氣薄、少，不遵道德，不似天、地，故曰不肖。不肖者，不似也。不似天、地，不類聖、賢，故有爲也。天、地爲鑪，造化爲工，稟氣不一，安能皆賢？賢之純者，黃、老是也。黃者，黃帝也；老者，老子也。黃、老之操，身（似當作「心」）中恬澹，其治無爲，正身共（讀爲「恭」）己而陰、陽自和，無心於爲而物自化，無意於生而物自成。

『易曰：「黃帝、堯、舜垂衣裳而天下治」。垂衣裳者，垂拱無爲也。孔子曰：「大哉，堯之爲君也！惟天爲大，惟堯則之」。又曰：「巍巍乎，舜、禹之有天下也，而不與焉」。周公曰：「上帝引佚」。上帝，謂舜、禹也。舜、禹承安繼治，任賢使能，恭己無爲，而天下治。舜、禹承堯之安，堯則天而行，不作功邀名，無爲之化自成。故曰：「蕩蕩乎，民無能名焉」！年五十者，擊壤於塗，不能知堯之德。蓋自然之化也。易曰：「大人與天、地合其德」。黃帝、堯、舜，大人也，其德與天、地合，故知無爲也。』

這兩段所說，大致是相同的。前一段以黃帝、老子爲『至德純渥』之人，後一段以黃帝、堯、舜爲『與天、地合德』之人，可見老子也是『與天、地合德』之人。王充循『大人與天、地合德』，而言黃帝、堯、舜以至老子等都是大人，都能法天、地之無爲，故能由『無爲之化』（或即『自然之化』）而化。所謂『無爲之化而化』，就政治言，亦即是『無爲而治』的意思。而『無爲而治』，在形式上，不僅老子可以說，即在孔子，也是可以說的。所以論語衞靈公篇載孔子稱舜云：『無爲而治者，其舜與！夫何爲哉？恭己而正南面而已矣』。然而，此所謂『無爲而治』，當然不是不爲、不治，說得確定一些，即是王充這裡兩句最重要的話：『無心於爲而物自化，無意於生而物自成』。此處的『物』字，係指政治上的『事』或『人』而說的；而『物自化』、『物自成』，亦是指政治上的『事』或『人』之自成而說的。黃帝、堯、舜以至老子等都是與天合德之大人，其治都是無爲的，都是無心、無意地爲，亦即無心、無意地治的。他們之治天下，只是無心、無意地治，而天下之人和事却都能自化、自成，這就是他們的『無爲而治』。而此無爲而治，僅就他們自身說，亦即是『無爲之治』。

第二，蘧伯玉的『不治之治』。自然篇又說：

『蘧伯玉治衞。子貢使人問之：「何以治衞」？對曰：「以不治治之」。夫不治之治，無爲之道也。』

按此一事例，亦見於淮南子主術訓，只是文字稍有不同。原文蘧伯玉治衞，『以不治治之』，意思即等於說，以不治的方法治衞。王充依之而言『不治之治』即是『無爲之道』。由可此見，在王充，不治之治，亦正是『無爲之治。』

第三，由『無爲』與『人爲』之對顯而言『無爲之爲』之大功。自然篇又說：

『汲井、決陂，灌溉園田，物亦生長；霈然而雨，物之莖、葉、根、垓（當作「荄」）莫不洽濡。程量澍澤，孰與汲井、決陂哉？故「無爲之爲」大矣！本不求功，故其功立；本不求名，故其名成。沛然而雨，功、名大矣！而天、地不爲也。』

汲井、決陂，灌溉園田，物亦生長，這是『人爲』之生長；而沛然而雨，物之莖、葉、根、荄莫不洽濡，這正是天道『自然、無爲』之澍澤。而後者之功當然是遠超過前者的。這便可以反顯出天道『無爲之爲』的大功益。故云：『無爲之爲大矣』。

第四，天道對於所生之物之放開、讓開。自然篇又說：

『……及其（按指萬物，亦包括人）生也：人道有教訓之義；天道無爲，聽恣其性。故放魚於川，縱獸於山，從其性命之欲也。不驅魚令上陵、不逐獸令入淵者，何哉？拂詭其性，失其所宜也。』

這就是說，當人、物生出以後，人道與天道却有不同：人道有教訓之義；天道則因爲自然、無爲，故聽恣其性，而不予任何拂詭，可以不致失其所宜。此即表示天道對於所生之物的放開、讓開。

王充所論的前述四點，大抵都是道家（老子）式的。而這些應該就是王充自以爲依道家論說天道的主要內容。其中第一、二兩點是相同的，都表示政治上的『無爲之治』。這種無爲之治，如果一般化地說，則亦可以賅括於『無爲之爲』一意思中。而此與老子『爲無爲，則無不治』以及『爲無爲、事無事、味無味』等所含的『無爲之爲』，應該是相同的。第三點，王充由『汲井、決陂』之人爲而言『沛然而雨』之天道『無爲之爲』的大功益，與老子『無爲之益，天下希及之』，雖然有內容上的不同，雖然有直接就天道說與間接就人事說之不同，但都表示『無爲之爲』之功益却是完全相同的。至於第四點，王充以爲天道無爲，對於所生之物之放開、讓開，亦應該與老子所謂『生而不有』、『爲而不恃』等所含之放開讓開，者爲相同。並且，老子所謂『生而不有』、『爲而不恃』等，其所以能如此，必基於其道之『無爲』，以至基於其爲的方式之『無爲之爲』；而王充以爲天道對於所生之物之放開、讓開，亦應該是相同的。如是，則就這四點而總起來看，王充論說天道而可以和老子相提並論的，實在只有『無爲之爲』一語而已。此外，我們好像很難找出還有什麼與老子思想說得上關係的；即使有，亦必只是泛泛的，不重要的。

然而，『無爲之爲』一語，固然可以使王充和老子連得上一點關係，但在意義上依然是有其極大的不同的。王充所謂『無爲之爲』，依上節的考察，乃是一種『無目的地爲』；而在老子，所謂『無爲之爲』，說到最後，則是一種『無執着地爲』。這是有其很大的差異的。此種差異，從根本上說，只在道家和王充對於『心』之體會的深刻與否上。的確，王充的『無爲之爲』，如果依他所謂黃、老之『無心於爲而物自化、無意於生而物自成』而言，則是可以將其說作『無心、無意地爲』的。這是最能符合於老子，甚至整個道家的。但這只是表面上的，實際上却並不如此。我們知道，在老子，其道之所以爲道，乃是從心中體會出來的，或即從爲道的工夫上提練出來的，一個空無、虛靜的心靈境界——『無』、『無爲』或『自然』的境界，故當其轉而言道之『大用』或『爲』之時，其『爲』當然是『無心、無意地爲』的。而此『無心、無意地爲』，說到極致，亦必只是『無執着地爲』。王充對於老子所闡發的空無、虛靜的心之境界並無任何體會，他所說的『自然、無爲』，並非從心出，乃是直接從天道方面說的。故王充的『無爲之爲』表面上固然可以依黃、老而將其說作『無心、無意地爲』，但實際上亦只能循上節所謂『不欲爲而爲』或即『不故爲而爲』，亦即是『無目的地爲』的。

如此，則『無爲之爲』一語：在老子，只是爲的『態度』或『方式』之不同於尋常，並不是爲的目的問題；而在王充，決不是爲的態度或方式之不同，乃正是爲的『目的』問題。只是爲的態度或方式之不同，並不影響其『爲的必然性』，故老子可以『無爲而無不爲』；至於爲的目的問題，則必影響其『爲的必然性』，故王充不僅不能說『無爲而無不爲』，最後一定會落到『絕對不爲』的境地的。這就是王充與老子完全不同的地方。而這眞是失之毫釐，謬以千里的。但其所以此，我們還須通過對於王充的宇宙論之申述，方能完全明白其究竟。

第三節　從宇宙論之結構看天道之自然、無爲問題

王充思想，大抵是有其宇宙論的。要指陳其宇宙論的結構，我們最好從『氣之爲物』說起。王充所肯定的『氣』，乃是有其實際的作用的。氣的實際作用，即在爲物。如何爲物呢？那須了解其『氣』之變化。王充說：『陰、陽之氣，天、地之氣也，遭善爲和，遇惡爲變。』（講瑞篇）。此即表示氣自身是中性、無記的，但它却可以由遭善而變爲『和氣』，也可以由遇惡而變爲『變氣』。此即氣之變化。而且，一如下章所說，在王充，和氣與物類相感應，即可以產生瑞物，如鳳皇、麒麟、黃龍、嘉禾、朱草、醴泉、甘露以至白魚、赤烏、雲氣、光氣等瑞物，都是『起和氣而生』的。有瑞物然後有『瑞應』。瑞物必起和氣生，而和氣亦是氣。故一般地說，『瑞應』是氣所爲的。並且，在王充，『瑞應、妖祥，其實一也』。（訂鬼篇）。故『妖祥』也是氣所爲的。而『瑞應、符命莫非

文者』。（書解篇）。王充論『文』包含頗廣，而『文』也是氣所爲的（註一七）。至於變氣，亦可稱之爲『無妄之氣』，在王充，則是直接可以產生災變的，如水、旱等災，即是變氣所造成的。而變氣亦只是氣。故一般地說，『災變』是氣所爲的。同時，依王充，又有所謂『太陽之氣』的，鬼神、妖祥、妖災以至一切毒物和小人都是太陽之氣所爲的。而太陽之氣又即是天、地之氣。（均見訂鬼、言毒等篇）。故亦可以說，凡『鬼神』、『妖祥』、『妖災』等也都是氣所爲的。又上引『汲井、決陂』一段，王充說過『沛然而雨……』以後，接着即有『氣和雨自集』之說。也表示雨是氣所爲的。從這些意思看，我們可以指出：在王充，宇宙間的一切變化事物，都是氣所爲的。

而在事實上，不僅宇宙間一切變化的事物爲氣所爲，即有生之物也都是氣所爲的。這在上文（本章第一節）所引的許多原文中，原是已經牽涉到了的，只是我們並沒有進一步加以指陳而已。這裡，爲了愼重起見，我們再引數段如下：

『天、地，猶夫、婦也，天施氣於地以生物……。』（奇怪篇）。

『天、地合氣，萬物自生；猶夫，婦合氣，子自生矣。』（自然篇）。

『夫天覆於上，地偃於下，下氣蒸上，上氣降下，萬物自生其中間矣。』（同上）。

這幾段所說，意思大抵是相同的，都可以表示萬物就在天、地合氣之中，自然地生成。而萬物之所以生的，當然就是氣，氣是生萬物的唯一成份或資具。所以王充亦有『因氣而生』之說。物勢篇說：

『然則人生於天、地也，猶魚之（當作「生」）於淵，蟣虱之（當作「生」）於人也：因氣而生，種類相產。萬物生於天、地之間，皆一實也。』這裡，王充從人之生說到萬物之生，都是相同的。魚生於淵，蟣虱生於人，都是因氣而生的；而人與萬物生於天、地之間，也都是因氣而生的。人亦是物，雖然不只是物，但亦可以包括於萬物之中。因此，總起來說，亦即是『萬物因氣而生』。而『因』即是『由』。萬物因氣而生，亦即萬物皆由氣生的意思。王充又說：

『天道無爲，故春不爲生、夏不爲長、秋不爲成、多不爲藏。陽氣自出，物自生、長；陰氣自起，物自成、藏。』（自然篇）。

這一段所說，係指物之生、長、成、藏都非天道之所爲，乃是陰、陽之氣之所爲。故不僅可以表示萬物之生是氣所爲，即萬物之長、之成、之藏也都是氣所爲的。

萬物既然爲氣所爲，則再合上述災變、瑞應等一切變化事物而言，我們便可以確定：在王充，宇宙間的萬事、萬物都是氣所爲的。氣是萬事、萬物之所以生的唯一資具，而天道之所以能保持其自然、無爲，也完全繫於氣這一個觀念上。故氣的觀念，無論在王充的天道論或宇宙論中，的確是極端地重要的。

氣是陰、陽之氣，亦是天、地之氣。它是源於天而又繫於天的。依前文所引，王充嘗說：『天之動行，施氣也』。可見氣是天所施的。氣爲天所施，亦可以說即是源於天的。而在變動篇，王充亦嘗說過：『寒、溫之氣繫於天、地，統於陰、陽』。寒、溫之氣亦是氣，乃是陰、陽中的一種，故可以統於陰、陽。寒、溫之氣既然繫於天、地，則一切氣都應該繫於天、地或天了。所以訂鬼篇說：『凡天、地之間，氣皆統於天』。統於天與繫於天並沒有什麼不同。因而，在王充，氣是源於天而又繫於天的。

氣既然源於天而又繫於天，則就原則上說，氣之爲物，亦正可以說即是天之爲物。換言之，亦即：氣創生萬事、萬物，實在等於天自己創生一樣；只是天並不直接地去創生，乃是間接地假手於氣而已。上引王充所謂『天施氣於地以生物』，就含有此一意思在內。如此，則我們便可以說，氣是天用以創生萬事、萬物的資具。而氣是天之氣，是源於天而又繫於天的。故天以氣去創生萬事、萬物，亦即天通過氣去創生萬事、萬物。故在王充，天之所以爲天之道雖然是自然、無爲的，但天畢竟還說得上是一個『造物者』。而同時，宇宙間的一切亦都是『以天爲主』的。所以王充嘗說：

『且天本而人末也。……（當有「人」字）生於天，含天之氣，以天爲主，猶耳、目、手、足繫於心矣。心有所爲，耳目視聽、手足動作。謂天應人，是謂心爲耳目、手足使乎？』（變動篇）。

此段所論原是說明天不應人，而且也只是就人而說的。但就其『天本、人末』而言，當然是可以通用於萬事、萬物的。因爲人既然生於天，含天之氣而必以天爲主，故推之而言萬事、萬物，萬事、萬物應該也是生於天、含天之氣而必以天爲主的。由此而轉從天自身說，亦即可以表示王充所肯定天，不僅是一個造物者，並且也是萬事、萬物的主宰者。

這樣，我們更可以明白，王充思想確實是具備一個簡單的宇宙論的。天是宇宙間萬事、萬物的本源，氣是天創生萬事、萬物的資具，而萬事、萬物都是天通過氣這一資具而被創生的。簡言之，亦即由天施出氣，再由氣去創生萬事、萬物。這一個簡單的宇宙論，其結構情形，我們似乎是可以依下式加以表示的：

天→氣→萬事、萬物

不過，王充這一個宇宙論之結構，雖然可以作上列的形式表示，但也只是形式上的，如果就實質上說，依然是有問題的。這裡的問題主要有二：其一，是『氣之創生萬事、萬物的必然性問題』；其另一，則是『氣繫於天的確定性問題』。而這兩個問題，也就是影響王充宇宙論之結構的主要問題。先說前者，所謂氣創生萬事、萬物的必然性問題。王充所肯定的氣，其最重要的任務，即在創生萬事、萬物。然而氣之創生萬事、萬物，根本是靠遭遇的。比如前面所述，變氣之爲災變，和氣之爲瑞應，就是如此的。照王充的講法：氣遭善爲和，遇惡爲變；變氣可以爲災變，和氣可以生瑞物而爲瑞應。故氣之爲災變及瑞應，必在氣自身之遭善、遇惡上。如果氣不遇惡，則氣必只是氣，按理說即不能爲災變；同樣，如果氣不遭善，則氣亦必只是氣，亦不必就能生瑞物而爲瑞應了。我們知道，凡遭遇都不是一定或必然的，而只是適然、偶然的。（此在下文還要說到）。因此，在王充，氣之爲災變及瑞應只是適然、偶然的。氣之爲災變及瑞應既然只是適然、偶然的，則氣之爲其他變化的事物，當然也是適然、偶然的。至於就有生之物而言，則尤其如此，所以王充總是口口聲聲要說『人偶自生』、『物偶自生』的。所謂人偶自生、物偶自生，王充固然是從『天、地不故生』上說下來的，（原文見上第一節引），但究竟亦是不能離開氣及氣之遭遇的。所以在物勢篇，王充嘗設問並作解答云：

『傳（當作「或」）曰：天、地不故生人，人偶自生，若此，則論事者何故云：「天、地為鑪，萬物為銅，陰、陽為火，造化為工」乎？案陶冶者之用火爍銅、燔器，故為之也；而云天、地不故生人，人偶自生耳，可謂陶冶者不故為器，而器偶自成乎？……。

『曰：是喻人稟氣不能純一，若爍銅之下形（讀作（「型」））、燔器之得火也；非謂天、地生人，與陶冶同也。……今夫陶冶者，初埏埴作器，必模範為形（「型」），故作之也；燃炭生火，必調和鑪竈，故為之也：及銅爍不能皆成、器燔不能盡善，不能故生也。』

按王充所答，主要以為『天、地為鑪』之說只在『喻人稟氣不能純一』，並不表示天、地生人即與陶冶相同。不過，雖然如此，而其下文之論陶冶，畢竟還是有其相同之處的。在下文，王充從陶冶者埏埴作器等『故作』、『故為』說到『銅爍不能皆成、器燔不能盡善』之『不能故生』，其中『不能故生』之處，即與天、地生人（以至生物）相同。他所謂『銅爍不能皆成、器燔不能盡善』，實在與前文所謂『爍銅之下型、燔器之得火』者同一意思。爍銅下型不必都能與型完全符合，符合者成，不符合者不成：這就是『銅爍不能皆成』的意思；同樣，燔器得火的程度不必完全一致，得火多者善，少者不善：這也就是『器燔不能盡善』的意思。這些都是用以比喻天、地之生人，亦即都是比喻『人稟氣不能純一』的。而這亦等於說：銅爍能符合於型者成，不能符合者不成，正如人能禀得氣者成，禀不得者不成；同樣，器燔得火多者善，少者不善，亦正如人禀得氣厚者善，其薄者不善。而人之是否能禀得氣以及所禀或厚或薄，都是看遭遇的：遭遇好，能禀得氣，即能成其爲人，否則即不能成；同樣，遭遇好，禀得氣厚，即成善人，否則即成不善人。換言之，亦即：人之成或不成、成善或成不善，都是適然、偶然的。而這些亦都可以包括於『人偶自生』一意思中。由此而轉從氣自身言，即氣之創生人和善人，只是適然、偶然的。如此，則氣之創生其他的事物，亦一定是相同的。所以總起來說，氣之創生萬事、萬物，只是適然、偶然的。只是適然、偶然的，亦即是沒有必然性可說的。

氣之創生萬事、萬物既然沒有必然性可說，則萬事、萬物必只是可生、可不生的。如此，則萬事、萬物之生就不免有其虛幻之處了。而這正是王充宇宙論之結構上的虛幻之處。這種虛幻，倘若循前式用虛線的箭頭加以表示，則應該是這樣的：

天—→氣……→萬事、萬物

再說後者，所謂氣繫於天的確定性問題。的確，在王充，氣本最源於天而又繫於天的，故氣可以成爲天創生萬事、萬物的資具。所謂氣源於天，我們可以從其『氣爲天所施』一意思加以理解；至於氣繫於天，王充只是那麼說說而已，並沒有進一步的解釋，我們也無法明白其所以然。但是，我們可以說，天由動行而施氣，或即天、地合氣，依王充，乃是『無目的』的，無目的於創生萬事、萬物的——要說有目的，其目的亦只在於施氣本身。因爲天之施氣並沒有任何創生事物的目的，故天對於所施的氣，亦不可能有任何生物的目的貫注於其中，而使其能循之以創生萬事、萬物的。天既然沒有任何生物的目的貫注於氣中，則氣在爲物上便可以有其獨立的作用，以至可以歧出去而不爲天所繫的。這是必然的事實。而這在王充，確實也是意識到了的。所以變動篇說：

『使物生者，春也；物死者，多也——春生而多殺也。天者如或欲（當作「天或者如欲」）春殺、多生，物終不死、生，何也？物生統於陽、物死繫於陰也。』

這一段是說，使萬物生、死的，只在春溫、多寒之氣。而春溫、多寒之氣，亦即是陰、陽之氣，它是操生、殺之權的。這之間，假令天或者欲春殺、多生，萬物究竟不會因之而死、生。何以不會死、生？王充的答覆是：『物生統於陽、物死繫於陰也』。此即表示操萬物死、生之權的只在於氣，天是無能爲力的。而這亦正可以反顯出：氣對於萬物是有其獨立的作用，以至完全歧出而不爲天所繫的。

就由於氣在爲物上可以不爲天所繫，所以轉從天本身說，亦即天不能統攝氣之『爲物作用』。天之所以不能統攝氣之爲物作用，照我們的看法，當然只由於天沒有任何爲物的目的貫注於氣中的緣故。反過來說，倘若天在施氣之時，即有生物、爲物的目的貫注於氣中，則氣必能秉承天之意欲以從事，亦即天欲如何爲物，氣必能循其目的而如何爲物了。只有這樣，才能說氣之爲物即是天之爲物；也只有這樣，說氣繫於天，始有切實的意義。王充不能這樣，只說氣繫於天，不僅泛而不切，實際上是落空的、沒有確定性可說的！

氣繫於天既然沒有確定性可說，則氣雖然源於天、爲天所施，但當其施出以後，天與氣的關係必完全歸於虛幻了。而這亦可以說，即是王充宇宙論之結構上的大虛幻。這種虛幻，固然與氣創生萬事、萬物之虛幻稍有不同，但其所以虛幻，却是相同的。如此，則其宇宙論之結構，我們亦可以循前式以虛線的箭頭加以表示：

天……→氣……→萬事、萬物

總之：在王充，天施出氣以後，天與氣的關係是完全虛幻的；而氣之創生萬事、萬物，亦不免有其虛幻之處。故整個地說，王充宇宙論之結構——自天而氣，自氣而萬事、萬物，幾乎都是虛幻的。其中所以還有不虛幻的地方，實在只靠氣這一成份尙能適然、偶然地爲物。如果連這一層也不具備，則其宇宙論之結構必歸於絕對的虛幻。

從以上所述，我們便可以進而指出其天道之『自然、無爲』，何以會落到『絕對不爲』的境地了。我們知道，在王充，天之動行、施氣只是施氣，並沒有任何生物、爲物之目的的。這在一方面，就可以表示：天並沒有目的貫注於氣中，可以支配氣、主宰氣，所以氣可以隨時有所歧出而不爲天所繫；而在另一方面，天亦不能有任何目的通過氣而貫徹到萬事、萬物上來，以至必然地要創生萬事、萬物的。因而，我們可以確定地說，萬事、萬物之能否被創生，其關鍵並不在於天，而只在於氣。天之動行，只是施氣。當天施出氣以後，即可以完全無事了——要說有事，依然只是施氣。對於創生萬事、萬物言，天是完全無事的，那只是氣的事。而氣要去創生萬事、萬物，天固然不會反對；即使氣不去創生，天也是不可能會顧問的。在這裡，如果天要顧問，那也是顧問不了的。這只由於氣可以歧出而不爲天所繫的緣故。由此可知，在王充、天與萬事、萬物的關係，乃是完全被切斷了的，被其施氣之無目的所切斷，亦可以說即是『被氣不爲天所繫』一意思所切斷。

天與萬事、萬物的關係一被切斷，則天只能高高地在上：其唯一能爲的，只是施氣，只是不斷地施氣而已！在這裡，就有兩點重要的事實：其一、是天決不具備任何創生性，其另一、是天亦決不具備任何主宰性的。就前者說，因爲天不具備任何創生性，所以整個宇宙就可以成爲無聲、無臭，極端荒涼而灰色的！其所以還有形形、色色的事物可以作爲宇宙內容的，只繫於氣之適然、偶然的爲物上。而這種適然、偶然的爲物，爲或不爲並沒有任何保障的。因此，這種宇宙，實在是有點不堪想像的！再就後者說，因爲天不具備任何主宰性，所以整個宇宙間已經存在的萬物——無論人世界或物世界，亦必只能歸於相害、相賊，取決於其『氣勢』之優劣，而成爲『弱肉强食』的世界（註一八）。因此，這種宇宙，要說慘酷，自然是够慘酷的！

並且，因爲天對於萬事、萬物不具備任何創生性和主宰性，這就表示天對於萬事、萬物是一無任何作用的。說到這裡，可知前文所謂『天在生物、爲物以至災變、瑞應』上之『無目的地爲』，實際只是『眞的不爲』。如此，則天之所以爲天的，那個『自然、無爲』的『道』，究竟能成一個什麼道？難說不是一個『絕對不爲』的『死道』嗎？換言之，亦即：天對於萬事、萬物既然不具備任何創生性和主宰性，則天之所以爲天的『自然、無爲』之道，就不能不是一個『絕對不爲的死道』了。天之所以爲天的道旣然是一個絕對不爲的死道，則王充所謂『皇天德大』、『皇天巨大』以及所謂『天之德威』如何、如何（註一九），不知究竟是從那裡說的？又究竟有什麼眞正的意義可說？作爲一個天之所以爲天的道，最後只是一個絕對不爲的死道，其天還能說得上什麼大德和大威嗎？

切實地說一句：不講宇宙論和形上學，則已；否則，絕對沒有人能把宇宙萬物之本源——道或天道——甚至上帝，講成一個絕對不爲的死道的！我們試看中國的許多宇宙論和形上學的系統，那一個是如此的？我們可以確定：作爲一個宇宙萬物本源的天道，只是一個絕對不爲的死道，在哲學上能有成立的餘地嗎？

大抵王充就天之『不故生』、『不欲生』——即『無目的於生』——以言天道之『自然、無爲』，表面上雖然儘引些道家式的言辭和人事爲效驗，實際上不免都是全不相干的，而其最後乃是不能不成爲一個絕對不爲的死道的。只要我們能了解到這裡，則誰能承認王充自以其天道觀念承繼黃、老而來？又誰能承認胡適所謂『從道家哲學』發展而來？殊不知王充這種發展——如果可以說發展的話，那也是早已變質了的！而且，胡氏更以王充的『自然』，乃是『道家哲學的公同觀念』（註二〇）。試問：道家哲學的『自然』果然是這樣的嗎？王充的精神儘消耗在反駁上，對於其自己正面所持的思想、觀念，大多只知在表面滑溢，而是恍惚而不切的。當他沾到一些道家的言辭以至一些道家式的掌故和事例，即自以爲承繼道家立言。這自然是很不高明的！而近人卻更模糊，可能只看到王充這裡說個黃、老，那裡說個道家，即貿貿然謂其從道家發展而來。這是尤其不高明的！

第四節　天、人感應之否定問題

王充所以要將其天道之『自然、無爲』講成一個絕對不爲的死道，自然是有用意的。他的用意即在：否定他認爲虛妄的，漢儒所謂『天、人感應』一觀念。漢儒所謂天、人感應，主要是以災異、瑞應或命符爲內容的，而且也是針對現實政治而說的。漢儒認爲王者失德、失政，則天爲災異以譴告之；王者修德、明政、澤及萬方，則天瑞應誠而至。這是天、人感應的災異和瑞應。王充以爲都是虛妄的，所以盡力拈出天道之自然、無爲或即絕對不爲，用以切斷天與人的關係，使『天、人感應』一觀念歸於否定。這便是他的唯一用意。

的確，對於此一觀念之否定，王充只要切斷天與人的關係，亦即只要堅持其天道爲『絕對不爲』，則就其自己說，本來是已經足够了的。因爲只要天道是絕對不爲的，即使人可以感天，天亦無法應人的。上引『天本、人末』一段似乎即有此意。不過，事實上並不如此簡單，如衆所知：在一方面，對天、人感應的觀念乃是中國古老的傳統觀念，有史以來大抵即是綿延不絕的，王充要想加以否定，對於傳統上的種種講法，當然不能閉着眼睛不作任何表示；而在另一方，王充亦是喜歡從多方面說話的，對於任何問題之辯駁，總以爲他所論的不够過癮，往往有冗篇、累牘之申說，對於此一觀念，當然更不能例外。基於這兩方面的原因，所以在論衡中，對於隨『天、人感應』而來的許多講法，王充除了以天道之自然、無爲加以破除外，尚有不少直接駁斥災異、瑞應或命符的理論。而那些理論大多都是排比、平鋪的，循種種事例為說，不必都有一定的原則可說，所以往往是煩瑣不堪的。因此，對於那些理論，我們實在無法逐一列舉，並且亦無列舉的必要。以下，我們只就其略具義理規模之最重要的兩點加以申述，藉以了解其如何否定此一觀念，並進而考察其對於此一觀念之否定問題。

* * * * *

首先，我們可以從『大人與天合同』一意思說。關於這一意思，主要有兩方面的情形：其一、是關於應瑞或命符的，其另一、是關於災異的。

現在，先說瑞應或命符一方面。在這一方面，我們須看初稟篇的講法：

『難曰，康叔之誥曰：「冒聞于上帝，帝休，天乃大命文王」。如無命史（當作「使」），經何為言「天乃大命文王」？

『所謂「大命」者，非天乃命文王也；聖人動作，天命之意也——與天合同，若天使之矣。書方激勸康叔，勉使為善，故言文王行道，上聞於天，天乃大命之也。詩曰：「乃眷西顧，此惟予度」。與此同義。天無頭面，眷顧如何？人有顧睨，以人傚天，事易見，故曰「眷顧」。天乃大命文王，眷顧之義，實天不命也。何以驗之？夫大人與天、地合其德，與日、月合其明，與四時合其序，與鬼神合其吉、凶；先天而天不違，後天而奉天時。如必須天有命乃以從事，安得先天而後天乎？以其不待天命，直以心發，故有先天、後天之勤（當作「動」）；言合天時，故有不違、奉天之文。論語曰：「大哉，堯之為君！唯天為大，唯堯則之」。王者則天不違，奉天之義也。推自然之性與天合同，是則所謂「大命文王」也。自文王意（當作「文王自意」）、文王自爲，非天驅赤雀使告文王，云當爲王，乃敢起也。然則，文王赤雀及武王白魚，非天之命，昌熾祐也。』

按此處所錄一問、一答，乃是駁斥漢代流行的所謂『文王得赤雀，武王得白魚、赤烏』爲『受命之符』而說的。對於這種命符之說，王充在初稟篇的駁斥，主要是在指出：王者大命定於初稟之時，並非長大以後天復賦命；至於王者所以能獲瑞物——如文王之得赤雀，武王之得白魚、赤烏等，亦非天所驅使，而只是適然、偶然之相應。關於前者，所謂王者大命定於初稟之時，原是屬於王充命定論中的論點；關於後者，所謂王者之獲瑞物只是適然、偶然之相應，乃是屬於其命定論的瑞應論中的論點。（詳下章第二節）。而這裡的一問、一答，則可以說是王充對於『天、人感應論』的『瑞應或命符』之直接駁斥，用以否定『天、人感應』一觀念的。

問難者所引『冒聞於上帝……』一段，見今之尙書周書康誥篇，其原意應該即是王充所謂『文王行道，上聞於天、天乃大命之也』。這原是當時流行的講法，也純粹是『天、人感應』一觀念中的事。不過，王充並不同意。他以爲書之『大命文王』與詩之『眷顧』相同，都是以人效天的，『實天不命也』。而其所以能說『實天不命』，乃是以易經乾文言所謂『大人與天、地合其德……』一段爲效驗的。文言由『大人與天、地合其德』而言『先天而天弗違、後天而奉天時』，意思即等於說：與天、地合德的大人，其動作、云爲先於天表現，必符合於天意，而不會爲天所違反；同樣，若後於天表現，其動作、云爲，亦必與承奉天時一樣，而符合於天意的。換言之，亦即：大人之動作、云爲無論先於天或後於天表現，總是與天意完全符合的。王充所謂『實天不命』，即是依這一意思而說的。所以他說：『如必須天有命乃以從事，安得先天而後天乎』？但這還只是從反面說的。由反面而轉正面，則便可以說：『以其不待天命，直以心發、故有先天、後天之動；言合天時，故有不違、奉天之文』。這正等於說，由於大人之動作云、爲都是不待天命，直心而發，便可以符合天意，所以文言才有先天、不違以至後天、奉天之文。而論語（泰伯篇）稱『堯則天』，亦只是如此的。由此而再轉到『大命文王』的傳統講法上，王充便可以說：『推自然之性與天合同，是則所謂大命文王也』。王充此說亦只表示：並非天大命文王，乃是文王推自然之性與天合同；而且，就因爲文王推自然之性與天合同，所以便如天大命文王一樣。下文以文王自意、自爲，以及總論文、武之得赤雀、白魚等瑞物，並非天之所命，亦只是此一意之重複說明。在這裡，如果我們作一原則性的指陳，則便是：大人（或聖人）與天合同，其動作、云爲便如天之所命；而在實際上，天並不是眞的會命的。這是王充的根本意思。而這一意思，實在只是凸顯大人主觀的『德性一方面』，用以否定其客觀的『天命一方面』的。

現在，再說災異一方面。在這一方面，我們可以看譴告篇的兩段話：

『易曰：「大人與天、地合其德」。故（當爲衍文）太伯曰：「天不言，殖其道於賢者之心」。大人之德，則天德也；賢者之言，則天言也。大人刺而賢者諫，是則天譴告也。而反歸（當有「譴」字）告於災異，故疑之也』。

『驗古以知今，天以人。（當作「驗古以今，知天以人」）。「受終於文祖」，不言受終於天，堯之心知天意也。堯授之，天亦授之，百官臣子皆鄉與舜。舜之授禹、禹之傳啓，皆以人心效天意。詩之「眷顧」、洪範之「震怒」，皆以人身（當作「心」）效天意。文、武之卒，成王幼少，周道未成，周公居攝，當時豈有上天之教哉？周公推心合天志也。上天之心在聖人之胸，及其譴告，在聖人之口。不信聖人之言，反然災異之氣，求索上天之意，何其遠哉？……』。

王充這兩段所說，都是用來駁斥當時所謂『天以災異爲譴告』之說，其中的主要意思是完全相同的。就前者說，王充依文言『大人與天、地合其德』以及太伯『天殖道於賢者之心』而說大人之德即是天德，賢者之言即是天言。因此，大人之刺和賢者之諫，即是天之譴告。至於就後者說，王充大抵從『知天以人』而說堯之禪舜、舜之授禹、禹之傳啓以及詩之『眷顧』、洪範之『震怒』，都是『以人心效天意』的。因爲人心可以效天意，所以從『周公居攝』之事言，周公之居攝，並非當時有『上天之教』，乃只是『周公推心合天志』的結果。而周公所以能推心合天志，當然只由於『周公與天合同』，亦猶上文所謂『文王與天合同』一樣，其根據即在文言之『大人與天、地合其德』一語上。周公與天合同，故周公之德即是天德、周公之心即是天心。並且，不僅周公之心如此，舉凡一切大人、聖人以至賢者之心應該都是如此的。這便是『上天之心在聖人之胸』的意思。上天之心在聖人之胸，故『上天之譴告，即在聖人之口』。而這與前者所謂『大人之刺和賢者之諫，即是天之譴告』，乃是完全相同的。所以總起來說，亦不外乎這樣的一句話：大人（或聖人）之言，即是天之譴告。除此之外，別無所謂天之譴告。這是王充的主要意思。

對於這一主要意思，我們必須注意：那只是就『大人與天合同』而說，並不表示『天通過大人以顯示其自己』的。這兩者在就王充言，並不相同。而王充所說，確實是可以混淆的。因爲他所謂『大人之言，即是天之譴告』，如果僅就表面看，則亦儘可以看作『天不直接譴告人，而是通過大人以譴告人』。天通過大人以譴告人，亦即表示天通過大人以顯示其自己。這原是有其客觀的義理規模的。基督教以上帝啓示偉大的人格——如耶穌——以顯示其自己，即是如此；程伊川所謂『觀乎聖人則見天、地』(註二一)，亦含有此意。不過，在王充，却並不能如此。王充雖然亦引太伯所謂『天殖其道於賢者之心』，亦說什麼『上天之心在聖人之胸』，但決不表示上天通過聖、賢人格以顯示其自己。爲什麼？因爲王充所肯定的天道，乃是絕對不爲的，故其天決不可能通過聖、賢人格以顯示其自己的。這在王充，是一確定的事實。如此，則王充所謂天殖道於賢者之心等一類話，倘若不是隨事立說的泛泛之言，則我們亦只能從其『大人與天合同』一意思上加以理解。否則，倘若離開這一層措思，以爲王充也能肯定天通過大人以顯示其自己，即是大錯、特錯的！王充以爲：大人與天合同，所以大人之德即是天德，大人之心即是天心；大人之德即是天德、大人之心即是天心，所以大人之言即是天言——天之譴告。這可以說是王充依文言『大人與天、地合其德』所作的一直線推演的結果。由此結果，我們便可以確定地說：在王充，天是不譴告的；要說譴告，則大人之言，即是天之譴告。而這實在亦只是凸顯大人主觀的『德性一方面』，用以否定其客觀的『天之譴告一方面』而已。

王充對於『天、人感應』的瑞應和災異之駁斥，都是依『大人與天合同』爲說，其理路或方式也都是相同的：他只凸顯大人主觀的德性一方面，用以否定其客觀的天命（或天譴告）一方面。可是，這種否定是否就能成立呢？這是我們還須進一步加以考察的問題。

誠然，王充援引文言，以爲大人與天合同，其動作、云爲都與天意符合，甚至與天完全無異。他這種講法，實在即是凸顯大人主觀的德性一方面的；無論其與文言原意有多大的出入，但在原則上還是可以說通、可以成立的。然而，我們必須指出：王充這種凸顯僅只就大人主觀的德性一方面說，並未關連着其所合之客觀的天一方面說的。倘若關連着大人所合之客觀的天一方面說，則大人主觀的德性一方面即使達到與天合同，其動作、云爲都與天意符合，甚至與天完全無異，亦並不表示便可以否定其客觀的天命（或天譴告）一方面的。而這意思即等於說：凸顯大人主觀的德性一方面，不管王充將其凸顯到如何極致的境界，並不涵對於其客觀的天命或譴告一方面之否定——天依然是可命、可告的。這是因爲天之命或不命、告或不告，並不在於大人主觀的德性如何而有所影響的緣故。這是一定的事實，亦是一定的道理。因而，我們可以說：大人主觀的德性一方面達到與天合同，甚至與天無異，原是一回事；而其客觀的天命或譴告一方面依然可命、可告，又是另一回事。這兩者並不相抵觸、相吞沒，而是可以並行而不悖的：大人儘管與天合同，而天也一樣可命、可告；並非有了大人，天就不能命、告。依此，則王充凸顯大人主觀的德性一方面，乃是不足以否定其客觀的天命或譴告的。

而且，王充這種講法，乃是援引文言之說爲效驗的。而文言之原意不必就如王充的講法。文言以大人『先天而天弗違、後天而奉天時』，何嘗否定其客觀的天命一方面？文言所謂『天弗違』，這『弗違』當然是天（天意）之表現；所謂『奉天時』，亦必先有『天時』可奉，而這『天時』能說不是天之表現嗎？由此可知，在文言原意，天是必然地表現的。天之表現決不被吞沒於大人主觀的德性之中：大人之德性人格儘管可以與天合同，天依然是可以有其表現的。天依然可以有其表現，亦即天依然是可以有其大命的。如此，則文言之說，如何能成爲王充的效驗？王充只知文王之德性人格可以與天合同，殊不知此種與天合同的德性人格並不足以吞沒天之大命！王充以爲周公之居攝，只是周公推心以合天志，並非當時有上天之教。當然，當時有沒有上天之教，我們不得而知，但從理上說，上天畢竟還是可以教的——如果上天要教的話。這只由於上天之教，並不爲周公之『心』所吞沒的緣故。

所以王充由『大人與天合同』而凸顯大人主觀的德性一方面，並不能否定其客觀的天命或譴告一方面。不能否定其客觀的天命或譴告一方面，亦即不能否定『天、人感應』一觀念。而在事實上，不僅否定不了，甚至似乎相反地證成了這一觀念。因爲在王充，大人既然可以與天合同，則大人人格當然可以與天意相溝通；可以與天意相溝通，當然也就可以相感、相應了。這不是證成了天、人之感應嗎？至少在大人人格是如此的！這是王充所未及知的！

* * * * *

其次，我們須從『知天以人』一意思說。這一意思本來就是表示證驗天之所以爲天的唯一理路，乃是古今、中外所不能或違的理路，王充自然亦不能例外。不過，僅說知天以人，還是泛泛的。如果說得比較切實而確定些，則便是以人事、人心、人道證驗天之所以爲天。故在上文，王充嘗以『夫、婦合氣之不欲生子』以證驗天之所以『不故生人、生物』，以及所謂『以人心效天意』，大抵亦是以人事、人心證驗天之所以爲天的。而在變虛篇，王充更有所謂『天、人同道，好、惡不殊』，並有所謂『人道不然，則知天道無驗矣』之說。這便是以『好善（亦稱善善）、惡惡』的『人道』，證驗其天道的(註二三)。

以善善、惡惡的人道徵驗天道，我們更可以看王充在譴告的說法。譴告篇有云：

『……管、蔡篡畔（同「叛」），周公告教之，至于再、三。其所以告教之者，豈云當篡畔哉？人道善善、惡惡，施善以賞、加惡以罪，天道宜然。刑、賞失實，惡也；爲惡氣以應之，惡惡之義安所施哉？』

按譴告篇此段，亦是用以駁斥『天以災異譴告人君』的。依王充原意，天是不譴告的，假令天能譴告，則必以相反的東西爲告，比如人君有惡，天不應當以惡氣應之，一定以善氣應之。而天之所以必以善氣應惡，王充的理論根據，亦只在於人事、人道上。這裡所謂周公再、三告教管、蔡之『不當篡畔』，即是其中的一例。就此例言，依王充，即表示周公對於管、蔡之畔，乃是『以善駮惡』（亦譴告篇語）的。周公教管、蔡，既然必以善駮惡，則皇天若要譴告人君，亦必『以善駮惡』。故其下文云：『刑、賞失實，惡也；爲惡氣以應之，惡惡之義安所施哉』？這就是說：天對於人君之惡——『刑、賞失實』——必以善氣應之，不應當以惡氣應之；倘若天必以惡氣應之，則『惡惡之義』就無所施了。而這正是天必『以善駁惡』的意思。這是王充譴告篇的重要論點。他在該篇列舉許多、許多事例，大抵都是證成這一論點的；就篇幅言，幾乎佔了該篇三分之二以上。所以一定很重要。不過，那些都是在假定——天能譴告人君——的前提之下而說，實際上，王充是不以爲天能譴告的。

然而，不論該篇的情形如何，這裡所謂『以善駁惡』，乃是通過『人道之善善、惡惡』而說的。通過人道之善善、惡惡而說，王充主張天必以善駁惡，乃是很有問題的(註二三)。但它並不是我們這裡所重視的。我們這裡所重視的，乃是王充由人道之善善、惡惡以證驗天道所形成的，對於『天、人感應』一觀念之否定問題。

王充說：『人道善善、惡惡，施善以賞、加惡以罪，天道宜然』。這就表示王充是依人道之善善、惡惡以證驗天道的。的確，善善、惡惡乃是人道之本然，乃是基於人之仁心的具體表現，亦可以說即是人道之具體表現。由善善、惡惡而落實一層，而爲『施善以賞、加惡以罪』，亦是人道之具體表現的一氣貫徹。對於這兩層表現，本來都是可以說『無爲』的。說無爲，即是『無爲地爲』，亦即是『無執着地爲』。但在王充，却不能說『無爲地爲』。因爲王充的無爲地爲』：實際上即是『無目的地爲』，最後必歸於『絕對的不爲』。但由善善、惡惡以至賞善、罰惡這兩層表現，在王充，絕對不是『無爲』或『不爲』，而必是『爲』的。既然是『爲』的，則王充由善善、惡惡而賞善、罰惡之人道以證驗其天道，其天道就不是『自然、無爲』或即不是『絕對不爲』的，而必是『爲』的。其天道既然是『爲』的，則在理論上，必可以善人君之善而加之以賞、惡人君之惡而加之以罪了。而這不是證成了『天、人感應』的觀念嗎？所以王充由人道之善善、惡惡以證驗其天道，不僅否定不了『天、人感應』的觀念，到頭來還是歸於肯定的。這也是王充所不及知的！

＊　＊　＊　＊　＊　＊

並且，王充由人道之善善、惡惡所證驗的天道既然是爲的，則與其盡大力拈出的那個『自然、無爲』或即『絕對不爲』的天道，又是可以互相否定而不能並存的。而這並不能說，王充在天道觀念上之搖擺不定。其所以如此，依我看，應該即在其行文上好多說、好滑溢的結果。王充行文態度並不嚴格，也喜歡從多方面說話，當他拈到一些具有義理規模的言辭，就不免在許多掌故性的事例上到處滑溢，甚至隨意揮洒，故不免造成此天道觀念上的大矛盾！可是，雖然如此，王充所要肯定的天道，畢竟只是一個『自然、無爲』或即『絕對不爲的死道』。因爲只有這樣的一個天道，絕對不爲的死道，他才能切斷天與人的關係，用以否定他認爲虛妄的『天、人感應』一觀念！

而這只是就王充自己說的。就王充自己說，王充將其『自然、無爲』的天道講成一個『絕對不爲的死道』，當然是有力足以切斷天與人的關係，而使『天、人感應』的觀念歸於否定的。可是，如果轉從客觀的立場上說，則依然是不行的！王充思想畢竟還是一套哲學思想，並不是屬於科學的。如果是科學的，則只須解析現實宇宙中現存的事物，對於宇宙中事物之所以生成或來源，乃是可以暫時不問的。這是科學的應有領域。而王充並不如此，他是要說明宇宙中種種之事物之所以生的。他的自然、無爲的天道，原則上也是萬事、萬物所以生的本源，亦可以說是一形而上的本體，故必屬於哲學中宇宙論或形上學的。如此，則王充將其自然、無爲的天道講成一個絕不爲的死道，而以爲天決不會應人，這實在無異於與扼死了一個人，而說這個人不會動作、云爲，是同樣的道理。而這能成其爲道理嗎？王充這種天道觀念，在哲學的宇宙論或形上學中，無論如何是站不住脚的！以這種站不住脚的天道觀念來否定『天、人感應』的觀念，其否定自然亦是無效的！

其實，『天、人感應』的觀念，漢儒多就災異、瑞應或命符爲說，而且往往執着於現實上的怪異，自然不免於迷信、虛妄，亦不免有其極大的流弊。這是應該加以澄清的。不過，雖然如此，但這個觀念本身却並非漢儒所自創，究竟還是中國古代的傳統。不僅尚書、詩經、國語、左傳中有很多的記載，即孔子亦有『鳳鳥不至，河不出圖，吾已矣』之歎，而中庸亦有自天命而言『大德必得其位、必得其祿、必得其名、必得其壽』之說（註二四）。而同時，亦不僅儒家如此，即王充自以爲其天道觀念所自來的道家，其典籍中也是具備的。所以老子道德經稱：『天網恢恢，疏而不失』；『天道無親，常與善人』（註二五）。由此可知，『天報有德、天罰有惡』，先秦儒、道兩家都是肯定的，（墨子尤其如此）不必始於漢人。漢人吸收了陰陽家之說，將其弄得有點烏烟瘴氣，以至形成與讖、緯之僞合流，貽人病詬而已。而王充必疾之如仇，一定要加以否定，正所以顯示其滯着和粗疏的地方！

註一　老子道德經六十章（王弼注本）：『治大國若烹小鮮』。莊子大宗師：『泉涸，魚相與處於陸。相呴再濕，相濡以沫，不如相忘於江湖』。又『子貢日，敢問其方。孔子日：魚相造乎水，人相造乎道。相造乎水

者，穿地而養給；相造乎道者，无事而生定。故曰：魚相忘乎江湖，人相忘乎道術。』

註　二　『河出圖、洛出書』見易經繫辭傳。叔虞、季友事並見左傳昭公元年及三十二年。趙簡子、黃石公等並見史記趙世家及留侯世家。

註　三　宋人爲楮葉事並見韓非子喻老、列子說符、淮南子泰族訓，但文字稍有不同。其中之『孔子』各書均作『列子』，『地』上亦均有『天』字。

註　四　淮南子泰族訓稱：『故神明之事不可以智巧爲也，不可以筋力致也。天地所包、陰陽所嘔、雨露所濡，化生萬物，瑤碧玉珠，翡翠玳瑁，文彩明朗，潤澤若濡，摩而不玩，久而不渝，奚仲不能旅，魯般不能造。此之謂大巧。宋人有以象爲其君爲楮葉者，三年而成，莖柯豪芒，鋒殺顏澤，亂之楮葉之中，而不可知也。列子曰：「使天地三年而成一葉，則萬物之有葉者寡矣」。夫天地之施化也，嘔之而生，吹之而落，豈此契契者哉？……』。按淮南此說，即在『神明之事不可以智巧爲。』宋人之爲楮葉雖然極逼眞，決非神明。天地神明所爲卻不是如此契契者。何能如王充所說，必得萬萬、千千手始可能？此見王充所以不能明神明之源。

註　五　按王充以『夫、婦合氣無意（即無目的）於生子』，則必只在滿足情欲。這正是一種粗暴的情欲主義，（亦可謂之粗暴的自然主義）。這種情欲主義，在東漢亦有其人，如孔融傳曾說過：『父之於子，當有何親？論其本意，實爲情欲發耳。子之於母，亦復奚爲？譬如寄物瓶中，出則離矣』。此即與王充之說無異。而此種說法又與現代共產黨所謂男女結合，只是爲了滿足情欲，完全相同。由此而往下說，則夫婦之情（超於情欲之上的情）不能有，父子之情亦不能有，即其他倫常關係亦不有。如此，則人世界與物世界有不同？故王充、納粹以至現代共產黨的說法，必是徹底地虛無的。而且，在王充，這種粗暴的情欲主義乃是用以證驗天、地（或即天道）

之生萬物的。故王充心目中的天、地，亦必只是一種粗暴的情欲主義的天、地。切實地說，這樣的天、地，還能成什麼天、地呢？有人以爲王充的自然主義源自道家，簡直是不堪想像的！

註　六　論衡談天篇：『……如實論之：天，體；非氣也。人生於天，何嫌天無氣？猶（當作「獨」）有體在上，與人相遠。……』。又變虛篇：『夫天，體也；與地無異』。由此可知，王充是以天爲『體』的。

註　七　王充在自然篇所論，與道家有關的，除上節及本節下文所述外，尚有：『謂天自然、無爲者何？氣也。』按此句有誤。另本「自然」作「有爲」。黃暉校釋以爲當作「謂天有爲，如何？無爲者，氣也」。蓋「自然、無爲」，在王充，本是天之所以爲天之道，此處由反問方式而答以「氣也」，則是以「氣」言天道之「自然、無爲」。而由下文「老聃得以壽矣……使天無此氣……」之「氣」看，可見黃說爲是。故王充以天道「自然、無爲」，乃是就「氣」說的。就氣說天道自然、無爲，必至成爲絕對不爲。詳下文）。恬澹無欲，無爲、無事者也。老聃得以壽矣。老聃稟之於天，使天無此氣，老聃安所稟受乎？』又該篇：『禮者，忠信之薄，亂之首也。（見道德經王弼注本三十八章）。相譏以禮，故相譴告。三皇之時，坐者于于，行者居居，乍自以爲馬，乍自以爲牛。（大意，見莊子應帝王篇）。純德行而民瞳矇，曉惠（同「慧」）之心未形生也。……』。這些大抵也都與道家有關。

註　八　關此，請參閱拙作老子無與有之解析一文之第三節。該文載東海學報第二卷、第一期。並在該文中說明有關『無爲』的五項重要意思，讀者當可參考。

註　九　同上。

註一〇　同上。

註一一　道德經（王弼注本，下同）首章云：『無，名天、地之始；有，名萬物之母』。又四十章云：『天下萬物生於有，有生於無』。按此『無』與『有』即是道。又二十五章亦云：『有物混成，先天、地生，寂兮、寥兮，獨立不改，周行而不殆，可以爲天下母。吾不知其名，字之曰道。……』。又三十九章亦云：『天得一以清、地得一以寧，……』。按此處所謂『一』即是指道而說的。依上列各章言，均可以表示老子之道是超於天、地之上的。

註一二　道德經七章云：『天長、地久。天、地所以能長且久者，以其不自生，故能長生。』按此處所謂天、地，應該即是指道說的。由此可知，老子所說之天、地，即有有形的和無形的兩類。所謂有形的，可以說即是形而下的，此如前註所列各章之天、地即是。至於無形的天、地，則可以說即是形上的，亦即是指道說的。

註一三　道德經稱：『天之道，其猶張弓與！高者抑之，下者舉之；有餘者損之，不足者補之。天之道，損有餘而補不足；人之道，……』。（七十七章）。又：『天之道利而不害，聖人之道爲而不爭』。（八十一章）。凡此所謂『天之道』應該即是『天道』，亦應該即是『道』的意思。故在老子，天道或天之道可以即是道，道亦可以即是天道的。

註一四　荀子此言見荀子性惡篇。

註一五　尙書虞書皐陶謨云：『天聰明，自我民聰明；天明畏，自我民明威。』周書泰誓亦云：『天視自我民視，天聽自我民聽。』（按孟子萬章上曾引此語。故泰誓雖屬僞古文尙書，但此語却非太晚出者）。這些都是由人之聰明、明威等以言天的。詩大雅文王篇云：『上天之載，無聲、無臭；儀刑（型）文王，萬邦作孚。』周頌維天之命亦云：『維天之命，於穆不已。於乎，不顯！文王之德之純！』這些都是由文王之德性人格以證驗天或天道、天命的。而基督教以耶穌一生之捨棄一切，最後捨身（上十字架）為人類贖罪，即是證驗上帝之愛與無限，大致亦與我們詩、書所言之理路相同。故依人事、人道證驗天道，可以說是中、外共通的理路。

註一六　按此已詳論於拙作老子無與有之解析下篇有之以為利，無之以為用——無為而無不為一節。（載香港人生雜誌）。

註一七　論衡書解篇云：『夫人有文，質乃成。物有華而不實，有實而不華者。易曰：「聖人之情見乎辭」。（繫辭傳下）。出口為言，集札為文。文辭施設，實情敷烈。（按以上為文字、文章之文）。夫文德，世服也。空書為文，實行為德，著之於衣為服。故曰：德彌盛者文彌縟，德彌彰者人（文）彌明。大人德擴，其文炳；小人德熾，其文斑。官尊而文繁，德高而文積。華而睆者，大夫之簀，曾子寢疾，命元起易。由此言之，衣服以品賢，賢以文為差。愚、傑不別，須文以立折。（按以上似指威儀、氣象之文）。非唯於人，物亦咸然：龍鱗有文，於蛇為神；鳳羽五色，於鳥為君；虎猛，毛蚡蜦；龜知，背負文。四者體不質，於物為聖賢。且夫山無林，則為土山：地無毛，則為瀉土；人無文，則為僕（當作「樸」）人。土山無麋鹿，瀉土無五穀，人無文德不為聖賢。上天多文，而后土多理。二氣協和，聖賢稟受，法象本類，故多文彩。瑞應、符命莫非文者。晉唐叔虞、魯成季友、惠公夫人號曰仲子，生而怪奇，文在其手。張良當貴，出與神會，老父授書，卒封留侯。河神，故出圖；洛靈，故出書。竹帛所記，怪奇之物不出潢洿。（按以上指瑞應、符命之文）。物以文為表，人以文為基。棘子成（當作「城」）欲彌文，子貢譏之。（按見論語顏淵篇）。謂文不足奇者，子成（城）之徒也』。王充此段論文，包含頗多。他既然以『瑞應、符命』都是文，又以瑞應、妖祥等都是氣所為，則其所說的各種文，亦應該都是氣所為的。

註一八　論衡物勢篇，以爲天地不故生人、生物，無論動物世界或人世界，即是相賊害、相鬪爭的。而其相賊害、相鬪爭又只取決於氣勢（如齒牙、筋力、手、足以及劍戟、刀矛等）之優劣。而在商（當作適）蟲篇，更說：『凡天地之間，陰陽所生，蛟（當作「蚑」）蟯之類，蜫蠕之屬，含氣而生，開口而食，食有甘不（同「否」），同心等欲，彊大食細弱，知（同「智」）慧反頓（讀爲「鈍」）愚。他物小大連相齧噬，不謂之災，獨謂蟲食穀物爲應政事，失道理之實，不達物氣之性也。』按王充此段，原是用以駁斥當時說災異者所謂『蟲食穀物（按指蟲災）爲應政事』的，而其中所謂『彊大食細弱，智慧反鈍愚』，即是他所以駁斥該說的理論根據。由此他便可以確定：凡『含氣而生，開口而食的蟲類』，都是『彊大食細弱，智慧反鈍愚』的。唯在事實上，不應該只限於蟲類，乃是可通用於『因氣而生、含氣而存』的動物和人類的。換言之，在王充，無論動物或人世界，必是『彊大食細弱，智慧反鈍愚』的。而這所謂『彊大食細弱，智慧反鈍愚』，簡約地說，亦即是『弱肉强食』的意思。故在王充，『弱肉强食』的觀念是必然具備的。而其所以如此，即由於其天或天、地之不故生物、生人之『不故』上，亦即由於其天之不具備任何主宰性的緣故。

註一九　王充肯定天有德、威，已略見上文第一節。又辨祟篇云：『天，百神主也。道、德、仁、義，天之道也；戰栗、恐懼，天之心也。廢道、滅德，賤天之道；嶮隘、恣睢，悖天之意。』按此以道、德、仁、義說天道，故天必是有其大德的。

註二〇　見胡氏王充的論衡一文。（黃暉論衡校釋附編四）。

註二一　『揚子曰：「觀乎天地則見聖人。」（按揚子即揚雄，其言見法言）。伊川曰：「不然，觀乎聖人則見天地」。』（見二程全書外書第十一）。

註二二　變虛篇稱：『傳書曰：宋景公之時，熒惑守（當作「在」）心。公懼，召子韋而問之，曰：「熒惑在心，何也？」子韋曰：「熒惑，天罰也；心，宋分野也。禍當君。雖然，可移於宰相。」公曰：「宰相所以治國家也，而移死焉；不祥。」子韋曰：「可移於民」。公曰：「民死，寡人將誰爲(當有君字)也？寧獨死耳！」子韋曰：「可移於歲」。公曰：「民饑必死，爲人君而欲殺其民以自活也，其誰以我爲君者乎？是寡人命固盡也。子毋復言！」子韋退走，北面再拜，曰：「臣敢賀君。天之處高而耳（當作聽）卑。君有君人之言三，天必三賞君。今夕星必徙三舍，君延命二十一年。」公曰：「奚知之？」對曰：「君有三善（言），故有三賞，星必三徙。三（當衍）徙行七星，星當一年，三七二十一。故君命延二十一歲。臣請伏於殿下以伺之，星必（猶若）不徙，臣請死耳」。是夕也，火星果徙三舍。』按此故事並見呂氏春秋制樂篇、淮南子道應訓、劉向新序雜事篇。王充以變虛篇整篇加以駁斥。其中有一段，王充特設難並解答云：『曰：景公不聽乎言，庸何不能動天？」（此爲難者言，文從黃暉校釋）。「使諸侯不聽其臣言，引過自予，方伯聞其言，釋其罪，委之而去乎？方伯不釋諸侯之罪，熒惑安肯去三舍？……天、人同道，好、惡不殊。人道不然，則知天道無驗矣」。』按此段王充是以方伯比熒惑爲說的。其意是說：使諸侯有罪，引過自予；而罰罪之方伯必不可能聽其言，而釋其罪。方伯既然不可能釋諸侯之罪，故熒惑亦不可能赦景公而徙三舍。而其所以如此，根本原因即在方伯之『惡惡』。方伯惡惡不會釋諸侯之罪，這是人道之表現。人道如此，天道亦必如此。故云：『天、人同道，好、惡不殊』。就人道言，方伯既然不會釋諸侯之罪，則就天道言，天亦不會讓熒惑釋景公之罪而徙三舍的。否則，必以熒惑徙三舍，即是無驗之說。因而王充此處所論，乃是依人道之（好善）、惡惡以證驗天道的。

註二三　譴告篇：『故以善駮惡、以惡懼善，告人之理，勸厲爲善之道也』。這是王充譴告篇駁斥天譴告人君的總原則。依此原則，王充舉出很多事例說明天不譴告。而此原則的『以惡懼善』一層，根本是謬誤的。（比如說，某人爲善，難說還要以惡去懼他嗎？要說亦只能說：你必須爲善，否則你會有禍的。如果這樣，那就等於『以惡使人爲善』：亦不能說以惡懼善。故以惡懼善，根本是不成其爲原則的）。至於『以善駁惡』，在初步或中途固然可以說通，但在最後不必就是有意義的。比如依周公對管、蔡一事例說，管、蔡篡畔，周公固然再三告教他們『不當畔』——這在王充，即是『以善駁惡』，但就因爲管、蔡終不悛改，所以周公亦只好取征誅的一途了。何能必限於以善駁惡？而此征誅一途，做王充名詞說，即是『以惡駁惡』。而『以惡駁惡』原是『好善』之權衡措施，亦即『惡惡』之貫徹。所以只要動機純正，則好善、惡惡必能正。只要好善、善惡能正，則『以善駁惡』固然可以，『以惡駁惡』又何嘗不可？何能只限於『以善駁惡』？故由人道之善（好）善、惡惡以證驗天道，而說天必只以善駁惡——就不應該以惡駁惡，就不免成爲一種滯着不通之論了。而王充譴告篇全篇所論是以此爲總原則的。此總原則既然如此，則其全篇所論亦應該可想而知了。

註二四　孔子『河出不圖』語見論語子罕篇。中庸（朱子章句第十七章），『子曰：舜其大孝也與！德爲聖人，尊爲天子，富有四海之內，宗廟饗之，子孫保之。故大德必得其位，必得其祿，必得其名，必得其壽。故天之生物，必因其材而篤焉：故栽者培之，傾者覆之。詩曰：「嘉樂君子，憲憲令德，宜民宜人，受祿于天；保佑命之，自天申之」。故大德者必受命。』按此亦爲『天報有德』之說。

註二五　並見老子道德經七十三章、七十九章。

第三章 災變和瑞應

漢儒盛言『天、人感應』，主要是以災異和瑞應爲內容的。故就災異和瑞應而言，漢儒所說的災異和瑞應，乃是以『天、人感應』的觀念爲底子的，我們可以稱之爲『天、人感應論的災異和瑞應』。王充雖然盡力反對天、人感應論的災異和瑞應，但他並不否認災變和瑞應。所以他在一方面，不惜以冗長、繁複的理論駁斥漢儒天、人感應論的災異和瑞應；而在另一方面，也曾點點、滴滴地表示了他所主張的另一種災變和瑞應。不過，王充總是喜歡在冗長、繁複的、駁斥的理論中顯精彩，對於他自己所主張的一些正面意思，反被淹沒於駁斥的理論中，而使人往往不容易弄清其眉目。因此，要了解王充之災變和瑞應的思想，實在是相當困難的。近人章炳麟等以爲王充『無樞要足以持守』（註一），就災變和瑞應的思想而說，那是相當正確的。

以下，我們試試看，能否簡要地加以敍述，以便明白其此一思想之大致情形。

第一節 變氣之災變與命定

首先，是關於災變的。

漢人所謂災異，本是有災變、有怪異的（註二）。王充不說怪異，只說災變。而且，他也只承認其中之重大的，如水、旱之災等，至於另外如蟲災等，則是加以否認的（註三）。對於水、旱等災變，王充嘗將其分爲兩類。這便是明雩篇所謂：

『夫災變大抵有二，有政治之災，有無妄之變』。

這很淸楚，災變有政治的和無妄的。可是，這兩者究竟有怎樣的不同呢？王充說：

『德酆、政得，災猶至者，無妄也；德衰、政失，變應來者，政治也』。（明雩篇）。

這也是很淸楚的。他由人君之德之豐、衰，政之得、失，區分開兩種災變之不同。而這正是王充之異於漢儒的地方。

漢儒循天、人感應而說災異，凡災異都是天用以譴告人君，表示人君之過失，藉以使人君修德、改政的。因此，在漢儒，不論任何災異，總是屬於政治的，並沒有什麼無妄的。而在王充，既然有政治之災，同時又有無妄之災。無妄之災，人君在德、政上均無失錯，故必與政治完全無關，而是完全非政治的。完全非政治的，亦即與漢儒完全是政治的，處於完全相反的地位。這是用不着多說的。至於王充所謂政治之災，雖然與漢儒有其相同之處——人君之德衰、政失，但依然有其不同的。漢儒以爲人君失德、失政，天以災異譴告之；不改，災及其民；又不改，乃災其身。故災變之來，乃是天譴告人君的。王充就要反對天譴告之說，而對政治之災說了一個相當有趣的比喻。他說：

『釀酒於罌、烹肉於鼎，皆欲其氣味調得也；時或鹹、苦、酸、淡不應口者，猶人勺藥失其和也。夫政治之有災異也，猶烹、釀之有惡味也。苟謂災異爲天譴告，是其烹、釀之誤得見譴告也。』（譴告篇）。

這是以烹、釀爲比喻，說明政治之災並非天所譴告。他的意思是說，烹、釀之有惡味，只由於人之調和有錯失，而政治之災變，亦只是如此，並非天之譴告。這是王充政治之災之所以異於漢儒天譴告的地方。漢儒必以政治之災爲天譴告人君，即是天應人君政治之失，故爲天、人感應一觀念中的事。而王充以爲政治之災，只在人君爲政之錯失；並且，此種錯失似乎是以『適、偶』觀念爲根據的。蓋烹、釀之有惡味，必由於調和者之偶然錯失，而人君爲政之有災變，亦必只由於人君適然之錯失。如此，則王充所謂政治之災，乃是將『天、人感應』之必然轉爲適然、偶然而已。而這也就是近人所謂王充『以適、偶代替感應』的意思（註四）。

然而，王充這種講法，以適、偶解釋政治之災，似乎只是爲了駁斥漢儒譴告之說，實在並不是眞正有意義的。爲什麼？因爲王充所能肯定的，本來只有無妄之災；至於政治之災，在他根本是不存在的。何以見得呢？我們可以看下列兩段所說：

『以堯、湯之水、旱，準百王之災害，非德（當作「政」）所致。非德（「政」）所致，則其福祐非德所爲也』。（治期篇）。

『必謂水、旱政治所致，不能爲政者莫過桀、紂；桀、紂之時，宜常水、旱。案桀、紂之時，並無饑耗之災。災至自有數，或時返（「反」）在聖君之世。實事者，說堯之洪水、湯之大旱，皆有遭遇，非政惡之所致。說百王之（災）害，獨謂爲惡（當有「政」字）之應，此見堯、湯德優，百王劣也。審一足以見百，明惡足以昭善。堯、湯證百王至（當爲衍文），百王遭變，

非政所致。……』。（同上）

這兩段話大抵是相同的。合這兩段來說，其意思只是表示：堯、湯均爲聖君，政治自然不會有錯失，可是堯有大水、湯有大旱。如此，則堯、湯之災變，決非政治所致。堯、湯之災變既然非政治所致，則百王之災害也當然非政治所致。此處原文語氣是很絕的，並沒有任何保留可說。而其所謂『百王』乃是指古、今所有的君主而說的。王充以古、今一切君主之災變既然非政治所致，則其所謂『政治之災』，還有存在的餘地嗎？所以王充要說個什麼政治之災，也許只是應付、應付當時之風氣的（註五），或者因此可以駁斥、駁斥漢儒而已，上文烹、釀之說即是一例。而其骨子裡所眞正要肯定的災變，實在只有一種：無妄之災。

所謂無妄之災，原是從『政治無失』的立場而說的。從政治的立場說，在漢儒，災變之來，只由於人君德衰而政失，這是政治之災。而在王充，即由於人君德豐而政無失，依然還有災變，如堯、湯之水、旱，故災變便與政治無關，而只是無妄的。因此，王充所謂無妄之災，根本是扣緊『政治無失』而說的。

王充既然由政治無失而說無妄之災，則無妄之災究竟是如何形成的呢？這可以看明雩篇所說：

『故夫無妄之氣，歷世時至，當固自一，不宜改政。何以驗之？周公爲成王陳立政之言曰：「時則有物間之。自一話、一言，我則末；維成德之彥，以乂我受民」。周公立政，可謂得矣。知非常之物不賑、不至（當作「去」），故敕成王，自一話、一言，政治無非，毋敢變易。然則非常之變，無妄之氣間而至也。水氣間堯，旱氣間湯。周宣以賢，遭遇久旱。建初孟季（當作「年」），北州連旱，牛死、民乏，放流就賤。聖主寬明於上，百官共職於下，太平之時也。政無細非，旱猶有：氣間之也。聖主知之，不改政行，轉穀賑贍，損酆、濟耗。斯見之明，所以救赴之者，得宜也』。

這本是王充對於無妄之災的一套處理辦法，但亦表其『爲漢應變』之用心（註六）；而同時，我們更可依之而明白『無妄之災』是由『無妄之氣』而成的。王充所謂『非常之變』即指水、旱等大災變而說的，如堯之大水、湯之大旱以及周宣、孝章之旱災，都是非常之變，也都是『無妄之災』，都由於『無妄之氣』之間而至的。由此可知，王充是以氣解釋災變之產生的。不過其氣並非正常之氣，而是『無妄之氣』而已。

王充雖然以『無妄之氣』解釋災變，但在事實上，似乎又不是完全如此的。比如在寒溫篇，他曾經亦以『自然節氣』爲說的：

『春溫、夏暑、秋涼、多寒，人君無事，四時自然。夫四時非政所爲，而謂寒、溫獨應政治？正月之始，正月之後，立春之際，百刑皆斷，囹圄空虛，然而一寒、一溫：當其寒也，何刑所斷？當其溫也，何賞所施？由此言之：寒、溫，天、地節氣，非人所爲明矣』。

這一段已引於上文（第一章、第四節），乃是王充用以駁斥『說寒、溫者之說』的。說寒、溫者，以爲：由人君喜、怒而有賞、罰，賞、罰失當，則天應之以寒、溫；其渥盛者，可以形成『凋物、傷人』之災。王充以爲寒、溫不應政治，非人所爲，而只是天地之節氣。而這所謂天、地之節氣是怎樣的呢？關於這一點，王充既然以四時之自然——春溫、夏暑、秋涼、冬寒——爲比擬，而又以立春之際，百刑皆斷，而依然寒、溫頻仍不已爲說，則其所謂『天、地節氣』，實際上即是『天、地之自然節氣』。因爲春溫、夏暑等都是自然的。所以在王充，寒、溫只是自然節氣之所爲。而自然節氣之寒、溫，按理說，那是不能成爲災變的。比如春溫、夏暑等能說災變嗎？寒、溫如果眞能成爲災變，必須落到『凋物、傷人』的地步。但是，寒、溫儻使落到凋物、傷人的地步，則此寒、溫當然是一種災變之氣，而決不是自然節氣了。這是極明顯的事實。可是，王充還不只以自然節氣解釋寒、溫之災，同時也曾以自然節氣解釋水、旱之災的。又如：

『夫一暘、一雨，猶一晝、一夜也；其遭若堯、湯之水、旱，猶一多、一夏也。如欲以人事祭祀復塞其變：多求爲夏、夜求爲晝也。何以效之？久雨不霽，試使人君高枕安臥，雨猶自止；止久，至於大旱，試使人君高枕安臥，旱猶自雨。何則？暘（當作「陽」）極反陰，陰極反暘（當作「陽」）。……』（順鼓篇）。

這一段開頭兩句，在文字上似乎有些糢糊，但亦並不妨碍他的原意。他的原意是將水、旱之災比作一多、一夏和一晝、一夜的。而一多、一夏以及一晝、一夜，乃是天地之自然運行，與春溫、夏暑等是同一性質的。所以依上述春溫、夏暑等例之，則一多、一夏以及一晝、一夜，亦必只是自然節氣之循環。如此，則在王充，水、旱之災亦必只是自然節氣之所爲。由於水、旱之災是自然節氣之所爲，故欲以人事祭祀復塞其變，正如『多求爲夏、夜求爲晝』一樣，根本是無效的，也是完全無意義的。至於下文『久雨』、『久止』兩個效驗，亦表示『久雨必暘、久暘必雨』，那只由於自然節氣之環循，與一多、一夏等相同，人君是用不着多事的。而其所以用不着多事，只在『陽極反陰，陰極反陽』等兩句話上。王充這兩句話，即可以表示：水、旱之災亦只是自然節氣之循環而已。然而我們可以指出：不說災變則已，要說災變，就是在這『陽極』、『陰極』上說的。陽極，則久暘，久暘爲旱災；陰極，則久雨，久雨成水災。這就是陽極、陰極之所以爲災變之處。漢儒之言災變必如此，即任何人言災變者亦必如此。唯一只有不承認災變，不言災變可以不如此。不然，必如王充之將陽極、陰極說作自然節氣之循環，那裡有水、旱之災可說？這也是極明顯的事實。總之，王充以自然節氣解釋災變，乃是儘在疑似之間浮滑，無論如何是說不通的！

以自然節氣解釋災變，既然是說不通的，則在王充，災變之起，當然只有『無妄之氣』的一說了。可是，無妄之氣本身究竟是怎樣形成的？這可以看下列的一段：

『夫瑞應猶災變也。瑞以應善，災以應惡。善、惡雖反，其應一也。災變無種，瑞應無類也。陰、陽之氣，天、地之氣也：遭善而爲和，遇惡而爲變。豈天、地爲善、惡之政，更生變、和之氣乎？』（講瑞篇）。

這一段所說，內容頗爲豐富，亦是瑞應和災變並說的。這裡只能先就其『氣』說。先就其氣說，我們可以知道，王充所肯定的氣，即是天、地之氣，亦即是陰、陽之氣。這種陰、陽之氣，本來是中性、無記的，其自身既然無所謂和，亦無所謂變的。氣之所以爲和氣或變氣：並非由於天、地應政之善、惡；而只在於氣自身之遭遇——遭善便成和氣，遇惡便成變氣。一成變氣，則便可以有災變產生。水、旱之災，必由變氣產生；寒、溫如果成災，亦必由變氣產生。變氣不是正常之氣。在某種情形下亦可說即是無妄之氣。故上文所述，王充嘗以爲堯、湯之水災、旱災，以及周宣、孝章之旱災，都是無妄之氣之所間。因此，他這裡所謂變氣，當然就是無妄之氣。大抵從氣自身之遭惡成災變言，此氣即是變氣；從政治言，政治無失，而此氣依然成災，即可以謂爲之無妄之氣。故『變氣』和『無妄之氣』，只在於說的立場或方式不同，而實際上是完全相同的。否則，無妄之氣與變氣，究竟如何分別？難道說無妄之氣所產生的災變與變氣所產生的有什麼不同嗎？如此，則王充所謂無妄之氣，就不可能不是變氣了。而此變氣即產生災變的根本因由。

變氣產生災變。但變氣之形成，依上引講瑞篇所說，並非由於天地爲惡政而生，又只在於氣自身之遇惡。這就形成一個災變之出現的問題。我們知道，遇是遭遇，或說遭，或說遇，意思總是一樣的。因爲變氣之生，只在氣自身之遇惡，故由變氣而言災變，則災變之出現，亦必只是適然或偶然的。在王充，氣自身是中性、無記的，其所以爲和、爲變，只在於其遭遇。既然說遭遇，自然亦可以不遭遇。氣遭善可以成和氣，遇惡可以成變氣；如果不遭遇，則就無所爲和氣、變氣了。由此可知：凡遭遇都不是一定或必然的；倘若要說有其一定性或必然性，則只能求之於機緣和條件了。機緣具備、條件充足，則遭遇始有其一定性或必然性可說；否則，總是渺茫、不實，總是說不上任何一定性或必然性的。遭遇既然說不上任何一定性或必然性，則轉從王充的『適、偶論』來說，亦即只有適然性或偶然性了。這樣，我們就可以確定：變氣之生成必只有其適然性或偶然性。變氣之生成既然只有其適然性或偶然性，故由變氣而有災變，則災變之出現，亦必只有其適然性或偶然性了，上引講瑞篇所謂『災變無種』，也只是這一意思的另一種說法。

從變氣而說災變，災變之出現，必只有其適然性或偶然性。然而，倘若關聯着王充之命定論而言，由時代命運而說災變，則災變出現之適然性或偶然性，又是無法成立的。而王充也的確嘗以命定論說災變的。故王充說：

『世稱聖人純而賢者駁。純，則操行無非。無非，則其政無失。然而世之聖君，莫如堯、湯。堯遭洪水、湯遭大旱：如謂政治所致，堯、湯惡君也；如非政治，是運氣也。運氣有時，安可請求？世之論者，猶謂堯、湯水、旱者（註七），時也；其小旱、湛，皆政也。假令審然，何用致湛？……世審稱堯、湯水、旱，天之運氣，非政所致。夫天之運氣，時當自然，雖雩祭請求，終無補益。世又稱湯以五（當作「六」）過禱於桑林，時立得雨。夫言運氣，則桑林之說絀；稱桑林，則運氣之論消。世之說稱者，竟當何由？救旱之術，審當何用？』（明雩篇）。

這一段也是駁斥變復之家之主張雩祭的。王充的方式是就『政治』與『運氣』對顯的。但不論其如何對顯，他的主要意思即在指出：堯、湯都是聖君，行無非而政無失，却依然有洪水及大旱之災變，則其災變自然非政治所致，而必只是屬於『運氣』的。王充又說：

『災害繫於上天，賢君之德不能消卻。詩道周宣王遭大旱矣。詩曰：「周餘黎民，靡有孑遺」。言無有可（當作「孑」）遺一人不被害者。宣王賢者，嫌於德微。仁惠盛者，莫過堯、湯。堯遭洪水，湯遭大旱。水、旱，災害之甚者也。而二聖逢之，豈二聖政之所致哉？天、地歷數當然也』。（治期篇）。

又說：

『案穀成、敗，自有年歲。年歲水、旱，五穀不成，非政所致，時數然也』。（同上）。

這兩段所說較前引明雩篇的一段更明白。而前引一段所謂『運氣』，就是這兩段所說的『天地歷數』和『時數』；此外，王充亦嘗只稱之爲『數』或『歲運』的（註八）。這些名詞雖然不同，但其所指的，實際即是『時代命運』。王充是相信命定論的，個人命運是註定了的，時代命運也是註定了的。（詳下文第八章）。因爲時代命運是註定了的，故亦可以直接稱之爲『天之運氣』或即『天地歷數』。時代命運既然是註定了的，註定要惡，亦必註定要有災變，而災變也就要及時出現的。並且，當災變之出現，亦決不是用某種請求便可以消除的。故云：『運氣有時，安可請求』？因此，不僅當時流行的消除水、旱之『雩祭』及『攻鼓』，均爲王充所駁斥；即書傳中最盛行的所謂『湯以六過禱於桑林，時立得雨』之說，亦必爲王充所駁斥（註九）。大抵在王充，註定了某一個時代必有災變，就不是人君之盡力——如雩祭、禱祈以至修德等——所能消除的。故云：『災害繫於上天，賢君之德不能消卻』。這正表示：賢君之德之無效；災變之出現，乃是命定的。而寒溫篇亦云：『案易無妄之應，水、旱之至，自有期節。百災、萬變，殆同一曲』。這所謂『期節』之『期』，似乎即是『亂有時，治有期』之『期』，乃是以治期篇之命定論爲背景的。所以『期節』一詞亦與『時數』相同。所謂『水、旱之至，自有期節』，亦必表示災變是命定的意思。而『百災、萬變殆同一曲』，更表示了一切『災變爲命定』，而是不能所有例外的。

災變既然是命定的，命註定要有災變，則變氣亦必註定要生成的。如此，則變氣之生成，即不可能再是適然或偶然的，亦必隨命定而轉爲一定或必然了。這就是說，王充由時代命運之註定以言災變，則災變之出現，決不再具備其適然性或偶然性，而必有其一定性或必然性的。事實是這樣的：倘若只從『氣遭惡爲變』往下推，則災變之出現，必只有其適然性或偶然性；倘若轉從命定論而說，則災變之出現，其適然性或偶然性即被否定，而必歸於一定而必然了。王充將這兩者一起說，自然是一種矛盾，災變上之適、偶論和命定論的矛盾。王充往往只在駁斥的理論上顯精彩，其正面意思却往往是不免於矛盾的。這裡的矛盾，在他，當然也並不算是希罕的!

而且，在這裡，依我看，應該是以命定論爲準的。因爲命定論在王充思想中是比較更強烈而更顯著的；而同時，依下文第八章所述，尚有其成系統的理論的。因此，以命定論爲準乃是比較恰當的。如此，則王充之論災變，是以命定論爲底子，我們即可以稱之爲『命定論的災變論』。

而同時，在王充，災變之出現是命定的，也是有所應的。所以王充說：『災以應惡』。但他所謂『應惡』，決不是應君主政治之惡。這在我們上文所引的許多篇章中，王充幾乎到處流露着，所謂：災變非政所致；而其說得決絕的，即是『以堯、湯之水、旱，準百王之災害，非政所致』。這正是最徹底地反對災變應君主政治之惡。如此，則其所謂災以應惡，究竟是應什麼惡的？關於這一點，王充雖然沒有明文說到，但若由『災變爲命定』一意思加以推測，則當然即應時代命運之惡，以及應君主命運之惡的。這是因爲在王充，時代的命運和人（君主亦在內）的命運總是註定了的。儻若註定要惡，亦必註定有災變出現。因此，災變之出現，除非王充只說無所應，一定要說有所應，而所應的又非君主政治之惡，則就不能不是應時代命運或君主命運之惡了。而其應亦是一定而必然的。

災變之出現，既然是應時代命運或君主命運之惡，則在其應上，應該就有三種情形可說：其一是，如果時代命運惡，而君主命運亦惡，則災變之出現既然應時代，同時亦應君主，其應是二者爲一的；其另一是，時代命運不惡，而君主惡，則災變之出現可以只應君主，不應時代，其應是可以分的；又其另一是，時代命運惡，而君主不惡，則災變之出現，可以只應時代，不應君主，其應也是可以分的。而且，最後的一種應，對於君主言，只是一種遭遇，或即只是適然、偶然的。故王充嘗以『堯遭洪水、湯遭大旱』爲說，可見堯、湯命運並不惡，水、旱之變之出現，對他們只是一種偶然的遭遇。而這應該可以說即是王充所謂『國命勝人命』的意思（註一〇）。

第二節　和氣之瑞應與命定

現在，我們再說瑞應。

王充論災變，大抵是以水、旱之災爲主，很少說過什麼災物爲變的。而其論瑞應，則多是從瑞物而說的。因而，我們即可以說，他是從瑞物以言瑞應的。從瑞物以言瑞應，當時可能是很流行的。但王充並不滿意當時的講法，所以是應篇說：

『儒者論太平瑞應，皆言氣物卓異，朱草、醴泉、翔鳳（當作「風」）、甘露、景星、嘉禾、萐脯、蓂莢、屈軼之屬。又言山出車、澤出舟（當作「馬」），男女異路，市無二價，耕者讓畔，行者讓路，頒白不提挈，關、梁不閉，道無虜掠，風不鳴條，雨不破塊，五日一風，十日一雨，其盛茂者，致黃龍、騏驎、鳳皇。』

這些所謂太平瑞應，大致都是五經緯中的講法（註一一），而且亦多從瑞物而講的。王充對於這些講法，有所承認，也有所否認。所以該篇接着就說：

『夫儒者之言，有溢美、過實。瑞應之物，或有、或無。夫言鳳皇、騏驎之屬，大瑞較然，不得增飾；其小瑞徵應，恐多非是。夫風氣、雨露，本當和適。言其鳳（當作「風」）翔、甘露（當作「露甘」），風不鳴條，雨不破塊，可也；言其五日一風，十日一雨，褒之也。風、雨雖適，不能五日、十日正如其數。言男、女不相干，市價不相欺，可也；言其異路、無二價，褒之也。太平之時，豈更爲男、女作道哉？不更作道，一路而行，安得異乎？太平之時，無商人，則可；如有，必求利以爲業，買物安肯不求賤？賣貨安肯不求貴？有求貴、賤之心，必有二價之語。此皆有其事，而褒增過其實也。若夫萐脯、蓂莢、屈軼之屬，殆無其物。……』。

王充認爲儒者之言小瑞，多屬溢美、過實；尤其關於蓮脯、蓂莢、屈軼之屬，在該篇下文全予駁斥。這在上文，我們亦曾擧過一例。但他認爲『大瑞較然』，特別是鳳皇、騏驎之屬，這些所謂『瑞物』——瑞應之物，在講瑞、指瑞等篇中說到極多，亦附附帶地說到朱草、醴泉等等。這些瑞物，並不是易知的。在講瑞篇，王充以鳳皇、騏驎爲聖鳥、獸；五帝、三王、皐陶、孔子爲聖人，而儒者既然不知聖人，亦不知鳳皇、騏驎；同時，也設了好幾個或問和答覆，以論儒者對於瑞物之無知。其中有如：

『或曰：「鳳皇、騏驎生有種類，若龜、龍有種類矣。龜故生龜，龍故生龍，形色、大小不異於前者也。見之父，察其子孫，何爲不可知？」

『夫恒物有種類，瑞物無種、適生，故曰「德應」。龜、龍然也。人見神龜、靈龍而（讀爲「能」）別之乎？宋元王時，漁者網得神龜焉，漁父不知其神也。方今世儒，漁父之類也。以漁父而不知神龜，則亦知夫世人而不知靈龍也。龍或時似蛇，蛇或時似龍。韓子曰：「馬之似鹿者千金」。良馬似鹿，神龍或時似蛇。如審有類，形色不異。王莽時，有大鳥如馬，五色龍文，與衆鳥數十，集于沛國蘄縣。宣帝時，鳳皇集於地，高五尺。與言「如馬」，身高同矣；文章五色，與言「五色龍文」，物色同矣；「衆鳥數十」，與言「俱集」，附從等也。如以宣帝時鳳皇體色、衆鳥附從，安（當爲「案」）知鳳皇，則王莽所致鳥，鳳皇也。如審是，王莽致之，是非瑞也。如非鳳皇，體色、附從，何爲均等？』（講瑞篇）。

按此處一問、一答，即在辯鳳皇、騏驎之可知和不可知。問者以爲鳳皇、騏驎有種，故從形色、大小不異前者，即可以知其爲鳳、騏驎；而王充所答，却以形色、大小可以相同，亦不能知鳳皇、騏驎。他所擧宣帝時之鳳皇與王莽時之鳥爲例，即是說明這一點的。而鳳皇、騏驎之所以不可知，王充在該篇中本有許多理論的。但若僅就此處所答而言，則瑞物之所以不可知，其根本原因，應該只在『瑞物無種、適生』一語上。所謂『無種』，即是指瑞物不能有種子和種類而說的；所謂『適生』，即是適然、偶然生，而不是必然生的意思。這固然是針對問者『有種』而說，但亦可以作爲瑞物之不可知的理論根據。鳳皇、騏驎都是瑞物，瑞物世所鮮有。如果有種而必生，則必代代相接，衆多不可數計。如此，則即使是瑞物，亦必成爲常物而沒有什麼可貴，更說不上什麼『德應』了。其所以爲瑞物而有其可貴，而能成爲德應，只在於其無種、適生。並且，由於瑞物無種、適生，一般所謂鳳皇、騏驎，亦不必就如以前出現過的鳳皇、騏驎。不必就如以前出現過的鳳皇、騏驎，則現在即使見鳳皇、騏驎，亦不可能就知其爲鳳皇、騏驎了。依此而言，王充以爲儒者不知鳳皇、騏驎，其理論根據即是『瑞物無種、適生』一語上。

瑞物無種、適生，王充是說得很多的。所以講瑞篇接著又說：

『故夫鳳皇之至也，猶赤烏之集也。謂鳳皇有種，赤烏復有類乎？嘉禾、醴泉、甘露：嘉禾生於禾中，與禾中（當爲衍文）異穗，謂之嘉禾；醴泉、甘露，出而甘美也，皆泉、露（當有「所」字）生出——非天上有甘露之種、地下有醴泉之類，聖治公平，而乃沾下產出也。蓂莢、朱草、亦生在地，集於衆草，無常本根，暫時產出，旬、月枯折，故謂之瑞。夫鳳皇、騏驎亦瑞也，何以有種類？案周太平，越常獻白雉。白雉，雉生而白色耳（註一二），非有白雉之種也。魯人得戴角之麞，謂之騏驎，亦或時生於麞，非有騏驎之類。由此言之，鳳皇亦或時生於鵠、鵲，毛奇、羽殊，出異衆鳥，則謂之鳳皇耳，安得與衆鳥殊種類也？有若曰：「騏驎之於走獸、鳳皇之於飛鳥、太山之於丘垤、河海之於行潦，類也。」然則鳳皇、騏驎，都與鳥獸同一類，體色詭耳，安得異種？……』。

這一段所說，是從當時所謂赤烏、嘉禾、醴泉、甘露、蓂莢，朱草等種種瑞物，說明鳳皇、騏驎無種、適生。如以蓂莢、朱草爲無常本根，暫時生出，即是無種、適生之意。朱草等既然無種、適生，則鳳、驎亦必無種、適生。鳳、驎既然無種、適生，則白雉亦不必有種，麞亦可以生騏驎，鵠、鵲亦可以生鳳皇。故一切瑞物均可以無種、適生。該篇又說：

『堯生丹朱、舜生商均。商均、丹朱，堯、舜之類也，骨性詭耳。鯀生禹、瞽瞍生舜。舜、禹，鯀、瞽瞍之種也，知、德殊矣。試種嘉禾之實，不能得嘉禾。恒見粢梁之粟，莖、穗怪奇。人見叔梁紇，不知孔子父也；見伯魚，不知孔子之子也。張湯（當作「張蒼」）之父五尺，湯長八尺，湯孫長六尺。孝宣鳳皇高五尺，所從生鳥或時高二尺，後所生之鳥或時高一尺，安得常種？種類無常：故曾晳生參，氣性不世；顏路出回，古今卓絕。馬有千里，不必騏驎（當作「騏驥」）之駒；鳥有仁聖，不必鳳皇之鶵。山頂之溪，不通江湖，然而有魚，水精自爲之也；廢庭、壞殿，基上草生，地氣自出之也。按溪水之魚、殿基上之草，無類而出；瑞應（似當作「物」）之自至，天地未必有種類也』。

這一段所說，亦與前段大致相同，但已由物而推衍到人了。他舉出朱、均之與堯、舜，舜、禹之於鯀和瞽瞍，孔子、張蒼之與父、子，曾參之與曾晳，顏回之與顏路等事例，說明人之無常本種：有其父不必有其子，有其子亦不必有其父。這是聖人之無種、適生。聖人必無種、適生，瑞物亦必無種、適生。他依這許多事例爲說，但說來說去，依然在說明瑞物無種、適生一意思。

然而，王充所謂瑞物無種、適生，根本又是不能離開『和氣』的。所以王充說：

『且瑞物皆起和氣而生。生於常類之中，而有詭異之性，則爲瑞矣』。（講瑞篇）。

又說：

『然則瑞應（當作「物」）之出，殆無種類，因善而起，氣和而生。亦或時政平氣和，衆物變化：猶春則鷹變爲鳩，秋則鳩化爲鷹；蛇、鼠之類，輒爲魚、鼈；蝦蟇爲鶉，雀爲蜃蛤。物隨氣變，不可謂無。黃石爲老父，授張良書，去復爲石也。……或時太平氣和，麞爲騏驎、鵠爲鳳皇，是（當作「因」）故氣性，隨時變化，豈必有常類哉？……』（同上）。

這裡的兩段，都可以表示『瑞物起和氣而生』；而後一段之下文，則更表示和氣之所以生瑞物。所謂瑞物起和氣而生，本來是最能說明瑞物無種、適生的，我們下文還要說到。這裡只先申述其和氣之所以生瑞物。依王充，氣遭善可以成和氣，（原文見上引）。一成和氣，則便可以使衆物變化。可是，和氣雖然能使衆物變化，但亦不必都能使其成爲瑞物的。照所引後一段之下文說，王充從政平氣和而說鷹變鳩、鳩化鷹，蛇、鼠爲魚、鼈，蝦蟇爲鶉，雀爲蜃蛤等等，都不能說即是和氣所生的瑞物，而只能表示『物隨和氣而變』一意思。所以嚴格地講，王充所謂和氣生瑞物，則只能指黃石爲人、授書而復爲石，以及麞爲騏驎、鵠爲鳳皇等而說的。因爲騏驎、鳳皇是傳統上的瑞物，爲和氣所生；黃石變人授書張良，依王充，乃漢高當興之兆，故亦可以說是和氣所生之瑞物。

而和氣之所以能生瑞物，在王充，亦是有其理論根據的。其根據應該即在『氣感應』的觀念上。我們知道，王充說瑞應，大多是從瑞物說的。瑞物品類繁多，如鳳皇、騏驎、黃龍、嘉禾、朱草、醴泉、甘露、黃石，以至如下文所提到的白魚、赤烏、雲氣、光氣等等，都是瑞物。瑞物在王充，皆起和氣而生。而和氣又是由氣之遭善而生的。氣如果不遭善，則必只是氣。只是氣，則爲中性、無記，不能生瑞物。氣雖然不能生瑞物，但它畢竟是天地之氣、陰陽之氣，王充以爲它自身是會『感人、物』的（註一三）。而同時，在王充，人和物都是由氣生的，人和物自身亦必有氣。人、物之氣亦必能應天地、陰陽之氣之感而有所作爲（註一四）。這便是氣與人、物之感應。簡言之，亦即是『氣感應』。而氣感應，在王充，原是有『象類感應』和『一般感應』的（註一五）。但不論什麼感應，總可以謂之爲『氣感應』。氣是中性、無記的；而氣之感應，也應該是中性、無記的。氣之感應雖然是中性、無記，但在其感應過程似乎又是可以成善、成惡的。變動篇所謂『風至搖不軌之心，而盜賊之操發矣』，即是氣之感應可以成惡的一例。氣之感應既然可以成惡，則亦自然可以成善。而這種感應可以成善、成惡，亦正與氣自身之中性、無記可以爲和、爲變是同一理路的。在王充，氣遭善可以爲和氣。而氣既然能感物，則和氣自然亦能感物；物既然能應氣之感而有所作爲，則物自然亦能應和氣之感而有所作爲。和氣感物，物應和氣之感便可以成瑞物。這應該就是王充所謂『瑞物皆起和氣而生』或『和氣生瑞物』的確定意義。而這意義是必須扣緊『氣感應』一觀念加以理解的。

就氣感應而言瑞物之生，亦正表示了瑞物『無種、適生』之較切實的意義。爲什麼？因爲在王充，氣之所以能成和氣，只在於氣自身之遭善。遭是遭遇。如上所述，凡遭遇都不是一定或必然的，而只是適然或偶然的。因此，氣之能成爲和氣，亦決不能有其一定性或必然性，而必只有其適然性或偶然性。和氣之成既然只有其適然性或偶然性，則瑞物之生亦必只有其適然性或偶然性了。而這便是王充所謂瑞物『無種、適生』之較切實的意義，至少在理論上是如此的。有了這一意義，而上文由許多事例所說明的無種、適生，亦可以有其理論上之支持和保障。

並且，和氣之生瑞物既然只有其適然性或偶然性，則從瑞物以言瑞應，瑞應之出現，亦必只有其適然性或偶然性的。故由氣之成爲和氣的適然性或偶然性，乃是一直可以推到瑞應之出現，亦必只有其適然性或偶然性的。上節王充所謂『瑞應無類』，亦只是這一意思的直接說明。

可是，瑞應之適然性或偶然性，亦與災變一樣，是可以被其命定論所否定的。關於這一點，王充雖然不及說災變那樣有其成段的明文，但亦同樣可以推出來的。王充說：『昌衰、興廢，皆時也』。（治期篇）。又說：『人皆知家富饒、居安樂者，命祿厚；而不知國安、治化行者，歷數吉也。』（同上）。這裡所謂『時』，所謂『歷數』，都是指國命而說的；所謂『國安、治化行者，歷數吉也』，即表示時代之太平是命定的。時代之太平既然是命定的：則有太平，應該就有和氣；有和氣，亦必可以使物類變化而成瑞物，故王充云：『或時太平氣和，麞為騏驎，鵠為鳳皇……』（見上引）。這固然表示騏驎、鳳皇之無種，但亦可以表示太平之必有和氣，亦必能生瑞物的意思。在王充，太平是命定的，則和氣之生亦是命定的，即瑞物之生亦是命定的。而由瑞物以言瑞應，則瑞應之出現，當然亦是命定的。所以只要太平是命定的，則和氣之成、瑞物生以至瑞應之出現等一連串都必是命定的。瑞應之出現，其所以是命定的，即繫於太平、和氣之命定。換言之，倘若時代命運被註定要吉，則瑞應亦即跟着被註定要出現的。因而，瑞應之出現，自然有其一定性或必然性了。由此而言，王充之論瑞應，正可以說是一『命定論的瑞應論』。而命定論之瑞應論，其瑞應之出現乃是一定而必然的，這與上述所謂瑞應之出現只有適然性或偶然性，就不能不是矛盾的。而在這裡，我們亦應該以命定論為準的。以命定論為準而言王充之瑞應，其瑞應即與災變一樣，也是以命定論為底子的。

命定論的瑞應論，其瑞應之出現不僅是必然的，而且亦一定是有所應的。王充嘗說：『瑞以應善』。又嘗以『瑞物無種，適生』為『德應』。但不論應善或德應，其應決不是人君之德政，而是必只應時代命運之善，或即所謂應時代之太平的。雖然，王充以為瑞應之出現，不必就是應太平的，但當瑞物來應之時，依然是可以表示太平之象，至少是可以效驗太平的。所以王充在指瑞篇說：

『且鳳皇、騏驎何以為太平之象？鳳皇、騏驎，仁聖之禽也。仁聖之物至，天下將為仁聖之行矣』。

這就是說，瑞物來應，即可以表示太平之象。而這種太平之象又怎樣說呢？王充在該篇接着就說：

『尚書大傳曰：「高宗祭成湯之廟，有雉升鼎耳而鳴（當作「雊」）。高宗問祖乙（當作「已」），祖乙（「已」）曰：「遠方君子，殆有至者」。祖乙（「已」）見雉有似君子之行，今從外來，則曰遠方君子將有至者矣。夫鳳皇、騏驎猶雉也，其來之象，亦與雉同。孝武皇帝西巡狩，得白驎，一角而五趾；又有木，枝出復合於本。武帝議問群臣。謁者終軍，曰：「野禽并角，明同本也；衆枝內附，示無外也。如此瑞者，外國宜有降者。是若應，殆且有解編髮、削左衽、襲冠帶而蒙化焉。其後數月，越地有降者；匈奴名王亦將數千人來降。竟如終軍之言。終軍之言，得瑞應之實矣』。

在王充，這些即是瑞應之實。殷高宗之雉是否有驗，王充並未說到，不得而知；漢武帝之白雉和異木，王充已經說到，則是有驗的。越地和匈奴名王之來降，即是仁聖之物所象的仁聖之行。故此一瑞應之出現，不僅表示了太平之象，亦已開出時代太平之局了。該篇接着又說：

『推此以況白魚、赤烏，猶此類也。魚，木（當作「水」）精；白者，殷之色也。烏者，孝烏；赤者，周之應氣也。先得白魚，後得赤烏，殷之統絕，色移在周矣。據魚、烏以占武王，則知周之必得天下也』。

這裡，王充以武王得白魚、赤烏之瑞爲知周之必得天下，似乎不只是應時代之當吉，同時更可以看作應君主——武王——之當興。

事實上，瑞應之出現，在王充，不僅可以應太平之象，而且也是可以應王者之吉命的。尤其是這後者，所謂應王者之吉命，王充是說得很多，亦嘗將其說作『吉驗』或『氣驗』的。故吉驗篇云：

『高皇帝母，曰劉媼，嘗息大澤之陂，夢與神遇。是時，雷電晦冥，蛟龍在上。及生而有美（當有「質」字）。性好用酒，嘗從王媼，武負貰酒飲醉、止臥，媼、負見其身常有神怪；每留飲醉，售酒數倍。後行澤中，手斬大虵，一嫗當道而哭，云：「赤帝子殺吾子」。此驗既著聞矣。秦始皇帝常曰：「東南有天子氣」。於是東遊以厭當之。高祖之氣也。與呂后隱於芒碭山澤間，呂后與人求之，見其上有氣直起，往求，輒得其處。後與項羽約，先入秦關，王之。高祖先至，項羽怨恨。范增曰：「吾令人望其氣，氣皆為龍，成五采——此皆天子之氣也。急擊之」。高祖往謝項羽，羽與亞父謀殺高祖，使項莊拔劍起舞。項伯知之，因與項莊俱起，每劍加高祖之上，項伯即以身覆高祖之身，劍遂不得下殺。……會有張良、樊噲之救，卒得免脫，遂王天下。初妊身，有蛟龍之神；既生，酒舍見雲氣之怪；夜行斬虵，虵嫗悲哭；始皇、呂后望見光氣；項羽謀殺，項伯為蔽，謀遂不成，遭得良、噲：蓋富貴之驗，氣見而物應，人助輔援也』。

這是說高祖命當富貴，所以一生有那麼多的吉驗。而那些吉驗，即是『氣見而物應，人助輔援也』。吉驗篇又云：

『光武帝，建平元年十二月甲子，生於濟陽宮後殿第二內中。皇考為濟陽令。是夜無火，室內自明。皇考怪之，即召功吏（當作「史」）充蘭出問卜工。蘭與馬下卒蘇永俱之卜王長孫所。長孫卜謂永、蘭曰：「此吉事也，毋多言」。是歲，有禾生（屋），景天備火中（註一六），三本，一莖、九穗，長於禾一、二尺，蓋嘉禾也。元（當作「哀」）帝之初，有鳳凰下濟陽宮，故（訖）今濟陽宮有鳳凰廬。始與李父等俱起，到柴界中，遇賊兵，惶惑，走濟陽舊廬；比到，見光若火，正赤，在舊廬道南，光耀憧憧，上屬天，有傾不見。王莽時，謁者蘇伯阿能望氣，使過春陵，城郭鬱鬱、葱葱。及光武到河北，與伯阿見，問曰：「卿前過春陵，何用知其氣佳也」？伯阿對曰：「見其鬱鬱、葱葱耳」。蓋天命當興，聖主當出，前後氣驗，照察明著』。

這是說光武天命當興，亦與高祖一樣，而有前後許多『氣驗』。高祖、光武，在王充，都是禀天富貴之命，而當有天下的人，故在其一生之中就有種種吉驗或氣驗。而這所謂種種吉驗或氣驗，同時實在也就是一些瑞應。所以奇怪篇說：

『感於龍、夢與神遇，……堯、高祖之母，適欲懷姙，遭逢雷龍，載雲雨而行，人見其形，遂謂然。夢與神遇，得聖子之象也。……野出感龍及蛟龍居上，或堯、高祖受富貴之命，龍爲吉物，遭加其上。吉祥之瑞，受命之證也。光武皇帝產於濟陽宮，鳳凰集於地，嘉禾生於屋。聖人之生，奇鳥、吉物之爲瑞應。……』。

這裡所謂『感於龍』，是指堯母姙堯而說；『夢與神遇』及『蛟龍居上』，是指高祖母姙高祖而說的。堯母野出感龍而姙堯，高祖母於大澤之陂夢與神遇及蛟龍在上，依上引吉驗篇所說而言，自然也都是一種吉驗或氣驗；而光武之生，有鳳凰、嘉禾等出現，更不用說了。高祖、光武這些事例，在吉驗篇，王充謂之吉驗或氣驗；而在這裡，他又名之爲瑞應。因此，我們可以說，瑞應與吉驗或氣驗，在王充，根本是沒有什麼分別的。而吉驗或瑞應，其所應的對象，又即是稟天富貴之吉命的人。

而且，瑞應之出現，不論應太平之象或應王者之當興，其應並不是適然或偶然的，而是一定或必然的。但這在王充，又是好像有其相當糾葛的，他說：

『物生爲瑞，人生爲聖，同時俱然，時其長大，相逢遇矣。……。聖王遭見聖物，猶命吉之人逢吉祥之類也：其實相遇，非相爲出也。夫鳳、驎之來，與白魚、赤烏之至，無以異也。魚遭自躍，王舟逢之；火偶爲烏，王仰見之。非魚聞武王之德，而入其舟；烏知周家當起，集於王屋也。謂鳳、驎爲聖王來，是謂魚、烏爲武王至也。王者受富貴之命，故其動出見吉祥異物。見，則謂之瑞。……』。（指瑞篇）。

這一段所說，以聖王之遭見聖物，猶命吉之人逢吉祥，並非聖物與王者相爲出，而只是相逢遇。這正表示瑞物之應王者，只是適然或偶然的。不過，這似乎只能指王者之德說，而不能指王者之命說的。他說：『非魚聞武王之德，而入其舟；烏知周家當起，集於王屋也』。（按此二句後者意思稍異，前者係指德言，後者卻就命言）。就王者之德而說，如以白魚之應武王，並非應武王之德，故其對於武王自然可以是適然、偶然的。但若轉從王者之命而說，他所謂『王者受富貴之命，故其動出見吉祥異物』，此中之見，即很難說不是一定而必然的。因爲在王充，王者之命吉是被註定了的，故吉祥異物亦必註定要出現的。如此，則烏雖然不必知周家當起，但武王既然命定當興，則烏應該必然會出現的——即使沒有烏出現，其他瑞物必然是會出現的。王充又說：

『王者以天下爲家。家人將有吉、凶之事，而吉、凶之兆，豫見於人。知者占之，則知吉、凶將至——非吉、凶之物有知，故爲吉、凶之人來也。猶蓍、龜之有兆、數矣：龜兆、蓍數常有吉、凶，吉人卜筮與吉相遇，凶人與凶相逢；非蓍、龜神靈，知人吉、凶，出兆、見數以告之也。虛居卜筮，前無過客，猶得吉、凶。然則天地之間常有吉、凶。吉、凶之物來至，自當與吉、凶之人相逢遇矣』。(同上)。

按此段吉、凶並言，若以上引所謂『聖王遭見聖物，猶命吉之人逢吉祥之類』而說，則當該是用來比擬瑞應及災變的。而其意思，除了兼及凶的一方面外，亦與上引那段相類似。他以爲吉、凶之至，非吉、凶之物有知，而故爲吉、凶之人來。這本可以表示：吉、凶之物並非有意爲吉、凶之人來。並非有意爲吉、凶之人來，故其來只是適然或偶然的。但他又說：『吉、凶之物來至，自當與吉、凶之人相逢遇』。『自』即『自然』。其全句是說，吉、凶之物乃是隨吉、凶之人之『命定』而自然來的。而這『自然』當然不是『天道自然、無爲』之『自然』。這就是說：『吉、凶之物自然當與吉、凶之人相逢遇』。依此而言，這裡所謂自然，實際即是『必然』的意思。而這必然不繫於吉、凶之物，而繫於、吉之人之命定。只要吉、凶之人之命這裡一定，則吉、凶之物來至亦必同樣地一定了。因而，王充以『吉、凶之物來至，自當與吉、凶之人相逢遇』是很不妥當的。因爲『自然』與『相逢遇』是可以相矛盾的。因爲這裡所謂『自然』，實際上即等於說『必然』；而『相逢遇』，則必只是適然或偶然的。他應該改說爲：『吉、凶之人受吉、凶之命，自當見吉、凶之物』。這便與前段『王者受富貴之命，故其動出見吉祥異物』相同了。如此，則不僅可以表示瑞應之出現必有其一定性和必然性，同樣可以表示災變之出現亦必有其一定性和必然性了。

第三節　兩種災變和瑞應論之比較

王充之論災變和瑞應，本來是在駁斥漢儒之說中顯示的。所以敘述過王充之災變和瑞應以後，我們還須提出幾點與漢儒之說作一約略底比較。

第一，王充之災變和瑞應都是以其『命定論』爲底子的。時代命運和君主命運都是被註定了的，註定善或惡，（吉或凶），災變或瑞應亦必是註定要出現的。故在王充，災變和瑞應之出現，必有其一定性或必然性。而漢儒之災異和瑞應乃是以『天、人感應』一觀念爲根據的。其天與人的關係是密切而『相與』的：人君德衰、政失，必可以感天，而天必爲災異以譴告之，促其反省而至修德、改政，否則災及其身，甚至使其敗亡；同樣，人君德豐、政得，亦必可以感天，而天亦必爲瑞物以應之，表示對於人君之德應。故在漢儒，災異和瑞應之出現，亦必有其一定性或必然性的。這在表面上是與王充相同的，但在實際上，却是完全不同的。因爲在漢儒，天之所以必以災異或瑞應應人君，根本只在人君之德、政之善或惡；而在王充，災變或瑞應之出現，並非天之應人君，根本只在於時代命運及人君命運之善或惡，與人君之德、政是完全無關的。故王充命定論之災變和瑞應論，與漢儒天、人感應論之災異和瑞應論，只是表面上有其類似，在實際上是完全不同的。並且，於此亦可以說，王充即是以『命定論的災變和瑞應論』代替『天、人感應論的災異和瑞應論』。關於這一點，決非近人所謂『以適、偶代替感應』的意思。

第二，王充之所以拈出這種命定論的災變和瑞應論，主要即在駁斥漢儒災異和瑞應之應人君德、政的善或惡，而歸於只應時代和人君之命運的善或惡。這等於以『命定論』代替了『道德理想論』。這是有其很大的病痛的。因為漢儒由『天、人感應』以言災異和瑞應，根本上總是不離人君之積德、累善的。所以就其作用來說，畢竟是其好處的。這好處至少可以促進人君之反省而歸於修德、改政。而王充由命定論以言災變和瑞應，災變和瑞應之出現，只歸於時代和人君命運之善或惡，即等於完全取消了人君積善、累德的觀念。故當災變之出現，人君即可以一切聽之於命定，只須高枕安臥，而無所事事的；當瑞應之出現，人君即可以在德、政上一無任何用心，更可以因之而誇大其命運之善。而這對於古代專制政體之人君而言，能說不是一種大病痛嗎？

第三，從客觀的學術立場看，王充命定論之災變和瑞應論與漢儒天、人感應論之災異和瑞應論不必就是互相否定的。因為『命定論的災變和瑞應論』，在理論上固然可以成立，（凡理論不必就能接觸眞實的，只要其理論本身不相自矛盾即可以成立），但『天、人感應論的災異和瑞應論』，在理論上也是可以說通的。所以在客觀的立場看，王充並不能依命定論的災變和瑞應論去取消天、人感應論的災異和瑞應論；只是就王充方面言，可以由前者代替後者，而將前者加以排除而已。

第四，從客觀的立場看，命定論的災變和瑞瑞應論，亦不必就比天、人感應論的災異和瑞應論為高明，要說缺點都是有缺點的。漢儒之缺點，即在太滯於現象：當某地發生了什麼怪異，便以為天應人君之有德；當某地一有災變，便以為天罰人君之有罪。這樣講多了，而在道德意識上提不住，就不免於烏烟瘴氣。而王充的缺點，則在對於命一觀會體會得不够恰當，不自覺地成為一種徹底的命定論，並推衍而為一種徹底命定論的國命論，以至與人君之為善、為惡完全無關。這自然也是一大病痛！

總之，從理論上說，這兩種災變和瑞應論，應該是可以並行不悖的。王充必以為他那一種說法為『實事』，（王充嘗以論衡為『實事、疾妄』），便可以破除或否定漢儒那一種說法，以至說什麼『為漢應變』、『為漢激發』，不僅不免於誇張，甚且不免於有着意宣漢之嫌！

註 一 章炳麟檢論卷三學變一文，對於王充本頗讚賞，但又批評云：『……然善為蠭芒摧陷，而無樞要足以持守。惟內心之不光頹，故言辯而無繼』。又黃侃漢唐學論亦謂王充『善破敵而無自立之能』。（引自劉盼遂論衡集解附錄）。

註 二 按漢儒言災異，其中『災』和『異』頗有不同。洪範五行傳云：『凡有所害謂之災，無所害而異於常謂之異。故災為已至，異為方來』。董仲舒云：『國家將有失道之敗，天迺先出災害以譴告之；不知自省，又出怪異以警懼之；尚不知變，傷敗迺至』。（見前第一章、第二節引）。又白虎通災變篇云：『天所以有災變何？所以譴告人君，覺悟其行，欲令悔過、修德、深慮也。災變者，何謂也？春秋潛潭巴曰：「災之言傷也，隨事而誅；異之言怪也，先發感動之也」』。論衡譴告篇亦引儒者之說又言：『人君失政，天為異；不改，災其人民；不改，乃災其身也。先異、後災，先教、後誅之義也』。由以上可知災與異之不同。而在王充，則並不說災異，而只說災變或災害。故本章亦以『災變』為題。

註 三　按漢儒說災異，其內容頗繁，如水、旱、蟲災等固然用不着說，即如虎、狼食人亦謂之災。王充却只承認水、旱等大災變，餘則並不承認。此可閱論衡遭虎、適蟲等篇，即可明白。

註 四　胡適云：『王充的自然論，一方面要打破一個「故」字，一方面要提出一個「偶」字。故他再三說，「人偶自生」、「物偶自生」……』（見王充的論衡）。按『故』字即論衡物勢篇王充所反對的『天、地故生人』之『故』。此故字即表示天、地之生人是有意志的、必然的，亦必涵於『天、人感應』的觀念中。而王充却主張『天、地不故生人』，人只是偶自生。故可以說是以『偶』代『故』，（胡氏所謂『打破』，未確），亦即以『偶』（或『適』）代『感應』的意思。又黃暉亦說：『仲任說災變、符瑞，以適、偶代替感應』（見論衡校釋自序）。而這『適、偶』說是王充駁斥漢儒『天、人感應』一觀念之重要的、正面論點之一。

註 五　按王充不僅有『政治之災』一詞，而且亦有其一套處理辦法的。他說：『政治之災，須耐求之。求之雖不能得，而惠愍、惻隱之恩，不得已之意也。……』又說：『夫政治（按指政治之災），則外雩而內改，以復其虧』。（均見明雩篇）。按此均可以表示處理政治之災的辦法，蓋從惠愍、惻隱之不得已處言，人君應有『外雩、內改』的舉措。而明雩篇下文，亦儘趁其馳走之筆，極言旱災之當雩。（明雩篇下文，列舉五點說明旱災之當雩）。凡此大抵都是應付大漢之政治風氣的。其實，王充心目中並無政治之災。故其內心實在是很不單純的。

註 六　論衡須頌篇云：『治有期、亂有時。能以亂為治者優。優者有之：建初孟年，無妄氣至，聖世之期也，皇帝敦德，救備其災。故順鼓、明雩爲漢應變』。按建初孟年之旱災，即指漢章帝建初二年之旱災。王充對於這一旱災，因爲皇帝敦德，乃是以亂爲治之優者，所以他不僅作順鼓、明雩爲章帝應變，也曾奏記郡守提出一套處理辦法的。故對作篇載：『建初孟年，中州頗歉，潁川、汝南民流四散，聖主憂懷，詔書數至。論衡之人，奏記郡守，宜禁奢侈，以備困乏。言不納用，退題記草，名曰備乏。酒縻五穀，生起盜賊，沉緬飲酒，盜賊不絕。奏記郡守，禁民飲酒。退題記草，名曰禁酒』。由這些文字，可知王充爲漢應變之用心，與其宣漢自然是有關係的。

註　七　按此句原文作：『世之論者，猶謂堯、湯水旱者時也』。黃暉論衡校釋云：『水、旱二字不當重出』。

註　八　見明雩篇，全文已引上文第二章、第三節。

註　九　見感虛篇及感類篇。

註一〇　命義篇云：『而歷陽之都，男女俱沒；長平之阬（同「坑」），老少並陷。萬數之衆，必有長命未當死之人，遭時衰微，兵革並起，不得壽終。……宋、衞、陳、鄭同日被災，四國之民必有祿盛未當衰之人，然而俱災，國禍臨之也。故國命勝人命，壽命勝祿命』。按此雖然只說人民，但是也應該可以通用於一切君主的。通用於一切君主而說，亦即『國命』必勝於『王命』的意思。

註一一　黃暉論衡校釋註上引瑞物云：『尚書中候曰：「堯即位七十載，朱草生郊」。……斗威儀：「人君乘土而王，其政太平，而遠方獻其朱草」。白虎通封禪篇：「朱草者，赤草也，可以染絳，別尊卑也」。……孝經援神契：「德至八方，則祥風至」。禮稽命徵：「出號令，合民心，則祥風至」。（類聚一）。禮斗威儀曰：「

君乘火而王，其政頌平，則祥風至」。……禮運疏引援神契：「德及於地，則嘉禾生」。詩含神霧：「堯時嘉禾七莖，三十五穟」。（路史後記十注）。白虎通封禪篇：「嘉禾者，大禾也。成王時有三苗異畝而生，同一穟，大幾盈車，長幾充箱」。帝王世紀曰：「堯時景星曜於天，甘露降於地，朱草生於郊，鳳凰止於庭，嘉禾孳於畝，醴泉湧於山」。』又：『禮運曰：「山出器車」，孔疏，禮斗威儀云：「其政太平，山車垂鉤」……』。又：『援神契曰：「德至山陵，則澤出神馬」。（文選曲水詩序注）』。又：『西京雜記，董仲舒曰：「太平之時，風不搖條，開甲破萌而已；雨不破塊，津莖潤葉而已」。徐整長曆（御覽三七）曰：「黃帝時，風不鳴條，雨不破塊」。……京房易傳曰：「太平之時，十日一雨，凡歲三十六雨。此休徵時若之應」。（初學記）』。又：『孝經援神契曰：「德至泉水，則黃龍見者，君之象也」。……』。又：『書抄、類聚引「脯」作「莆」。……說文草部：「蓮莆，瑞草也。堯時生爲庖廚，扇暑而涼」。白虎通封禪篇曰：「孝道至，則蓮莆生庖廚，……其葉大於門扇，不搖自扇，於飲食清涼，助供養也」。……』。又：『援神契曰：「德及於地，蓂莢起」。（禮運疏）。白虎通封禪篇：「日曆得其分度，則蓂莢生於階間。蓂莢，樹名也，月一日一莢生，十五日畢，至十六日一莢去，故夾階而生，以明日月也」。……尚書帝命驗曰：「舜受命，蓂莢孳」。（文選曲水詩序注）。……』。又：『田俅子曰：「黃帝時，有草生於帝庭階，若佞人入朝，則草指之，名曰屈軼。是以佞人不敢進」。（文選曲水詩序注）』。故此所說的瑞應，大抵上都是緯說。

註一二　此處原文作『白雉，生短而白色耳』，從黃暉論衡校釋於『生』上補『雉』字。

註一三　變動篇云：『夫天能動物，物焉能動天？何則？人、物繫於天，天爲人、物主也。故曰：「王良策馬，車騎盈野。」非車騎盈野，乃王良策馬也。天氣變於上，人、物應於下矣。故天且雨，商羊起舞，（當有「

非」字）使天雨也。商羊者，知雨之物也。天且雨，屈其一足起舞矣。故天且雨，螻蟻徙、蚯蚓出、琴瑟緩、固疾發：此物為天所動之驗也。故天且風，巢居之蟲動；且雨，穴處之物擾：風、雨之氣感蟲物也』。按此即可表示：『天氣感人、物，人、物應天氣』的意思。而天氣亦即是氣。氣既能動（感）人、物，人、物亦能應氣之感，故可以謂之為『氣感應』。

註一四　變動篇：『六情風家，言風至，為盜賊者感應之而起。（按漢書翼奉傳：奉主王者知下之術，在於『六情十二律』。他以北方之情為『好』，申、子主之；東方之情為『怒』，亥、卯主之；南方之情為『惡』，寅、午主之；西方之情為『喜』，巳、酉主之；上方之情為『樂』，辰未主之；下方之情為『哀』，戌、丑主之。此當該是『六情』之說之由來。黃暉論衡校釋引吳曰：『五行大義云：「翼奉以風通六情」。此言「六情風家」，蓋即齊詩學也。翼奉上封事曰：「東方之情，怒也。怒行陰賊，亥、卯主之。貪狼必待陰賊而後動，陰賊必待貪狼而後行」』）。非盜賊之人精氣感天，使風至也；風至怪（當作「搖」）不軌之心，而盜賊之操發矣。何以驗之？盜賊之人見物而取，睹敵而殺，皆在徙倚漏刻之間，未必宿日有其思也。而天風已以貪狼陰賊之日至矣』。按此即可以表示：風氣感盜賊之人，而生盜賊之操。風氣感盜賊之人，既可以使其發盜賊之操，由此推之，則亦是可以感其他的人，而使之產生其他的種種作為的。

註一五　按『氣感應』的觀念，在王充，約可分為兩種：其一、是『象類感應』；其另一，則可以說是『一般感應』。所謂『象類感應』，即是指同類或五行相屬之物，其氣可以相感應而相招致的意思。這種感應，大抵見於淮南子覽冥訓、天文訓等篇，亦見於董仲舒春秋繁露同類相動篇，故為漢代流行的觀念。而在論衡中，亦頗不少，如偶會、龍虛、寒溫、亂龍等篇均有涉及。在龍虛篇，王充駁斥世俗『天取龍』為虛妄，嘗說：『實者，雷（當作「雲」）、龍同類，感氣相致。故易曰：「雲從龍，風從虎」。又言（當作「傳書言」）：「虎嘯谷風至，龍升景雲起」。（按此見淮南子天文訓）。龍與雲相招，虎與風相致。故董仲舒雩祭之法，設土龍以爲感也。夫盛夏太陽用事，雲、雨干之。太陽，火也；雲、雨，水也。（水）、火激薄，則鳴，而爲雷。龍聞雷聲則起，起而雲至，雲至而龍乘之。雲、雨感龍，龍亦起雲而升天」。這所謂『雲、龍同類，感氣相致』以及『雲、雨感龍，龍亦起雲』等，均可以表示象類之物之氣相感應。而其所謂『董仲舒雩祭之法，設土龍以爲感』，則嘗以亂龍篇全文加以申說，亦只表示象類感應而已。亂龍篇云：『董仲舒中春秋之雩，設土龍以招雨，其意以雲、龍相致。易曰：「雲從龍，風從虎」。以類求之，故設土龍。陰、陽從類，雲雨自至。』這是依董氏而稍變易其原意而說的。（按董氏不只從陰陽從類而說，更從『天、人感應』而說的，閱春秋繁露求雨篇祝辭可知）。土龍和雲、雨，雖然可以從『陰、陽從類』而說『雲、雨自至』，但不必眞的能至。這是王充知道的。所以亂龍篇嘗設或問，以爲非眞龍不能致雨，王充答云：『夫以非眞難，是也；不以象類說，非也。夫東風至，酒湛溢；鯨魚死，彗星出。天道自然，非人事也。事與彼雲、龍相從，同一實也』。他以『非眞難』爲『是』，即指土龍非眞，不必眞能致雨；而以『不以象類說』爲『非』，即指土龍與雲、雨爲象類，是依然可以相感應的。土龍和雲、雨可以相感應，乃是理論上的事，亦可以有理論上的眞。（只要其理論本身前後不相矛盾，即有其眞，而可以成立）。但土龍不必眞能致雲、雨，乃是事實上的眞。理論上的眞不必即涵事實上的眞。這應該是王充爲『董仲舒土龍致雨』中說之大關鍵。（胡適不了解此關鍵，故必爲亂龍篇爲僞作。其實，並不如此，可閱容肇祖論衡中無僞篇考，見黃暉論衡校釋附編）。而此關鍵即在王充能肯定『象類感應』一理論爲眞。故不僅所引東風與酒、鯨魚與彗星（此見淮南子覽冥訓，亦略見春秋繁露同類相動篇）如此，即亂龍篇以下所列擧的十五個效驗，證明土龍可以致雨，亦只是如此的。至於『一般感應』，其範圍更廣，似乎凡只須屬於氣的都可以相感應。變動篇說：『夫風至而樹枝動。樹枝不能致風。是故夏末蜻蛚鳴、寒螀啼，感陰氣也；雷動而雉驚，發蟄而蛇出，起（陽）氣也。夜及半而鶴唳，晨將旦而鷄鳴，此雖非變，天氣動物，物應天氣之驗也』。此外，如上引（註一三）所謂天且雨，商羊舞、螻蟻徙、蚯蚓出、琴瑟緩、固疾發等等，以及上引（註一四）所謂『風至搖不軌之心，而盜賊之操發』等，均可以用以表示『一般感應』的。故王充反對『天、人感應』，而盛言『氣感應』。其言氣感應，必有『象類感應』和『一般感應』等兩種。

註一六　按此句當該有誤。黃暉論衡校釋謂：『生』字下當補『屋』字，『備火』二字爲係旁注誤入正文，當衍；『景天』爲草名。故依黃氏，此句應作『是歲有禾生屋景天中』。唯此亦不能成句，未知其究竟如何。

第四章 宣漢——漢德之所以高於百代

第一節 宣漢之種種

論衡齊世篇論齊世，其正面意思即在彰顯古、今之人的齊同或齊一，而其理論根據乃是在於古、今之『氣』和『性』之不異。王充以爲上世之天與下世之天無異，故上世之氣與下世之氣亦無異；而人是稟氣以爲性的，氣既然上世、下世不異，故性亦必不異。這便是古、今之氣和性的不異，亦正是其齊世思想之理論根據。循此根據而言，則王充決不能如近人所謂什麼進化論，亦不能表示有什麼進化觀念的。王充不過依此根據，而駁斥當時流行的『今人不如古人』或『今不如古』之說：如所謂『上世之人侗長、佼好、堅强、老壽，下世之人短小、陋醜、夭折、早死』；所謂『上世之人質朴易化，下世之人文薄難治』；所謂『上世之人重義、輕身』，『今世趨利、苟生，棄義、妄得』；所謂上世『聖人德優而功治有奇』，下世『德劣不及、功薄不若』。（均見齊世篇）。這些都是今不如古之說，王充認爲都是虛妄的，所以特地造作齊世篇加以駁斥，而表示其『古、今齊同』這一方面的思想。關於這一方面的思想，我們上文（第一章、第四節）已經舉過一例，這裡似乎沒有再予敘述的必要。

然而，王充根據古、今氣和性之不異而言齊世，並不只是爲了駁斥當時所謂『今不如古』之說，實在還是有其另外的目的的。這另外的目的即是宣漢。宣漢即是宣揚漢德。在上文（第一章、第一節），我們已經引過，王充以爲司馬子長之紀黃帝至孝武、揚子雲之錄宣帝至哀、平，陳平仲之紀孝武，班孟堅之頌孝明，都是歌頌漢德的；接着以爲『章帝即命未有褒頌』，於是就說：『論衡之人爲此畢精，故有齊世、宣漢、恢國、驗符』之篇。（見須頌篇）。這就表示王充是要踵承揚、班等之後而爲漢畢精的。故王充爲漢畢精乃是不能不涉及齊世的觀念的。這便可以使我們明白：王充由古、今氣和性之不異而言齊世，其另外的目的即在宣揚漢德，特別是在宣揚其當身君主——漢章帝——之功德。

由於齊世的另外目的即在宣揚漢德，所以齊世篇倘若只辨古、今齊同，則在王充，自然是不够的。因此，雖然在該篇論題上，他是大可不必涉及什麼漢德如何、如何的，但也不能不予以宣揚一番了。故齊世篇末段云：

『……秦、漢，善、惡相反，猶堯、舜，桀、紂相違也。亡秦與漢皆在後世。亡秦（按此處似有「之」字）惡甚於桀、紂，則亦知大漢之德不劣於唐、虞也。唐之萬國，固增而非實者（註一）也；有虞之鳳皇，宣帝已五致之矣。孝明符瑞並至。夫德優，故有瑞；瑞鈞，則功不相下。宣帝、孝明如劣，不及堯、舜，何以能致堯、舜之瑞？光武皇帝龍興、鳳擧，取天下若拾遺，何以不及殷湯、周武？世稱周之成、康，不虧文王之隆；舜巍巍，不虧堯之盛功也。方今聖朝，承光武、襲孝明，有漫酆、溢美之化，無細小毫髮之虧，上何以不逮舜、禹？下何以不若成、康？世見五帝、三王事在經、傳之上，而漢之記故尚在文書，則謂古聖優而功大，後世劣而化薄矣』。

王充此段宣漢，大抵還只是一個序幕。他從亡秦之惡甚於桀、紂，原就可以說大漢之德過於唐、虞的；唐之萬國既然虛妄，而有虞之鳳皇又早爲孝宣、孝明之符瑞所超過，則孝宣、孝明之德就應該超過堯、舜的；光武龍興、鳳擧，不僅可以及湯、武，也應該是超過湯、武的；至於孝章聖朝，他承襲光武、孝明，有漫酆、溢美之化而無細小毫髮之虧，則已臻於完人而極太平之境地了，不僅可以與舜、禹、成、康並比，亦且可以超過百代而無餘了。而這些意思，在後文王充亦常常會說到，只是在這裡，他確實還是有所保留的，故亦只用『何以不及』、『何以不若』等詞句。

這種保留，當然是有原因的。其原因，我想只有一個：碍於齊世的理論根據——『古、今氣和性之不異』。這只是說，古、今之氣和性既然不異，則古、今之聖王之德自然不能相超、相過，而最多也只能歸於齊同或齊一而已。或就因爲碍於這一理論根據，所以王充亦只能說大漢之德不劣於唐、虞，而不能說大漢之德高於百代——雖然，在實際上，王充所說是已經可以高於百代了的！

大漢之德倘若不能高於百代，則在王充，的確是不能停止的。不過，要使大漢之德高於百代，必須撇開『齊世』之論點，而且最好先看其如何證明必高於周家。王充說：

『三代隘辟，厥深洿沮也；殷監不遠，在夏后之世。且舍（「捨」）唐、虞、夏、殷，近與周家斷量功、德，實商優、劣：周不如漢。何以驗之？

『周之受命者，文、武也；漢，則高祖、光武也。文、武受命之降怪，不及高祖、光武初起之祐。孝宣、明之瑞，美於周之成、康、宣王。孝宣、孝明符瑞，唐、虞以來，可謂盛矣。今上即命，奉成、持滿，四海混一，天下定寧，物瑞已極，人應訂隆。唐世黎民雍熙，今亦天下脩仁——歲遭運氣，穀頗不登，迥路無絕道之憂、深幽無屯聚之姦。周家越常獻白雉，方今匈奴、善鄯、哀牢貢獻牛、馬。周時僅治五千里內，漢氏郭土，收（當作「牧」）荒服之外。牛、馬珍於白雉，近屬不若遠物。戎狄今爲中國；古之躶人，今被朝服；古之露首，今冠章甫；古之跣跗，今履商（當作「高」）舃。以盤石爲沃田，以桀暴爲良民，夷埳坷爲平均，化不賓爲齊民。非太平而何』？（宣漢篇）。

此段以漢高於周，就不是循『齊世』之論點而說，而是就另外的效驗來說的。但此段文字並不整飭，我們最好看他自己的總結。他總結此段所說云：

『夫實德化，則周不能過漢；論符瑞，則漢盛於周；度土境，則周狹於漢。漢何以不如周？獨謂周多聖人，治政太平？儒者稱聖泰隆，使聖卓而無跡；稱治亦泰盛，使太平絕而無續也』。（同上）。

就德化言，漢雖然不高於周，但就符瑞、土境等兩項看，則已够證明漢必高於周的。如此，則就不必再問『漢何以不如周』，而應該只問『漢何以不高於周』的！

並且，漢如果只高於周，畢竟說不上什麼希罕——至少是說不上很希罕的；必須如何使漢高於百代，才說得上漢德之極至。因此，他造作過宣漢篇以後，還要造作『恢而極之』的恢國篇，方能達到他的目的。所以王充在恢國篇開頭就說：

『顏淵喟然歎曰：「仰之彌高、鑽之彌堅」。此顏淵學於孔子，積累歲月，見道彌深也。宣漢之篇，高漢於周。擬漢過周，論者未極也。恢而極之，彌見漢奇。夫經熟講者，要妙乃見；國極論者，恢奇彌出。恢論漢國，在百代之上審矣。……』。

這是恢國篇的一段冒頭，下文全篇大抵舉出十三種效驗，證明漢必高於百代。其文頗爲冗長、煩瑣，我們只能扼要逐一敍之於下。

1.黃帝、堯、舜、夏啓、殷高宗、周武王等皆有戰亂，而漢代並不如此。雖然高祖、孝景之時亦有戰亂，但均有另外原因——如高祖時，陳豨、彭越之亂，即由『治始安』之故；孝景時，吳、楚興兵只在『怨鼂錯』之故。而最難馴服的匈奴；如今亦已內附朝貢。故漢威極盛，高於百代。

2.武王伐紂，易如摧木；高祖誅項羽，難如折鐵。且如湯、武伐桀、紂，只去一敵，自然較容易；而高祖誅秦、滅楚，則去二敵，自然亦更難。故高祖之力倍於湯、武。

3.武王臣紂，以臣伐君，夷、齊扣馬而諫；高祖不臣秦、光武不仕莽，誅伐無道，無伯夷之譏。故高、光之得天下，必順於周武。

4.堯、舜、禹、湯、文、武之興，均有憑藉而較容易；高祖起亭長、光武由白水，均無憑藉而難爲。故漢之得天下，必優於五代。

5.武王伐討，靠太公之陰謀；光武伐亡新，天以雷雨助漢。故周得天下是譎取，而漢乃爲天助。

6.武王斬紂尸，太忍心；高祖不戮二世尸、不殺子嬰，光武不刃王莽尸。故漢寬而周狹。

7.堯、禹、契、湯、后稷、文王、武王之瑞應，不及高祖、光武之盛。故百代皆不及漢國太平之瑞。

8.黃帝、堯、舜得瑞甚少，（鳳皇一至）；漢世文帝、武帝、宣帝、平帝、孝明，尤其章帝得瑞極多、極多。故漢德豐茂，必高於自古之帝王。

9.五代（按指五帝）均受一命，天命不厚；漢有高祖、光武一再受命，天命特厚於漢，（按即指漢世所稟之命特厚）。故漢必高於五代。

10.周代外夷雖然賓服，但入貢者少；而且，周世戎狄之禍特多。漢時，則重譯來朝，甚至連西王母國亦內屬。又唐、虞、夏禹之時，不能化吳越；漢章之時，則不僅吳、越蒙化，即日南、樂浪等亦戴皮弁而吟詩、書了。故漢德大而壤土廣。

11.周誅管、蔡，漢有同、異姓諸侯王之過，故漢惠滂沛，遠過於周，亦過於唐、虞。

12.漢章帝之時，雖然有地震之災，但能廣徵賢良，訪求過闕（註二），足見孝章德優，非殷高宗見桑穀而恐駭（註三），及周成王聞雷、開匱而驚懼之所能及者。

13.建初孟年有無妄之災（亦見上章引），但因爲孝章皇帝敦德，轉穀賑贍，故能危而不亂。而此亦非五帝、三王之所能堪任者。

以上恢國篇所列的十三種效驗，乃是王充從各方面證明漢之所以高於百代者。當中所說雖然甚爲駁雜，但王充原意卻是統於『德』一概念而說的。故須頌篇有云：

『……恢國之篇，極論漢德，非常（當作「徒」）實然，乃在百代之上』。

由此可知，王充乃是以這十三種效驗證明漢德之所以高於百代，而且也都是他所以能為大漢歌功、頌德之重要的地方。

可是，王充雖然以十三這種效驗極論漢德高於百代，但就其自己說，似乎還是不够的。因此，他又拈出驗符一篇，那是純粹地從瑞應（符瑞）方面極論漢德的。驗符篇說：

『永平（按係漢明帝年號）十一年，廬江皖侯國民（「民」字衍文）際有湖，皖民小男曰陳爵、陳挺……相與釣於湖涯……見湖涯有酒罇，色正黃……爵以為銅也，涉水取之，滑重不能舉。……挺往助之，涉水未持，罇頓衍，更為盟盤，動行入深淵中，復不見。挺、爵留顧，見如錢等，正黃，數百千枝（當作「枚」），即共掇摝，各得滿手。走歸，示其家。爵父國，故免吏，字君賢，驚曰：「安所得此」？爵言其狀。君賢曰：「此黃金也」。即馳與爵俱往。……賢自涉水掇取。爵、挺鄰伍並聞，俱競採之，合得十餘斤。賢自言於相，相言太守，太守遣吏收取，遣門下掾程躬奉獻，具言得金狀，……。

『漢瑞非一，金出奇怪，故獨紀之。金、玉神寶，故出詭異。金物色（此下應有「黃」字），先為酒罇，後為盟盤，動行入淵，豈不怪哉？

『夏之方盛，遠方圖物，貢金九牧。禹謂之瑞，鑄以為鼎。周之九鼎，遠方之金也。人來貢之，自出於淵者，其實一也。皆起盛德，爲聖王瑞。金、玉之世，故有金、玉之應。文帝之時，玉棓（「杯」）見。金之與玉，瑞之最也。金聲、玉色，人之奇也。永昌郡中，亦有金焉，纖靡大如黍粟，在水涯沙中，民採得，日重五銖之金，一色正黃。土生金，土色黃。漢土德也，故金化出。金有三品，黃比見者，黃爲瑞也。圯橋老父遺張良書，化爲黃石。黃石之精，出爲符也。夫金、石之類也，質異、色鈞，皆土瑞也』。

這數段所說，由廬江之湖出金，而言金、玉之瑞爲漢代『土德』之應，尤爲瑞應之最奇者。這正表示漢代爲『金、玉之世，故有金、玉之應』。由此而再合前文所論——有關瑞應的——而言，漢代瑞應之奇及多，都是百代所不能企及的。所以只須從這一方面說，王充本來就可以確定漢德必在百代之上了。

但這還是指整個漢代而說的，如果略予分別，則王充之目的，實在更在彰顯章帝的。所以驗符篇除泛說漢瑞外，對於孝章之瑞應，自然是要特別有所陳說的。驗符篇云：

『建初三年，零陵泉陵女子傅寧宅，土中忽生芝草五本，長者四尺五寸，短者七、八寸，莖、葉紫色，蓋紫芝也。太守沈酆遣門下掾衍盛奉獻，皇帝悅懌，賜錢、衣、食。詔會公卿，郡國上計，吏民皆在，以芝告示天下。天下並聞，吏民歡喜，咸知漢德豐雍，瑞應出也。

『四年，甘露下泉陵、零陵、洮陽、始安、冷道五縣，榆、柏、梅、李葉皆洽薄（當作「溥」），威委流漉，民噉吮之，甘如飴蜜。

『五年，芝草復生泉陵男子周服宅上，六本，色狀如三年芝。幷前凡十一本。『湘水去泉陵城七里。水上聚石，曰燕室丘。臨水有俠山，其下巖淦（當作「唫」）。水深不測。二黃龍見，長出十六丈，身大於馬。擧頭顧望，狀如圖中畫龍。燕室丘民皆觀見之。去龍數十步，又見狀如駒馬，大小凡六，出水遨戲陵上，蓋二龍子也。幷二龍爲八。出移一時乃入』。

以上所錄四段，都是漢章帝時代之瑞應：芝草十一本，甘露下五縣，黃龍大小凡八頭。

這些瑞應雖然都在零陵出現，但亦與帝宅無異。故驗符篇接着又說：

『宣帝時鳳皇下彭城。彭城以聞。宣帝召侍中宋翁一，翁一曰：「鳳皇當下京師，集於天子之郊；乃遠下彭城，不可收。與無下等」。宣帝曰：「方今天下合爲一家，下彭城與京師等耳，何令可與無下等乎」？令左右通經者論難翁一。翁一窮，免冠、叩頭謝。宣帝之時，與今無異。鳳皇之集、黃龍之出，鈞也：彭城、零陵，遠近同也。帝宅長遠，四表爲界，零陵在內猶爲近矣。魯人公孫臣，孝文時言漢土德，其符黃龍當見。其後黃龍見於成紀。成紀之遠，猶零陵也。孝武、孝宣時黃龍皆出。黃龍比出，於茲爲四，漢竟土德也。……』

故瑞應之出現於零陵與出現於帝京一樣。

而且，此類瑞應亦正表示漢世之竟土德。於是，王充也就有瑞應之所以『應土德』的一套特別解釋了。故驗符篇又說：

『芝生於土。土氣和，故芝生（當有「於」字）土。土爰稼穡，稼穡作甘，故甘露集。（黃）龍見，往世不雙。唯夏盛時，二龍在庭。今龍雙出，應夏之數，治諧偶也。龍出往世，其子希出。今小龍六頭，並出遨戲，象乾、坤六子，嗣後多也。唐、虞之時，百獸率舞，今亦八龍遨戲良久。芝草延年，仙者所食。往世生出，不過一、二。今幷前後凡十一本，多獲壽考之徵，生育松、喬之糧也。甘露之降，往世一所。今流五縣，應土之數，德布濩也』。

芝草之生，由於土氣之和，故必應土德；甘露之集，亦由於土爰稼穡，故亦必應土德；至於黃龍，其色本黃，自然亦應土德。更由於這三種瑞物之出現，超邁於往世，故亦更可見漢代土德之必超邁於往世了。

而同時，漢代土德之超邁於往世，並非見之於高祖、光武之時，而正見之於王充當身的君主——孝章皇帝——之一身。此必尤見其特殊意義了。故驗符篇最後又說：

『皇瑞比見，其出不空，必有象爲，隨德而應。孔子曰：「知者樂，仁者壽」。皇帝（按指章帝）聖人（當作「仁」），故芝草壽徵生。黃爲土色，位在中央，故軒轅德優，以黃爲號。皇帝寬惠，德侔黃帝，故龍色黃，示德不異。東方曰仁。龍，東方之獸也。皇帝聖人（「仁」），故仁瑞見。仁（當作「甘」）者，養育之味也。皇帝仁惠，愛黎民，故甘露降。龍，潛藏之物也，陽見於外。皇帝聖明，招岩穴也。瑞出必由嘉士，祐至必依吉人也。天道自然，厥應偶合。聖主獲瑞，亦出群賢。君明、臣良，庶事以康。文、武受命，力亦周、邵也』。

這是王充宣揚漢章之德最重要的一段。其中所說的皇帝並非泛指，都是指孝章皇帝而說的。而且，他不但宣揚了孝章皇帝，也宣揚了當時的輔佐者，故可以說最重要的。皇瑞之比見，必隨孝章之德而應：芝草，松喬之糧，爲孝章聖仁之壽徵；黃龍，土德之象，爲孝章聖仁之仁瑞，亦爲招岩穴之明徵；甘露，養育之味，爲孝章仁惠、愛民之德應。而這三者，芝草、黃龍及甘露，依王充，實在都是超邁往世的。因此，孝章皇帝之聖仁、寬惠、仁惠、聖明同樣亦必獨步千古了。這是王充心目中必然的事實。故在王充，他正可以說：孝章皇帝是集漢世土德之大成，而且是獨步千古者。而這意思，王充在一般上以及在災變方面固然早已說過了的（註四），但在瑞應方面却依然是未徹底的。比如他說：『皇帝寬惠，德侔黃帝，故龍色黃，示德不異』。又如說：『唐、虞之時百獸率舞，今亦八龍遨戲良久』。這些只表示孝章之德可以與黃帝、堯、舜並比，而不說超過他們，所以可說是未徹底的。但在事實上，皇帝（孝章）之世，不僅黃龍『雙出』，而且小龍六頭並出，『象乾、坤六子』，試問黃帝、堯、舜之世能有這奇詭之瑞應嗎？而『皇瑞比見』，『隨德而應』，德愈豐茂，則瑞應亦愈奇詭。故芝草前後十一本，黃龍父、母、子八頭，甘露流布五縣：這是瑞應奇詭之所以超邁千古，也正是孝章之德之所以獨步千古的地方。這應該是就王充內心所要說的眞正話，也正是所謂『論衡之人爲此畢精』（須頌篇語，見上引）的重要事實。

第二節　宣漢之混淆問題

由上所述，可知王充之宣揚大漢之德，乃是以宣揚孝章之德爲主的。他宣揚大漢之德，倘若宣不出孝章之德爲獨步千古，他是達不到他的目的。並且，事實上，他一方面盡力爲建初孟年之旱災作解脫，將一切災變都歸之於時代命運之惡劣，一方面又以建初三年到五年的各種奇詭瑞應——芝草、甘露和黃龍等——宣揚聖君之德。故其用心可以說是很苦、很苦的。而其所以如此，自然必關連着他那『內有所傷、外有所疾』的風格問題。這在上文我們已經說明，這裡可以不必再說。

不過，在這裡，我們必須指出的，即：王充以國命論解釋災變，爲孝章之旱災作解脫，（他自己名之爲『爲漢應變』），此種國命論已經有很大的病痛；而其以瑞應之奇詭宣揚孝章之德——即宣揚整個大漢之德也一樣，確實又是有其很大的混淆的。

依我們上章底考察，王充之論瑞應，乃是以命定論爲底子的，瑞應之出現，原是只應時代命運之吉以及君主命運之吉，決不是應人君『德、政之善』的。關於這一層，我們上章大抵是根據治期篇原文解析出來，並引指瑞篇、吉驗篇及奇怪篇等許多例證——其中最重要者，如漢武帝之得白麟、異木，周武王之得白魚、赤烏以及漢高祖、光武之雲氣、光氣等——而加以確定的。故在王充，瑞應之出現，極明顯地是與人君『德、政之善』完全無關的。現在，爲了謹愼起見，我們可以再引一段治期篇原文加以說明。治期篇云：

『夫賢人有被病而早死，惡人有完彊而老壽。人之病、死，不在操行之惡也。然則國之亂、亡，不在政之是、非。惡人完彊而老壽，非政平安而常存。由此言之：禍變不足以明惡、福瑞不足以表善，明矣。』

這是以災變和瑞應並說的。所謂『禍變不足以明惡』，即指災變不足以顯示人君政治之惡；所謂『福瑞不足以表善』，即指瑞應不足以顯示人君德、政之善。因而，我們更可以確定：在王充，瑞應之出現，絕非決定於人君德、政之善，這是毫無疑義的。然依本章上文所述，王充以瑞應宣揚孝章之德，雖然亦有什麼『瑞出必由嘉士，祐至必依吉人』之說，但其口口聲聲皇帝聖仁、皇帝寬惠、皇帝仁惠、皇帝聖明，能說不是指孝章德、政之善而說的嗎？王充是以孝章之德、政必超過黃帝、堯、舜，才有如此奇詭之瑞應。於此，換一個方式說，亦即孝章奇詭之瑞應乃是決定於其德、政之善的。而這意思亦即含於講瑞篇附錄（註五）所謂『判別世瑞之法』之中。講瑞篇附錄有云：

『或問曰：講瑞謂鳳皇、騏驎難知，世瑞不能別。今孝章之所致鳳皇、騏驎，不可得知乎？

『曰：五鳥之記，「四方、中央皆有大鳥；其出，衆鳥皆從，小大、毛色類鳳皇。」實難知也。故夫世瑞不能別。別之如何？以政治，時王之德。夫唐、虞之時（註六），其鳳皇、騏驎目不親見，然則唐、虞之瑞必眞是者，堯之德明也。孝宣比堯、舜，天下太平，萬里慕化，仁道施行，鳥、獸仁者感動而來。瑞物大小、毛色、足翼必不同類。以政治之得失、主之明闇，準況衆瑞，無非眞者。……又以甘露驗之。甘露，和氣所生也。露無故而甘，和氣獨已至矣。和氣至，甘露降。德治而衆瑞湊。案永平（按係漢明帝年號）以來，訖於章和（按係章帝年號），甘露常降，故知衆瑞皆是，而鳳皇、騏驎皆眞也。』

這裡所說是極清楚的。因爲鳳皇、騏驎難知，（這本是講瑞篇全文之大旨），故『世瑞』（按即當世的瑞應）不易判別。可是，雖然如此，但在王充，究竟是有其判別之法的。這種判別之法，即在：『政治，時王之德』。而其下文以『堯之德明』而言『唐、虞之瑞必眞是者』，只是這意思；其下文更『以政之得失、主之明闇，準況衆瑞』，而言衆瑞之『無非眞者』，亦只是這意思，並且更兼及負面而說的。如此，則我們可以說，王充判別世瑞，並非在於時王命運之吉、凶，（亦非在於時代命運之吉、凶），而只在於時王德、政之善或惡。這固然是王充判別世瑞之法，但亦可以表示其瑞應之出現，只決定於時王德、政之善。

而這所謂『時王』，本是相應於『世瑞』而說，其意只是指明帝、章帝的。王充要駁斥漢儒天、人感應之瑞應，於是拈出一個命定論的瑞應，申言『福瑞不足以明善』，用以評擊『瑞應爲人君德、政之善之所致』；但是爲了要宣揚時王（主要是指漢章帝）之德，於是就轉而主張瑞應之出現，只決定於時王德、政之善。這不是落到漢儒臼窠之中了嗎？雖然，王充以瑞應必應時王德、政之善，不必爲天所應，但其必應德、政之善，却與漢儒並無二致。此即表示其瑞應思想中之一混淆問題。如果王充必堅持其命定論的瑞應思想，則此處所謂瑞應之出現必決定於時王德、政之善，只能看作另主一說，爲了宣漢而另主一說了。後世有謂『王充隨事各主一說，彼此自相背馳』者（註七）。而這裏的混淆也是同樣的。

而且，如實地說，這種淆混，並非來自王充思考之晦塞，實在只源於其態度之曖昧。王充原是處心、積慮地要『蹈班、賈之跡』而爲『今上畢精』的。但由於孝章之時代命運並不算吉，甚至可說是凶的——比如建初孟年之大旱，在王充，即是『歷數之惡』，亦即是時代命運之惡，雖然有芝草、黃龍等瑞應，但兩者相消，亦就說不上吉了。所以他不能以命定論之瑞應，宣揚孝章時代之吉。而孝章自身之命運亦是說不上吉的，在王充，至少不及高祖、光武等有那麼多的『吉驗』或『氣驗』的。所以他也不能以命定論之瑞應，宣揚孝章自身命運之吉。而這兩者總起來說，亦即表示：王充不能從命定論之瑞應上爲當身皇帝歌功、頌德。因爲王充既然不能從命定論之瑞應上宣揚孝章，而章帝亦係漢世較好的君主，所以王充就不能不轉從『時王德、政之善』來說話了。這裡，應該是有其苦心的，也是其態度之所以曖昧的地方。

就由於王充以此種曖昧的態度宣漢，即使所舉的種種效驗完全眞實而有意義——似乎並沒有什麼意義可說的（註八），其所宣揚的大漢之德，特別孝章之德，自然亦不見得就有什麼意義可說的。而其所說的什麼『方今聖朝，承光武、襲孝明，有漫醲、溢美之化，無細小毫髮之虧……』，什麼『皇帝聖仁』、『皇帝寬惠』、『皇帝仁惠』、『皇帝聖明』等等，不是着意宣揚，必是別有用心！試問：那一個時代而『有漫醲、溢美之化，無細小毫髮之虧』的？作爲一個自命逆反學術風氣、時代風氣之思想者，居然會落到這種地步，能說不是知識份子之最悲哀的事嗎？近人以爲儒家爲專制君主說話，甚至爲專制君主歌功、頌德，好在王充算不上儒家（註九），否則，儒家之被屈辱，眞是不堪想像了！

總之，漢人之厚古、薄今，確實是不免於滯着，亦不免於虛妄的；而王充之厚今、薄古，必以漢德高於百代，却不免於動機不純而言之過份，以至落到『矯枉過正』的地步了。

註一　藝增篇載：『尚書「協和萬國」（按此語見虞書堯典，「國」，堯典原文作「邦」）。是美堯德致太平之化，化諸夏並及夷狄也。言協和方外，可也；言萬國，增之也。夫唐之與周，俱治五千里內。周時諸侯千七百九（當作「七」）十三國（按此見尚書大傳洛誥傳），荒服、戎服、要服，及四海之外，不粒食之民，若穿胷儋（耴）耳、焦僥、跋（跂）踵之輩，並合其數，不能三千。天之所覆、地之所載，盡於三千之中矣。而尚書云「萬國」，褒增過實以美堯也』。按宣漢篇所謂『唐之萬國，固增而非實』，其理由即在於此。

註二　按此條原文稍不明顯，其中有云：『夫地動天時，非政所致。皇帝振畏，猶歸於治，廣徵賢良，訪求過闕』。按此處只說『皇帝振畏』，未明說漢章帝。黃暉論衡校釋注此引後漢書章帝紀云：『建初元年三月甲寅，山陽、東平地震，詔求賢良』。茲依黃氏註，定其為指漢章帝。

註三　見論衡異虛篇。

註四　比如本節上引所謂：『方今聖朝，有漫酆、溢美之化，無細小毫髮之虧』。此段所說並非套在某種特定內容中，故可說是一般上的。又如恢國篇恢論漢德之最後一條，其原文云：『建初孟年，無妄氣至，歲之疾疫也。比旱不雨，牛死、民流，可謂劇矣。皇帝敦德，俊乂在官，第五司空，股肱國維，轉穀振贍，民不乏餓。天下慕德，雖危不亂。民飢於穀，飽於道德。身流在道，心回鄉內。以故道路無盜賊之跡，深幽迴絕，無劫奪之姦。以危為寧，以困為通。五帝、三王，孰能堪斯哉』？此外如須頌篇所謂孝章能以亂為治（見上章註六）。這些都是從災變方面說的。

註五　講瑞篇末尾數段，自『方今聖世』至『而鳳凰、騏驎皆眞也』止，係屬後補。其中有云：『為此論（按指講瑞篇）草於永平之初，時來有瑞，其孝明宣惠，衆瑞並至；至元和、章和（按均為章帝年號）之際，孝章耀德，天下和洽，嘉瑞、奇物同時俱應，鳳凰、騏驎連出重見，盛於五帝之時。此篇已成，故不得載』。依此可知其爲後補，亦當可稱之爲附錄。黃暉王充年譜以講瑞篇爲永平二年造，此時王充年三十一歲。附錄所謂『至元和、章和之際，孝章耀德；鳳凰、騏驎連出重見』，年譜引東觀漢記謂『元和二年以來至章和元年，騏驎五十一至』。由此可知，該附錄之補與講瑞篇原作已隔二十餘年，當在齊世、宣漢、恢國、驗符、須頌等篇之後，且可能即爲宣揚孝章之德而補的。

註六　此句原文作『不及唐、虞之時，其鳳皇……』。玆從黃暉論衡校釋校正。

註七　黃震黃氏日抄五七、諸子三、讀論衡：『蓋充亦傑然以文學稱者，惜其初心發於憤怒，持論至於過激，失理之平，正與自名「論衡」之意相背耳。……至其隨事各主一說，彼此自相背馳，如以十五說主土龍必能致雨（按此指亂龍篇），他日又言曰：「仲舒言土龍難曉」。（按此見案書篇）。如以千餘言力辯「虎狼食人，非部吏之過矣」（按此見遭虎篇），他日又曰：「虎、狼之來，應政失也」。（按此見解除篇）。凡此皆以不平之念，盡欲更時俗之說。而時俗之說之通行者終不可廢，矯枉過正，亦不自覺其橫決至此也。』

註八　按後來南宋時，陳同甫與朱子力爭漢、唐，以爲漢、唐亦三代，確實有其理路，故亦有其某一層次之意義。（此請參閱業師牟宗三先生政道與治道第十章道德判斷與歷史判斷）。至於王充宣漢，如前列十餘點，實在只是雜湊，根本不成其理路的，故亦很難有什麼層次的意義可說。

註九　王充論衡一書，如隋書經籍志、唐書藝文志、晁公武郡齋讀書志、馬端臨文獻通考，四庫全書等均列於子部雜類，故必以充爲雜家。

第五章　人性之有善、有惡及其問題

第一節　人性論之大要

王充的人性論，其內容之大要，我們可以依下列數點加以申述。

一，人性論之承繼。王充論人性，乃是以人性爲有善、有惡的。這種有善、有惡的人性論，依王充自己，大抵是有所承繼的。故本性篇說：

『周人世碩以爲人性有善、有惡：舉人之善性養而致之，則善長；性惡（當作「惡性」）養而致之，則惡長。如此，則性各有陰、陽，善、惡在所養焉。故世子作養（此處當有「性」字）書一篇。密子賤、漆雕開、公孫尼子之徒亦論情性，與世子相出入，皆言性有善、有惡』。

按周人世碩以人性爲有善、有惡，也許是中國正式論人性之最早者。王充亦以人性爲有善、有惡，即是承繼世子爲說的。但僅依此段所說尚不能確定，其能確定的，則在本性篇的另一段。本性篇又說：

『自孟子以下，至劉子政，鴻儒、博生聞見多矣。然論情性，竟無定是。唯世碩儒（「儒」字當爲衍文）、公孫尼子之徒頗得其正。……』。

這是王充批駁過孟子、告子、荀子、陸賈、董仲舒及劉子政等六家之論人性以後的結語，可以很明顯地表示王充的人性論，乃是承繼世碩、公孫尼子等而來的。

二，只是『氣性』。王充論人性，以人性是氣所構成的。所以他說：『用氣爲性，性成、命定』。（無形篇）。又說：『人生性、命，當富貴者，初稟自然之氣』。（初稟篇）。這些話不僅可以表示人之性只是由氣所構成，即人之命亦只是由氣所構成的。所以人性亦只是一種『氣性』（註一）。而氣一觀念對於王充的人性論，自然是極重要的。人性必由氣所構成。

然而，在王充，氣乃是源於天或天道的。故人性之所以爲人性，亦必與王充所肯定的天或天道有密切的關係。依王充，天之所以爲天之道，即是『自然、無爲』。所謂『自然、無爲』，依我們上文（第二章）的考察，即是『絕對不爲』的。可是，天雖然絕對不爲，但究竟還是要動行、施氣的。天由動行以施氣，轉由氣去生人、生物，故氣是創生人、物的資具。因此，轉從人、物方面說，即物勢篇所謂人、物都是『因氣而生』的。於此而僅就人說，人既然是因氣而生，則人性自然亦只是氣所構成的。而氣是源於天、爲天所施的，故其本身亦必有其超越或形而上的意味的，因爲人性是由超越或形而上的氣所構成。

三，人性之所以有善、有惡。人性是由氣所構成的。但由氣所構成的人性，何以是有善、有惡的呢？這在王充，乃是由於稟氣之厚、泊（或多、少）而決定的。所以本性篇說：

『夫人情性，同生於陰、陽。其生於陰、陽，有渥、有泊。玉生於石，有純、有駮。情性（當有「生」字）於陰、陽，安能純善？……』。

率性篇亦說：

『豆、麥之種，與稻粱殊，然食能去飢。小人、君子稟性異類乎？譬諸五穀，皆爲用，實不異而效殊者，稟氣有厚、泊（同「薄」），故性有善、惡也。殘則授（當作「受」）不（當爲衍文）仁之氣泊，而怒則勇渥也。仁泊，則戾而少愈（當作「慈」）；勇渥，則猛而無義。而又和氣不足，喜、怒失時，計慮輕愚。妄行之人，罪（當作「非」）故爲惡。人受五常、含五臟，皆具於身。稟之少、泊，故其操行不及善人。猶（此下當有「酒」字）或厚、或泊也，非厚與泊殊其釀也，麴蘗多、少使之然也。是故酒之泊、厚，同一麴蘗；人之善、惡，共一元氣。氣有多、少，性有賢、愚』。

這裡所錄兩段，都是說明人性有善、有惡的。前段以情性生於陰、陽，不能純善，故必有善、有惡。後段所說，王充舉出五穀之實不異而效殊，由於稟氣有厚、泊。依此，即可由稟氣之厚、泊而明人性之有善、有惡。至於仁泊、勇渥、和氣不足等等也都是同樣的。後文他又舉出『酒之泊、厚，同一麴蘗』而言『人之善、惡，共一元氣』：亦即表示酒之所以有泊、厚，只由於所用麴蘗有多、有少；而人性之所以有善、有惡，亦只由於所稟之元氣有厚、有泊。王充多從事例說明人性之必有善、惡，而其所以如此，根本只在於稟氣之厚、泊上。

四，人性之有善、有惡爲先天的。王充由稟氣之厚、泊以言人性之必有善、有惡，而其善、惡又必是先天的。所謂先天的，意思是指人始生或幼少時即已決定的。關於這一點，我們可以看下列本性篇的兩段所論：

『……微子曰：「我舊云孩子，王子不出」。紂爲孩子之時，微子睹其不善之性；性惡不出衆庶，長大爲亂不變，故云也。羊舌我初生之時，叔姬視之；及堂，聞其啼聲而還，曰：「其聲，豺、狼之聲也。野心無親。非是，莫滅羊舌氏」。遂不肯見。及長，祁勝爲亂，食我與焉。國人殺食我，羊舌氏由是滅矣。紂之惡在孩子之時，食我之亂見始生之聲。孩子、始生，未與物接，誰令悖者？……』。

『……（當有「后」字）稷爲兒，以種樹爲戲；孔子能行，以俎豆爲弄。石生而堅，蘭生而香。（當有「生」字）稟善氣，長大就成。故種樹之戲，爲唐司馬；俎豆之弄，爲周聖師。稟蘭、石之性，故有堅、香之驗。……』。

這裡的兩段，前者是用以駁斥孟子性善，後者是用以批評荀子性惡的。雖然都是錯誤的（註二），但亦必表示王充對於人性必有善、有惡的觀點。王充以紂與羊舌我之性惡已見於孩子、始生之時，故長大爲亂。而孩子、始生之時，未與物接，可見他們的性惡，並非由於後天環境之染習，當然是先天的。至於后稷爲兒即戲種樹，孔子能行即弄俎豆，這在王充，他們的性當然是善的。而他們的性善，又如石生而堅、蘭生而香一樣，並非由於後天的獲得，乃是與生俱來的。依此而言，王充以人性爲有善、有惡，無論善、惡，總是先天的。而本性篇所謂『生而兆見，善、惡可察』。（詳引見下文）。大抵即可以看作這一意思之原則性的說明。

五，人性的內容。王充論人性，乃是包括情、才、命等在內的。所以在上述的文字中：如『情性同生於陰、陽』，即是兼情的；又如『用氣爲性，性成、命定』，即是性與命相同的，性當該可以包括命的；又如『氣有多、少，性有賢、愚』，這却更明顯地包括才或智的。而且，在下列一段話中，似包括得更廣。本性篇說：

『實者，人性有善、有惡，猶人才有高、有下也。高不可下，下不可高。謂性無善、惡，謂人才無高、下也。稟性、受命，同一實也：命有貴、賤，性有善、惡。謂性無善、惡，是謂命無貴、賤也。九州田土之性，善、惡不均，故有黃、赤、黑之別，上、中、下之差；水潦不同，故有清、濁之流，東、西、南、北之趨。人稟天、地之性，懷五常之氣：或仁、或義，性術乖也；動作、趨翔，或輕、或重，性識詭也。面色或白、或黑，身形或長、或短，至老、極死不可變易，天性然也。皆知水、土、器物形性不同，而莫知善、惡稟之異也』（註三）。

這一段原意本是說明人性必有善、有惡的，但亦可以依之而瞭解其人性內容之大概。王充由才之高、下及命之貴、賤以言性之必有善、有惡，形式上固然只是一種比擬，但在實際上命與性是相同的，而才亦只是性的。至於下文由『人稟天、地之性，懷五常之氣』而言人之『或仁、或義』，『動作、趨翔』之『或輕、或重』，都是就性而說的。而『面色或白、或黑，身形或長、或短』，也都是屬於天性之本然。故總起來看，大抵王充所謂有善、有惡的人性，其內容是可以包括情、才、命以及面色、身形等種種具體形相在內的。而性之所以有善、有惡，固然只由於稟氣之厚、泊；即命之所以有貴賤、才之所以有高下，以及一切具體形相之所以有差異，應該亦只由於稟氣之厚、泊。

以上所述，即是王充人性論之大要。以下，我們更須特別提一提的，即是人性有善、有惡之說。人性有善、有惡之說，在王充人性論中，無疑地，是最重要的。對於這一點，王充承繼世子等之說，並進一步對之作理論上的解析——以稟天之氣之厚、泊爲解析，藉以確定人性之必有善、有惡。這在系統之建立上，當然是一件有意義的事。但這似乎只是一方面的情形。

而在另一方面，我以爲王充之所以主張人性必有善、有惡，應該還是直接從現實上和歷史上觀察出來的。我們知道，王充是主張『齊世』的。所謂齊世，即是指上世、下世之齊一或齊同。（略見前章、第一節）。因此，王充就可以說：『古有無義之人，今有建節之士。善、惡雜厠，何世無之』？（齊世篇）。這當然是事實：在古、今對顯中，人們之表現，自然總是有些善、有些惡的。王充可能就憑此一事實，作爲其論人性的出發點。由於古、今人們之表現必有善、有惡：所以表現善的，其性必善；表現不善的，其性必惡。因而人性必有善、有惡。我以爲這應該是王充論人性有善、有惡的實際來歷。王充有了這一種實際的來歷，他才接上周人世碩等之傳統，並進而作一理論上的解析，而成爲其有善、有惡的人性論。

並且，王充所謂人性有善、有惡，不是就每一個人（Every Man）的性而說，而是就一切人（All Men）的性而說的。就每一個人的性而說人性有善、有惡，乃是說每一個人的性中有善的成份，亦有惡的成份。那是『人性善、惡混』的意思，那是董仲舒和揚雄的講法（註四）。王充並不如此。王充所謂人性有善、有惡，乃是指一切人中，有一部份的性善，另一部份的性惡，合而爲全體的人性之有善、有惡。因此，王充這種講法，實際即相當於後來韓愈原性一文所謂『人性三品』說中的『上品』和『下品』（註五）。韓氏原性，將人性分爲上、中、下三品：上品是善的，下品是惡的，中品是可善、可惡或即無善、無惡的。韓氏人性三品之說，在王充，原是已經接觸接到了的（註六），但他並沒有正式從這裡說話，故只能說是人性二品說。而韓氏之三品說，實際即是承繼王充二品說而來的一種發展，不過只捨其稟氣厚、泊之形而上的解析而已（註七）。

第二節　率性與學

就正面內容說，王充的人性論，除上節所述外，其另一部份即是率性論。率性論以率性篇所論爲主。率性篇所論雖然甚多，但幾乎全是循事例爲說，由事例以立原則，甚至根本無原則可立；其內容既然多近似而複沓，條理亦不甚清楚。所以我們只能歸納其較重要的幾點於下，以便了解其大致情形。

一，由君、父之教養使性善者不失其善，使性惡者亦歸於善。率性篇說：

『論人之性，定有善、有惡。其善者固自善矣，其惡者故可教告、率勉，使之爲善。凡人君、父，審觀臣、子之性：善則養育、勸率，無令近惡；近（當爲衍文）惡則輔保、禁防，令漸於善。善漸於惡、惡化於善，成爲性行』。

通過君、父之教養，以保任性善、化導性惡，這便是率性。

二，率性重初生。該篇又說：

『召公戒成（「王」）曰：「今王初服厥命。於戲！若生子，罔不在厥初生！」……初生意於善，終以善；初生意於惡，終以惡。……傳言：「譬猶練絲，染之藍，則青；染之丹，則赤」。十五之（當作「生」）子，其猶絲也；其有所漸化爲善、惡，猶藍、丹之染絲，使之爲青、赤也。……是故楊子哭歧道，墨子哭練絲也。蓋傷離本，不可復變也。人之性善可變爲惡，惡可變爲善，猶此類也。……』

此處主要意思爲率性重初生，所謂初生意於善、惡，終以善、惡者，即是。

——至於後文所說，則甚見王充之濫用事例。蓋楊子『哭歧道』、墨子『哭練絲』等（註八），倘若可用以比喻人性之可善、可惡，則必以人性無善、無惡爲底子。因爲人性無善、無惡，故可以如練（素）絲、如歧道。人性如練絲，故可青、可赤；人性如歧道，故可東、可西。而王充並不以人性爲無善、無惡，却依之而言『人之性善可變爲惡，惡可變爲善，猶此類也』。這是很不倫、不類的！

三，率性之可能。該篇又說：

『……傳曰：「堯、舜之民可比屋而封，桀、紂之民可比屋而誅」（註九）。……聖主之民如彼，惡主之民如此：竟在化，不在性也。聞伯夷之風者，貪夫廉而懦夫有立志；聞柳下惠之風者，薄夫敦而鄙夫寬。徒聞風名，猶或變節，況親接而相敦告乎？』

這是說，只要親接聖王之教，性必可化。於此而轉從率性方面說，亦即率性是一定可能的。該篇又說：

『……未入孔子之門時，閭巷常庸、無奇，其尤甚不率者，唯子路也。世稱：子路無恒之庸人，未入孔子門時，戴鷄、佩豚，勇猛、無禮，聞誦讀之聲，搖鷄、奮豚，揚脣吻之音，聒賢聖之耳，惡至甚矣。孔子引而教之，漸漬磨礪，闓導牖進，猛氣消損，驕節屈折，卒能政事，序在四科。斯蓋變性，使惡爲善之明效也』。

這更表示率性之必可能，子路即是一個極明顯的效驗。

四，率性可使惡者變善，與善者相同甚至超過善者。該篇又說：

『夫肥沃、墝埆，土地之本性也。……地之高、下，亦如此焉。以钁鍤鑿地，以埤增下，則其下者與高者齊。如復增钁鍤，則夫下者不徒齊者（「者」字衍文）也，反更爲高，而其高者反爲下。使人之性有善、有惡，彼（當作「猶」）地有高、有下，勉致其教令，之（當作「不」）善則（當作「者」）將（此處當有「與」字）善者同之矣。善以化渥，釀其教令，變更爲善，善則且更宜反過於往善，猶下地增加钁鍤，更崇於高地也』。

這是以下地加工可以齊於高地以至超過高地，比喻性惡者可由教化使其齊於性善者以至超過性善者。王充率性篇論率性，其重要者已如上述四點；未錄者固然甚多，但其論點實在不外於此四點。我們似乎沒有多述的必要了。

* * * * *

此外，尚有與率性密切相關的。即是論學的一方面。王充論學，多見於量知、別通等篇，本來是可以歸屬於『程量賢才』一方面的，（見第七章），但因爲與率性有密切關係，所以必須說在這裡。而同時，王充論學亦與論率性一樣，只是多擧事例爲說，並由事例推衍事例，很難有概括性的原則可以歸納的。因此，在這裡，我們亦只能勉强分爲以下數點加以申述。

一，學之功益。量知篇說：

『……夫人之不學，猶穀未成粟、米未成飯也。……學士簡練於學，成熟於師，身之有益，猶穀成飯，食之生肌腴也』。

這是以穀成飯比喻學之益身。該篇又說：

『繡之未刺、錦之未織，恒絲、庸帛，何以異哉？加五綵之巧、施針縷之餝（通「飾」），文章炫燿，黼、黻、華、蟲、山、龍、日、月。學士有文章之學，猶絲、帛之有五色之巧也。本質不能相過，學業積聚，超踰多矣。……』。

這是以絲、帛加工成繡、錦，比喻人之有學可以超踰尋常，亦表示學之功益。其中所謂『本質』應該是指人性而說的。該篇又說：

『……吏無經學，曰：「吾能治民」。……百姓安肯信嚮？而人君任用使（當衍「使」字）之乎？手中無錢，……貨主必不與也。夫胸中不（當作「無」）學，猶手中無錢也，欲人君任使之、百姓信嚮之，奈何也？』

這是以無錢比喻無學，不能爲人君任使、百姓信嚮。故必有學始能使人君任使、百姓信嚮，可以做官而有功益。

二，學所以反情、治性、盡才、成德。量知篇說：

『夫儒生之所以過於文吏者，學問日多，簡練其性，彫琢其材者也。故夫學者所以反情、治性、盡材（同「才」）、成德也。材盡、德成，其比於文吏，亦彫琢者，程量多矣』。

這是以儒生之所以超於文吏，乃在儒生之學優於文吏，而言學所以反情、治性、盡材、成德者。但學何以能使人反情、治性，盡材、成德，王充却未曾進一步說明。該篇又說：

『骨曰切，象曰瑳，玉曰琢，石曰磨。切、瑳、琢、磨，乃成寶器。人之學問，知、能成就，猶骨、象、玉、石，切、瑳、琢、磨也。……』。

這是以治骨、象（象牙）、玉、石比喻人之爲學，並言人之知、能成就必由於學。此亦表示學所以盡材之意。

三，學所以保持人之貴於物、保持諸夏之貴於夷狄。別通篇說：

『人生稟五常之性，好道、樂學，故辨於物。今則不然，飽食、快飮，慮深求臥，腹爲飯坑、腸爲酒囊：是則物也。倮蟲三百，人爲之長。「天、地之性，人爲貴」，貴其識知也。今閉闇脂塞，無所好欲，與三百倮蟲何以異？而謂之爲長而貴之乎？

『諸夏之人所以貴於夷狄者，以其通仁、義之文，知古、今之學也。如徒作（當作「任」）其胸中之知，以取衣、食，經歷年、月，白首、沒齒，終無曉知，夷狄之次也。……』。

這裡的兩段，前者以人之別於物者，即在其具五常之性與好道、樂學。這是人在本質（性）上超過物而貴於物之所在。故人若只是飽食、快飲，而不知學，即與物無異了。而學正所以保持人之貴於物者。後者以諸夏之人能通仁、義之文，知古、今之學，而貴於夷狄之處。故諸夏之人若徒任其胸中之知，至老死而不知學，則必淪而爲夷狄之次。前者和後者，其意思是相通而一致的。王充論學亦不止於上述，但其內容多類屬雷同，而其最重要者亦不外乎上述三點。

* * * * *

循以上所述，我們必須指出下列四點意思。

一，王充論率性，無疑地是基於其人性論的。而其論學，則必只是在程量賢才中附帶地說到的。因而，在王充，論率性是自覺地要論的，其論學却決不如此。所以在這兩者之中，王充從未說過關聯或溝通的話，而使這兩者歸於統一。但這只是王充自己的事，亦只表示他在思考上的粗疏。如果從客觀的立場上看，這兩者應該是合在一起說的。事實上，王充所謂率性，乃是通過君、父之教養以化導人性；其所謂學，主要是依以反情、治性而盡才、成德的。如此，則就率性與學所對治的對象——人性——而說，二者並沒有不同的意義，故必可以合一。如果說率性是偏重外加的教養、學是偏重於自身的努力，則率性即可以說是『他率』，而學即可以說是『自率』。

二，王充論率性與學，其所論雖然甚多，但都是循事例爲說，而只是一些分散、排比、平鋪的橫的展示，並不是縱的深入。這種講法即使講得很多、很多，也不可能有什麼深切的意義。從上述各點說，比如論『率性之可能』以及『學所以反情、治性、盡材、成德』，可算是比較重要的。但王充亦一味只能在掌故性的事例上糾纏，並沒有一語涉及人性何以可率？其所以可率的根據何在？學何以能反情、治性？何以能盡材、成德？對於這些問題，王充都不能深入，以求切實的說明，所以不免浮淺了。否則，不僅其論率性與學可以有深刻的意義，甚至其人性有善、有惡之說，亦可以因之而重新思考了。

三，率性是對治人性的，（學也是同樣的）。對治人性，自然需要一套對治的資具或憑藉。這在王充，主要亦不外乎外君、父之教養，善良的環境等。這在上述所論中，大抵均已說到了的。而在本性篇開頭，王充亦曾强調禮、樂的。他說：

『情性者，人治之本，禮、樂之所由生也。故原情性之極，禮爲之防、樂爲之節。性有謙卑、辭讓，故制禮以適其宜；情有好、惡、喜、怒、哀、樂，故作樂以通其敬。禮所以制、樂所爲（當作「以」）作，情與性也。……』。

這裡，王充以禮、樂之所以生，只是就禮、樂作用說的。禮、樂之作用只在對治情性，亦即只在『適性、通情』之意。禮、樂能適性、通情，故禮、樂必爲率性的重要資具。

四，在王充，人性雖然可率、可治，但極善、極惡者又是例外的。故本性篇說：

『……初稟天然之資，受純一之質，故生而兆見，善、惡可察。無分於善、惡，可推移者，謂中人也——不善、不惡，須教成者也。故孔子曰：「中人以上，可以語上也；中人以下，不可以語上也」。告子之以決水喻者，徒謂中人，不指極善、極惡也。孔子曰：「性相近也，習相遠也』。夫中人之性，在所習焉：習善而爲善，習惡而爲惡也。至於極善、極惡，非復在習。故孔子曰：『上智與下愚不移』。性有善、不善，聖化、賢教不能復移易也。……』。這固然是用以駁斥告子的，但亦表示其率性之限度。王充以爲『極善、極惡，非復在習』，並引孔子『上智與下愚不移』：即表示極善、極惡之性不再在於化導。於此，分別開說，應該是極善之性無須化導，而極惡之性無法化導。

——不過，王充行文總是隨意揮洒的，故此亦不免有其大混淆、大矛盾之處。比如他以『無分於善、惡，謂中人也——不善、不惡，須教成者也』：這就無異於說，可化導的只是不善、不惡的中人之性。如此，則就反顯出：有善、有惡的性即是不可化導的。故云：『性有善、不善，聖化、賢教不復移易也』。這不是一筆勾銷了前述所論的率性與學嗎？他這種矛盾，除了隨事各主一說之習性外，依我看，根本是由滯於孔子所謂『上智與下愚不移』而來的。他心中只想用上論語這句話，而依以駁斥告子，於是便隨意揮洒，完全不顧及自己立言的立場和系統了。本來，論語此言實在是不能沒有問題的（註一〇），王充不深加考量，以至否定其整個率性之說而不自知！

第三節　王充所附帶涉及的性善內容

王充的人性論，就整個內容說，除了本性篇對於孟子、告子、荀子、陸賈、董仲舒、劉子政等批評，以及分散在論衡各篇中有關性善內容的一些資料外，大抵已見於上述兩節之中。而本性篇對於孟子等六者之批評，根本都是不相應的，業師牟宗三先生已分別有所糾正（註一一），我們不擬再瓶煩了。這裡，我們所要特別提出討論的，即是分散在論衡其他篇章中的、有關性善內容的資料。

王充以爲人性必有善、有惡，對於性惡方面似乎沒有說過什麼，但對於性善方面確實是有不少的資料的。不過，這些資料，就王充自己言，大多都不是用以彰顯性善的。因爲它們都是點點、滴滴地落在其他問題上附帶地說到的。可是，雖然如此，在客觀的立場上，我們應該可以將其歸屬於人性有善一方面，表示性善之所以爲性善的內容或特徵的。現在，只分以下各點加以申述。

一，是『善善、惡惡』。這是就上文第二章、第四節所引的『人道善善、惡惡』而說的。王充所以說人道善善、惡惡，原是用以駁斥『天、人感應』之說的。他以爲人道善善、惡惡，而人道之表現，必以善駁惡；依此而言天道，天道如果能應人君，亦必以善駁惡——必以善氣應人君之失，決不以惡氣應人君之失。但不論其用以駁斥什麼，人道善善、惡惡畢竟是人道之眞實，亦即是人性之眞實。人能見善而善（好）、見惡而惡，即可以表示人性是必善的。由此而就王充人性有善、有惡而言，則善善、惡惡應該是屬於有善者的人性內容之一。故凡人性善者，一定是能善善、惡惡者。

二，是『俱含仁、義之性』，而『有奮身之節』的。齊世篇說：

『夫上世之士，今世之士也，俱含仁、義之性，則其遭事，並有奮身之節。……』。

這本是用以駁斥漢人『上世勝於下世』之說的。依其所言，上、下世之人均含仁、義之性而有奮身之節，當然只能屬於人性之有善者。因爲仁、義之性，其性必是善的；而奮身之節，亦必基於仁、義之性而來的具體成就。因此，在王充，凡是性善者，其性必含仁、義，亦必有奮身之節。而此仁、義及奮身之節，即是性善的內容和特徵。

三，是『知倫理』。在書虛篇，王充以『傳書言齊桓公妻姑姊、妹七人』爲虛妄，而駁斥之云：

『夫亂骨肉、犯親戚，無上、下之序者，禽、獸之性，則亂不知倫理。案桓公九合諸侯，一正（當作「匡」）天下，道之以德、將之以威，以故諸侯服從，莫敢不率。非內懷鳥、獸之性者所能爲也。夫率諸侯、朝事王室，恥上無勢而下無禮也。外恥禮之不存，內何犯禮而自壞？外、內不相副，則功無成而威不立矣』。

按桓公淫亂，亂骨肉、犯親戚，先秦及漢世之書多載之（註一二），而王充必爲之申辯。其申辯是否有效，（依我看是無效的），我們不擬深究。我們所要注意的是：王充以桓公能知倫理。桓公能知倫理，則桓公必屬於性善者。因爲知倫理之性必是善者。否則，王充以人性有善，其善如何規定？而且，由桓公推之，凡性善者應該都是能知倫理者。因此，我們便可以說，『知倫理』即是性善之一內容。

四，是『能精誠』、『惻怛』。在感虛篇，王充嘗以『傳書言杞梁之妻嚮城而哭，城爲之崩』爲虛妄，而加以駁斥云：

『夫人悲哭，莫過雍門子。雍門子哭對孟嘗君，孟嘗君爲之於邑（註一三）。蓋哭之精誠，故對嚮之者悽愴、感慟（當作「動」）也。夫雍門子能動孟嘗君之心，不能感孟嘗君衣者，衣不知惻怛，不以（猶「與」）人心相關（通「貫」）通也。今城，土也。土猶衣也，無心腹之藏，安能爲悲哭感慟（當作「動」）而崩？』

這裡，我們須注意的是：雍門子之哭之精誠，與孟嘗君之被感動。雍門子之哭所以能精誠，必其性本身有精誠；孟嘗君之所以能被悽愴、感動，必其心本身有惻怛。性有精誠，故能哭之精誠；心有惻怛，故能惻怛而被感動。否則，都是不可能的。而能精誠、惻怛之心與性，其本身當然是善的。如此，則在王充，雍門子和孟嘗君之心、性一定都是善的，也一定都是可以屬於性善者的。而能精誠、惻怛的，自然不限於雍門子和孟嘗君，凡性善者都應該是能如此的。因而，能精誠、惻怛，自然亦是性善之一內容。

五，是『有惠愍、惻隱之恩，不得已之意』或『惻痛、慇懃』等。明雩篇說：

『政治之災，須耐求之。求之雖不耐（讀爲「能」）得，而惠愍、惻隱之恩，不得已之意也。慈父之於子，孝子之於親，知病不祀神，疾痛不和藥（註一四）。又知病不可治，治之無益，然終不肯安坐待絕，猶卜筮求祟，召醫和藥者，惻痛、慇懃，冀有驗也。既死氣絕，不可如何，升屋之危，以衣招復，悲恨思慕，冀其悟也。雩祭者之用心，慈父、孝子之用意也』。

按此段所說，其原意係依慈父、孝子之用心以明雩祭者之用心。所謂政治之災，在王充，固然是不成立的，（詳上文第三章、第一節），但他還要說『須耐求之』。人君能耐求政治之災而不得，（不在政治之過失），却顯示了人君之惠愍、惻隱之恩與不得已之意，（即不容已之意）。此即後文所謂『雩祭者之用心』。而此用心又與慈父、孝子之『惻痛、慇懃』一樣地懇摯的。慈父之於子、孝子之於親，如在病不可治時，猶必求祟、召醫：此即表示慈父、孝子必能『惻痛、慇懃』。因爲能惻痛、慇懃，故其性必善。而能惻痛、慇懃的必不限於慈父、孝子，依王充此處所說，雩祭者之『惠愍、惻隱之恩，不得已之意』即是同樣的，故其性亦必是善的。如此，則凡性善的人，必都有『惠愍、惻隱之恩，不得已之意』或『惻痛、慇懃』的。而這些惠愍、惻隱等亦自然都是性善的內容。

六，是『有禮、樂之心』。明雩篇又說：

『禮之心悃愊，樂之意歡忻。悃愊以玉、帛效心，歡忻以鍾、鼓驗意。雩祭請祈，人君精誠也。精誠在內，無以效外，故雩祀盡己惶懼。關納精心於雩祀之前，玉帛、鍾鼓之義，……』。

按王充雖然反對雩祭可以致雨，但又主張『當雩』的。此段所說，即是當雩的理由之一。不過在這裡，我們所要注意的，只是『禮之心悃愊，樂之意歡忻』等兩句話。就這兩句話看，乃是可以就人心說的。就人心說，即是人有悃愊和忻歡的禮、樂之心。而這種禮、樂之心，當然是善的，尤其禮之心悃愊——即『至誠』，不能不是善的。並且，這種善的禮、樂之心，在王充，亦應該爲性善者所具有。如此，則我們便可以說，凡性善者必有禮、樂之心。而禮、樂之心亦必是性善之一內容。

七，是『有善心』。定賢篇說：

『然而必欲知之(按此「之」字指「賢者」說)，觀善心也。夫賢者才能未必高也，而心明；智力未必多，而舉是。何以觀心？必以言。有善心，則有善言。……無善心者，白、黑不分，善、惡同倫，……。故心善，無不善也；心不善，無能善。……』。

這裡所謂『善心』，原是王充定賢之準則。（詳下文第七章）。定賢以善心爲準則，故凡有善心的必都是賢者。如此，則就人性之有善、有惡而言，有善心的人，其性一定是善的。否則，王充必以人性有善，即是無意義的。因此，我們可以倒過來說，凡性善的人，一定是有善心的。而這有善心自然也是性善之一內容。

八，是五常之性等。這是就上引所謂『人生稟五常之性，好道、樂學，故辨於物』而說的。王充所謂五常之性，即是仁、義、禮、智、信之性。而這五常之性當然是善的。人生稟此五常之性，因而能好道、樂學，故有辨於物。但依王充，人性必有善、有惡，則此五常之性，以及由此性而來的，有辨於物，應該亦只限於就性善者而說的，性惡者決不可能如此。限於性善者說，則此『五常之性』，並由稟此性（五常之性）而來的『好道、樂學』等，自然不能不是性善的內容或特徵了。

前面所列八點，都可以表示性善者的善，亦都可以作爲性善的內容。而在論衡中能具備這些內容，實在是很難得的；對於王充的人性論言，尤其是很重要的。這意思是說，王充必須有這些內容，然後以人性有善，才能有其實際的意義和着落。可惜的是：就人性論而言，這些內容均係附帶地涉及，並非王充自覺地說出的！

第四節　王充對於性善內容之體會問題

就由於上述性善內容，並非王充自覺地說出，所以也就產生了我們所謂：『王充對於這些內容的體會問題』。

我們知道，王充之所以說出這些內容，大抵都是爲了其他問題的。他反對雩祭祈雨，但他又要爲當時人君之雩祭作解釋，於是才說出雩祭者的用心爲『惠愍、惻隱之恩，不得已之意』，並拈出慈父、孝子之『惻痛、慇懃』。他要爲齊桓公之淫亂作申辯，才說出一個什麼『知倫理』。爲了要駁斥杞梁之妻哭崩城牆之說，於是才引出什麼雍門子之哭之『精誠』，和孟嘗君之『惻怛』。爲了要駁斥漢儒以天爲災異應人君德、政之失，於是才說一個什麼『人道善善、惡惡』……。凡此種種，都可以表示：王充只是爲了駁斥他認爲虛妄之說，才逼出了這些性善的內容；否則，如果沒有那些虛妄之說要駁斥，則在王充，很可能是一輩子接觸不到的。因而，他也根本意識不到，這些內容對於性善之重要，而將它們納入於人性論的系統之中。依此而言，我們便可以確定：王充對於這些性善的內容只是隨事爲說，根本不可能有何深切的體會，甚至是毫無體會的！

關於這一層，本來是很確定了的。但是爲了愼重以及彰顯我們的看法起見，不妨切實地再擧幾點比較重要的，說明於下，以明性善之究竟。

1.比如禮、樂之心。王充以爲『禮之心悃愊，樂之心歡忻』。這當然是很正確的。悃愊即是至誠，歡忻即是和樂、和諧。但不論其文字意義如何，禮、樂之心總是善心。禮記樂記篇云：『禮者天地之大序，樂者天地之大和』。這是就超越方面說禮、樂，給予禮、樂以超越的根據。而在一般上，我們亦儘可以說，禮只是序，樂只是和。序是秩序，和是和諧。有秩序，就有和諧；有和諧，亦必有秩序。

故禮、樂是表示秩序與和諧，亦表示秩序與和諧之綜合的。而禮、樂之心，淺顯地說，亦可以即是人類對於秩序與和諧的要求，乃是人心所同然的。舉一個例子，這房間零亂不堪，沒有人會感到舒適的。由不舒適而必求歸於舒適，故房間即須整理得井井有條。這種井井有條即是秩序與和諧，即是廣義的禮、樂。由此推之，人間的一切序秩與和諧，都是禮、樂。所以程伊川說：『禮、樂無處無之』（註一五）但不論什麼禮、樂，總是由禮、樂之心的要求而產生的。而在孔子，禮、樂之心即是仁心，亦即是敬、和之心（註一六）。孟子亦說：『恭敬之心，禮也』。（告子上）。故禮、樂之心是人人有具的，必然地有其普遍性與客觀性的。王充如果能體會到這裡，則必能依此禮、樂之心或仁心以言人性了。依此禮、樂之心或仁心以言人性，則人性必是普遍地善的，那裡還能說有善、有惡？

2.又如精誠。王充以雍門子之哭為精誠，以雩祭為人君精誠之表現。這是可以說的，但亦不限於雍門子和雩祭之人君，乃是一切人都有精誠的。精誠是定然不移的。故中庸有『誠者天之道也』之說。天之道即是天定之道，亦可以說即是定然不移之道。何以見得精誠是定然不移之道？比如說，人是會說謊的。說謊就是不誠。可是，沒有人說了謊而不自知的：不是在說謊之時，就是在說過之後，必能自知。人人可以反躬自省，誰能不承認說了謊而不自知？這種自知是絕對無法否認的！而且，人固然會說謊，但沒人以為說謊是應該的、合理的。人人可以反躬自省，誰能說說謊是應該的、合理的？絕對沒有人能如此說的！故由能自知其說謊之『知』，以及能自知其說謊為不應該、不合理之『知』，即可以反顯出：人人必有在內的、定然不移的精誠。故可以說『誠者天之道也』。否則，又如何能說？而王充能體會到這裡嗎？王充雖然以雍門子等有精誠，但在變動篇，却將『至誠』轉成了『心意之好、惡』的加詞。（詳情見下文第七章、第二節）。此即表示：王充對於『精誠』是一無任何體會的！

3.又如善善、惡惡之心。這是依人道善善、惡惡而說的。對於這一點，王充應該是極親切的。因爲這與其造論衡的動機有關。王充造論衡的動機，依上文（第一章、第三節）所述，即是『疾虛妄』。而疾虛妄，與惡惡（惡人之惡）是完全相同的。因此，惡惡之心，亦正是王充所親身表現過的，儘可以說是其精神生活之一內容，應該有其極親切的體會的。對於惡惡如此，對於善善（好善）亦應該是如此的。善善、惡惡是仁心之具體表現，亦是人性之本眞、本然。孔子說：『唯仁者能好人、能惡人』。禮記大學亦說：『唯仁人能愛人、能惡人』。這些都是指仁者之好人之善、惡人之惡而說的，表示只有仁者之好、惡能得其正、得其合理的意思。由此即可反顯出：一般人的好、惡不必都能得其正、得其合理（註一七）。但這只是工夫問題，並不是本質問題。從工夫說，仁者有踐仁的工夫。故能好、惡得其正、得其合理。但若從本質上說，一切人都是有其好、惡之心的。試問誰能見善不好、見惡不惡？好善、惡惡是人人內具的仁心之表現，亦是隨時都可能在表現之中的。只要人人反躬自省，這也是定然不移的。而且，人並不只限於對他人之善、惡，能致其好、惡；即對自己之善、惡，同樣亦是能致其好、惡的。對自己之善、惡致其好、惡，並進而竭盡此好、惡，這便是禮記大學所表示的：『道德實踐的、最完備的途徑』（註一八）。要說學，這就是最根本的學；要說率性，這就是最根本的率性。而王充的率性與學，能接觸到什麼的率性與學？實在是太淺薄了！王充雖然說什麼人道善善、惡惡，亦曾親身表現過惡惡之情，但畢竟是說不上有任何體會的！否則，其人性論何能如此淺薄？

4.又如惻隱之恩，不得已之意。這在王充，也應該是親身表現過的。王充認為自己之造論衡以闢虛妄，與孟子之闢楊、墨相同，都是出於不得已之心的。（對作篇，見上文第一章、第三節引）。而這不得已之心即不忍之心，亦即是是惻隱人之心。王充所謂惠愍、惻隱以及惻痛、慇懃等，只是字面上的不同，其所表示的眞實內容和意義都是完全一樣的。孟子即是依此而言人性本善的。孟子說：『人皆有不忍人之心』。又說：『所謂人皆有不忍人之心者：今人乍見孺子將入於井，皆有怵惕、惻隱之心；非所以內同（「納」）交於孺子之父、母也，非所以要譽於鄉黨、朋友也，非惡其聲而然也』。（公孫丑上）。在孟子，不忍之心即是怵惕、惻隱之心，而為一切人所固有的。而其『乍見孺子將入於井』一事例，即可以讓人人體會其惻隱之心為固有的。這實在極確定的事。王充雖然能說什麼惠愍、惻隱、惻痛、慇懃等等，也親身表現過什麼不得已之意，但究竟是說不上有何深切的體會的。否則，他是絕不可能主張人性必有善、有惡，而反對孟子之道性善的！

總之，王充一生幽居四十餘年，其心思與精神大抵都是外用的，對於當時學術風氣樣樣不合眼，只想有所駁斥、糾正，而不能轉過來對自身生命、心靈作深切的反省，故其對於上述性善內容亦只能隨口說說，不能有任何深切的體會。這是很值得惋惜的事！王充有才，讀書亦甚博，可惜只向外看。如果他能逆回來，通過對於自身生命、心靈作深切的反省，則對於性善內容，特別對於親身表現過的惡惡之心與不得已之意，一定是眞正有體會的。只要這裡眞正有所體會，便可以體會其餘，而建立其切實而確定的性善之說。如此，則不僅其人性論系統必可以改觀，即其整個思想系統亦必可以因之而有所調整了。

事實上，人性決不如王充所說的有善、有惡，而是普遍地善的。比如我們所特別說到的：禮、樂之心，精誠之心，好善、惡惡之心以及惻隱、不忍人之心，乃是一切人所內具的眞實，生命之眞實、心靈之眞實。這種內具的眞實即是心靈之至善，即是心之所以爲心之德，亦即是人之所以爲人——而不爲禽、獸——之性。性必由心見。僅說性，性可以是抽象的、空洞的。而心是具體的、表現的。由心所具體表現之善——如好善、惡惡即是心所具體表現之善，以見性之善，這便是孟子『即心見性』一理路。故性之所以爲善，必由心之具體表現之善見。離開心之具體表現之善，性之善無由見，性必只是抽象、空洞的名詞而已！吾人即由人人具有的好善、惡惡的心之善，即可驗證人性之本善。故人性之善是普遍的（註一九），那裡有如王充所謂有些人善、有些人惡？只要王充對於上述性內容之一點能作深切的體會，此種有善、有惡之說是非取消不可的！

＊　＊　＊　＊　＊　＊

附帶地提及，王充所謂人性必有善、有惡，除了形式上以稟氣之厚、泊爲解析外，我以爲其實際來歷，即在上世和下世之人所表現的『善、惡雜厠』上。如果我這一看法是對的，則我們可以確定地說，王充依這種方式體會人性，那是永遠把握不到眞實的人性的。因爲這種方式是客觀的，只能站在客觀的立場觀察人們的表現。站在客觀的立場觀察人們的表現，一定是有些人善、有些人惡的。而表現善的，固然可以與其內心的善相應，但也不必都能相應的，因爲人是可以裝假而僞善的。而表現惡的，更不會與內心之善相應，但也絕不能說其內心就是惡的。比如大學所謂『小人閒居爲不善，無所不至』，其中的小人當然是極惡的，但也只能說是惡，並不能說性惡；如果是性惡，何以見君子而能『厭然，揜其不善而著其善』（註二〇）？此即表示：人惡，而不是性惡；即極惡的小人，其性依然是善的。故從客觀上看人們所表現的有善、有惡，始終是把握不到眞實的人性的。現代的心理學是客觀的，故亦始終接觸不到眞實的人性。而近人之迷信於心理學的，應該可以回頭了！

所以要把握眞實的人性，必須歸於每一個人主觀的反省和體會，體會出他自身有沒有好善、惡惡之心，有沒有精誠之心，有沒有惻隱之心，甚至有沒有自尊心、羞恥心……。只要從中能體會一個，則一切均有，其心必是善的，其性必是善的。而此歸於每一個人主觀的體會，其主觀也就是客觀了。由此主觀的體會，進一步而作主觀的實踐——此即眞正的率性與學，則人性大海必有無窮的展示。一切聖賢人格在此中形成，文化事業在此中建立。唯其起點却只在個人主觀的體會上。

第五節　人性有善之可能問題

王充以人性爲有善、有惡，很可能是來自其客觀方式的結果。這自然是極錯誤的，難怪其不能把握眞實的人性。而後來韓愈承繼王充，將人性分爲三品，亦只是那種客觀方式的結果，其錯誤是完全同樣的，又如何能把握眞實的人性？

因為王充對於性善內容不能有深切的體會，所以亦不能了解人性為普遍地善的，而只能主張有善、有惡之說。可是，我們若再就其人性論系統加以考察，則在其有善、有惡之說中的『人性有善』一方面，依然是很有問題的。這就是我們所謂『人性有善之可能問題』。這是就王充人性論系統所提出的問題。而這問題的根本癥結，即在其所肯定的『氣』一觀念上。

的確，王充以為人性必有善、有惡，乃是決定於先天稟氣之厚、泊：稟氣厚的，其性善；稟氣泊的，其性惡。這在理論上好像是不成問題的。不過，我們可以指出：王充這種講法，究竟是不正確的。為什麼？因為他所謂稟氣厚、泊，實在只是量的問題，並不是質的問題。我們可以確定地說：如果氣本身根本就說不上惡的，則人之稟氣即使泊到不能再泊，人性依然是說不上惡的；同樣，如果氣本身根本就說不上善的。則人之稟氣即使厚到不能再厚，人性依然也是說不上善的。這只由於厚、泊是量的，與多寡相同，（王充亦有『稟天氣多』、『稟氣泊少』等說，亦只是量的）；而善、惡卻是質的。所謂質的，說到最後，即是道德的或不道德的。善、惡如此，是、非亦如此。至於量的，總是無顏色的，無善、無惡或即中性、無記的，亦即是道德中立的。故質之善、惡，絕不為量之厚、泊所影響。王充由量之厚、泊而說質之善、惡，乃是風馬、牛不相及的！

因此，王充要主張人性有善，僅從稟天之氣之厚上說，必然是無效的。要使其有效，王充必須另說。而另說的唯一關鍵，須在其整個思想系統中必有善氣。只要有善氣，則人稟此善氣以為性，人性始能有善。這應該是不容否認的事實。可是，在王充系統中有沒有善氣可說呢？對於這一個問題，我們尚須進一步加以考察，然後人性是否有善始能確定。

我們可以先從原始的氣看。所謂原始的氣，即是指天剛施出的氣而說的。依上文（第二章、第一節）所述，在王充，氣本是源於天或即爲天所施的，並且又是創生萬事、萬物的唯一資具。而天之施氣，又只是施氣的，並沒有任何生物、爲物的意欲或目的的。這便是王充所謂天道『自然、無爲』——即『絕對不爲』——的意思。而同時，王充所肯定的天是有其『大德』的，所以他必說『皇天德大』如何、如何。皇天有大德，即是皇天自身有善。不過，就由於皇天施氣只是施氣，並沒有任何生物、爲物的目的，所以皇天雖然有其大德，其大德亦不可能隨其施氣而貫注於氣中。這就是說，皇天之施氣不以生物、爲物爲目的，故其大德必然地只成爲自我封閉，而不起任何作用了。這是必然的道理。除非皇天之施氣必以生物、爲物爲目的，其大德始能隨施氣之目的而貫注於氣中，以起生物、爲物之大用。而王充正好是相反的，故其皇天之大德決不可貫注氣之中。如此，則轉從氣本身說，氣是決不可能沾得皇天之大德，而使自己成爲善氣的。因此，原始的氣決不可能是善氣。

原始的氣既然不是善氣，則必只是一種中性、無記或即無善、無惡的氣。而人稟此原始之氣以爲性，人性自然也都是中性、無記之性，決不可能是有善的。

從原始的氣以言人性，人性既然不可能有善，如此，則我們只能看後起的氣了。後起的氣如果有善可說，則人性有善還是可以成立；否則，便是無法成立了。

我們所謂後起的氣，即是指天施出氣以後，由氣自身之遭遇而有所改變而說的。而這在王充，確實是具備的。所以他在講瑞篇嘗說：『氣遭善爲和，遇惡爲變』。他這兩句話，原是用以說明災變和瑞應的。（詳情見上文第三章、第一節）。但不論他用以說明什麼，它們究竟可以表示：氣由遭善可以成和氣，遇惡可以成變氣；並且因之而更可以反顯出：當氣未成和氣與變氣之前，一定只是一種原始的中性、無記之氣。同時，氣由遭善而成的和氣，就其與原始之氣言，自然是一種後起的善氣。

然而，氣之所以能遭善而成善氣，必須先有善可遭，方爲可能。而善從那裡來呢？在王充，皇天之大德是決不可能貫注於氣中，隨氣之生物、爲物而落實到現實世界或人間的。故在王充系統中，善決不來自皇天或超越世界。善不來自超越世界，必只來自現實世界自身——如果現實世界可以有善的話。但現實世界之所以有善，又必來自人性之表現。依王充，人性必有善、有惡。人性之惡者只能表現惡，並不能創造善。故善應該只是人性善者所表現。王充說：『臨事知愚、操行清濁，性與才也；仕宦貴賤、治產貧富，命與時也』。（命祿篇）。這是性、命對顯，主要固然是說命的，但亦可以表示性的。表示性的，即所謂操行清、濁必由於性。於此而就其人性必有善、有惡言，則操行之清者必爲性善者所表現。而操行之清者當然又即是善。因而，在王充，現實世界之所以有善，必來自人性有善者之表現或創造。否則，王充必以人性有善，究竟有何意義？依此而言，上文所述的那些性善內容，比如能精誠、知倫理、惻隱、有禮樂之心……等等，當然都是性善者所表現的善，而成爲現實世界之善。故此，現實世界便可以有善。現實世界既然有善，則在原則上氣是可以遭善而成爲善氣的。

不過，在王充，事實並不如此簡單：氣之所以能成爲善氣，必有賴於現實世界之有善；現實世界之所以有善，又必有賴於人性之有善；而人性之所以有善，又必有賴於人之稟得善氣。因此，在這裡，乃是有其三重循環的：1.由性善者創造出現實世界之善，使氣成善氣；2.再由善氣創生出性善者，使現實世界有善；3.再由現實世界之善爲氣所遭以成善氣，而再創生出性善者……。必須憑藉此三重循環，並且亦必須這樣一直無窮、無盡地循環下去，人性才可以有善，而善氣亦不至於欠缺了。

但是，必須由這三重循環以至無窮、無盡地循環下去而後人性有善，顯然又只是一陣烟幕。而這一陣烟幕，只要我們一追溯到宇宙開始，人、物未生之時，則是立即可以被揭穿的。當然，宇宙是否有其開始，這原是誰也無法確定的。不過，我們自然亦可以作這樣的假定：假定宇宙開始，人、物未生之時，則在王充，一定是先有氣的。因爲氣是生人、生物的唯一資具。倘不若先有氣，乃是決不可能有人、物的。一定先有氣，然後才能生人、物。而在宇宙開始時之氣自然是天所施的，亦自然只是原始的中性、無記之氣，亦即無善之氣。由此無善之氣以生人，其所構成的人性亦必都是無善的。而此都是無善的人性，如何能創造出現實世界之善，而爲氣所遭？氣既然無善可遭，則必依然只是無善之氣。此種無善之氣，與天繼續所施出之氣，合而爲無善之氣。由此合而爲無善之氣再度以生人，其人性亦必依然都是無善的。而此依然都是無善的人性，又如何能創造出現實世界之善，而爲氣所遭而使氣自身成善氣？如此，則由無善之氣再度而三度、四度、……以至無窮度以生人，即永遠是不可能有善氣以生人的。永遠不可能有善氣以生人，亦即人性是永遠不可能有善的。

所以在王充人性論系統中，人性有善是根本不可能的。這就是王充人性論的最大問題，王充是完全未意識到的。王充立說，是很少顧到自己。比如上文所引，他以后稷、孔子都是『生稟善氣』；又以『人稟天、地之性，懷五常之氣』；又以上、下世之士『俱含仁、義之性』以及『人生稟五常之性』等等：都是隨事立說、隨意揮洒，而從未有過任何深思的！事實上，在他的系統中，那裡有善氣可稟？人那裡有仁、義或五常之性可含？

就由於王充人性論中，人性有善爲不可能，所以除了對於其他各方面的思想，甚至對於其闡發思想的動機，都有極大的影響外（註二一），尅就其與人性論之有關者說，必有以下三方面的影響，而使此三方面成爲完全無意義了：

1.性善內容不可能，

2.率性與學亦不可能，

3.人、物之辨，以及諸夏、夷狄之辨均不可能。

第六節　才質之性與惡之所以必然

在王充有善、有惡的人性論中，照我們上節所論，其中的人性有善，是決不可能的。人性有善既然決不可能，則最多亦必只是中性、無記或即無善、無惡的。

而這種中性、無記或即無善、無惡的人性，大抵上是和後來宋儒所謂『氣質』或『氣質之性』相同的（註二二）。宋儒所謂『氣質之性』乃是依分解方式，而與『天地之性』或『義理之性』對顯的。義理之性即是先天的道德心、性，亦即是我們上述所謂普遍地至善之性。這是最高層次的性，本來是容攝氣質之性而爲一的，主要只是爲了說明方便起見，故有所謂『氣質之性』之說。王充對於普遍地善的人性缺乏深刻的體會，而其所强調的人性有善亦不可能——最多只能是中性、無記的性，所以他所理解的人性，最多亦只能歸於『氣質層次的性』。而同時，如上文所述，王充所理解的人性內容，擧凡才、情、智、命、筋力、氣勢以及面色、身形等具體形相都是可以包括在內的。從這些人性內容言，(其中的命好像很特別，其實王充也是就『稟氣』而說的，見下文第八章、第四節)，大致上也是『氣質』一觀念所涵的內容。而『氣質』本是可以說作『才質』的。故王充所論的人性『有善』之性，實在不外乎『氣質之性』或『才質之性』；至於『有惡』之性，則是什麼也說不上的。

氣質或才質之性必由氣所構成。而一氣觀念，在王充，決不可能有善的。故就氣言，這種純粹無善的氣，實在很難說不是純粹地物質的。雖然，王充所肯定的氣爲陰、陽之氣，亦即爲天所施之氣，乃是有其超越或形而上的意味的。但就由於皇天大德成爲自我封閉，而現實世界又無善可遭，所以這種具有形而上意味的氣，畢竟不能不成爲純粹地物質的了。這是王充所未及知的！而左派人士必將其講作徹頭、徹尾的唯物論，固然是過份的張揚，但也不能說完全沒有根據。因爲王充依這種純粹地物質的氣以言人性，確實是很難不落到唯物論的臼窠的。事實上，在王充思想中，的確是有其唯物論的成份的(註二三)。而其根本因由，一般地說，當該只在於純粹地物質的氣所構成的人性上，亦即只在於才質之性上。因此，才質之性，實在是不能不成爲純粹地物質的性的。

並且，在這種純粹地物質的性中，要說『精神』一詞，似乎是不容易說的。不過，王充往往隨事為說，並沒有什麼分寸的。所以他說：

『夫人之所以生者，陰、陽之氣也。陰氣主為骨的，陽氣主為精神。人之生也，陰、陽氣具，故骨、肉堅，精氣盛。精氣為知，骨、肉為强，故精神言談，形體固守。……』。（訂鬼篇）。

這裡的『精神』，王充是就陽氣而說的。故云：『陽氣主為精神』。但陽氣亦只是氣，亦只是為天所施的氣，並沒有任何善的成份可說的。所以這裡的精神，亦必只是物質性的精神。只是物質性的精神，嚴格地講，本來是說不上精神的。要說精神，亦必只屬於人之生命的一般强度而已，決不可能有何善或道德意味的精神。故就王充才質之性說精神，只能是生命的一般强度上的精神。

而同時，這種才質之性，雖然可以說是中性、無記或即無善、無惡的，但在實際上是必然地要成為惡的。而其所以如此，即由於人之稟氣有厚、泊的緣故。由於人之稟氣必有厚、泊，所以才質之性亦必人人不同。這種不同，即表示才質之性的差異。比如力之强弱、智之愚暗、才之高下、……等等，都是才質之性的差異。在王充，才質之性必有差異，皇天之大德又成為自我封閉，不能主宰人們之行動，而現實世界亦不可能有人為的善以調適之、制衡之，則現實世界是決不可能不落到强凌弱、智詐愚之『弱肉强食』的境地的！王充在物勢篇盛論物類的鬬爭，亦包括人類在內的。他以為鬬爭之勝、負，只取決於氣勢之優、劣。而在適蟲篇，他更以『强大食細弱，知慧反鈍愚』為『道理之實、物氣之性』。這些固然只就物的世界說，但因爲人、物無辨，同樣亦必適用於人的世界。（略情見上文第二章、第三節）。循此而言，則在王充意識中，無論人和物的世界，就只有鬭爭、只有弱肉强食的。而氣勢之優、劣，即是才質之性的差異，亦即正是鬭爭和弱肉强食的實際來源和成因。因而，才質之性之爲惡就不能不是必然的！此外，再加上原來王充所謂人性『有惡』的人，自然更加强了這種爭鬭和弱肉强食，非把整個現實世界弄得天昏、地黑，是決不可能的！而這還能想像嗎？

由此可知，在王充系統中，整個現實世界必然地只是充滿罪惡的。因爲必然地充滿罪惡，所以氣所能遭遇的亦一定只有惡了。換言之，亦即：後起之氣一定都是惡氣。後起之氣既然都是惡氣，則人稟此惡氣以爲性，人性當然只是惡的。而且，由此再往下說，性惡之人也就必然地一批接着一批、一代接着一代，而產生了。這正像舊約上所謂亞當和夏娃的子子、孫孫一樣，永遠只是原罪地存在了！這是王充人性論的必然歸趨，亦是王充論人性的一個絕境！而這更不是王充自己所及知的！

王充論人性，其所以會落到這樣的一個絕境，就思想的結構而說，只在於其天道之『自然、無爲』或即『絕對不爲』上。由於天道是絕對不爲的，所以皇天之大德不能隨其施氣而貫注於氣之中，並因之而落實到人性中來，最後人性也就不能不成爲永遠地惡了。故王充論天道的絕境——天道之絕對不爲，乃是其論人性之所以落到絕境的最後而唯一的因由。而這尤其不是王充自己所及知的！

註一　王充『氣性』一詞，乃是通人、物而說的，而且有時分說，有時合說，性質是相同的。講瑞篇云：

『故曾晳生參，氣性不世』。這是指人而說的。該篇又云：『廳爲騏驎、鵠爲鳳皇，是（當作「因」）故氣性，隨時變化』。這是指物而說的。而此二者爲氣性合說。又道虛篇云：『案能飛升之物，生有羽毛之兆；能馳走之物，生有蹄足之形。馳走不能飛升、飛升不能馳走：禀性、受氣，形體殊也』。這是指物說，且係氣、性分說。而此飛升者爲鳥類，馳走者並可指人說。故在王充，物性只是氣性，人性亦只是氣性。

註二　王充在本性篇駁斥孟子云：『孟子作性善之篇，以爲「人性皆善，及其不善，物亂之也」。謂人生於天地，皆禀善性，長大與物交接者，放縱悖亂，不善日以生矣。若孟子之言，人幼小之時無有不善也』。按自此以下，王充即引紂、羊舌我（如正文所引）及丹朱、商均等事例，說明人幼小時之性有不善者，用以否定孟子之性善。但這種由幼小時之性有不善，並不能證明人性有不善。就其所擧的事例言，紂之惡雖說孩子時即已顯著，究竟不是最幼小者，可能由後天染習而起；至於堯子丹朱、舜子商均爲惡，不必就是幼小者。故此等事例之無效，並無分疏必要。需要略說的，即羊舌我初生（最幼小者），叔姬聞其啼聲惡（如豺狼之聲）而還一事例。就此事例言，羊舌我即是天生的性惡者。其實，由叔姬聞羊舌我之聲惡，與舌我後來之爲亂、滅族，其原意可能只在表示叔姬有先見之明，（左傳往往表示某些人必有先見之明），並不能斷羊舌我之性必惡。因爲這只是從其外表之聲言，其內心究竟如何乃是誰也無法知道的。而且，或初生或幼小的人又不能自行反省其內心。因此，要從初生或幼小之人，說人性如何、如何，根本是不能確定的。所以王充依此駁斥孟子性善，自然是無效的。但此中尙問題，因爲孟子也曾從幼小時說過性善的。比如說：『人之所不學而能者，其良能也；所不慮而知者，其良知也。孩提之童無不知愛其親也；及其長也，無不知敬其兄也』。（盡心上）。此所謂『孩提之童無不知愛其親』，即是指幼小時必有良知、良能（即性善）而說的。但這種講法只是原則上的。實際上，小孩要是有人引他，也會不知愛其親的。但在原則上說，小孩總都知愛其親的。而原則上所以能這樣說，其根據即在成人之性必善。成人，所有的成人，只要不是精神病之患者，都可以通過自我反省或體會，體會出其自己必有『惻隱之心（最淺近的解釋即同情心）、羞惡之心、恭敬之心、是非之心』，這就是孟子所謂『仁、義、禮、智』之性。（告子上）。故能通過自我體會，必可證實人性是普遍地善的，那裡能如王充着於幼小之時？因爲由自我體會必可證實人性爲普遍地善，故原則上亦可說『孩提之童無不知愛其親』了。而王充儘引幼小之事例而說人性有不善，根本只是浪費筆墨而已！（後來韓愈論人性分三品，儘引些與王充類似的事例，亦都是錯誤的）。

王充駁斥荀子性惡，也是就幼小時說的。他說：『孫卿有（又）反孟子作性惡之篇，以爲「人性惡，其善者僞也」。……若荀卿之言，人幼小無有善也』。而此以下，即舉后稷、孔子幼小時之善行（戲種樹、弄俎豆）爲例，表示幼小時之性必有善者。這也是不相干的。荀子性惡篇說：『今人之性，生而有好利焉，順是，故爭奪生而辭讓亡焉；生而有疾惡焉，順是，故殘賊生而忠信亡焉；生而有耳、目之欲，又好聲、色焉，順是，故淫亂生而禮義文理亡焉。然則從（讀作「縱」）人之性、順人之情，必出於爭奪，合於犯分、亂理而歸於暴。故必將有師法之化、禮義之道，然後出於辭讓，合於文理而歸於治。用此觀之，然則人之性惡明矣，其善者僞也』。這是荀子言性惡之重要的一段。其所謂性，係指『好利』、『疾惡』、『耳目之欲』等情性而說的；其所謂性惡，係指『縱情性』（亦性惡篇語）而歸於爭奪而說的。故荀子所言之『情性』與『情性』之所以惡——性惡，與王充所謂后稷戲種樹、孔子弄俎豆之善行有何相干？難說后稷戲種樹、孔子弄俎豆，就沒有好利、疾惡等情性？他們的情性就不可能縱嗎？由此可知，王充以幼小時人性有善，駁荀子性惡是全不相干的。荀子所把握的性爲好利、疾惡等情性，此情性若無節制（如無『師法之化、禮義之導』），必落到『縱』而爲暴的境地。這是荀子性惡的根本所在。至於高一層的，由惻隱、羞惡、恭敬、是非之心而見仁、義、禮、智之性，（此仁、義、禮、智之性，即是使好利等情性所以不縱的主宰），此於荀子全無體會，故必反孟子而主情性之惡。這是荀子之不足。王充並不能了解荀子這一層，徒然只舉些事例爲說，何能非難荀子？而近人以孟、荀言性爲對立，尤爲無謂。

註 三 該句自『皆知水土』以下至『稟之異也』十九字錯見該篇上文，此依黃暉論衡校釋補正。

註 四 董仲舒春秋繁露深察名號篇說：『人之誠有貪、有仁，仁、貪之氣兩在於身。身之名取諸天。天兩有陰、陽之施，身亦兩有貪、仁之性』。仁爲善，貪爲惡。身兩有貪、仁之性，即身有善、惡兩在之性，亦即『善、惡混』的意思。揚雄法言修身篇說：『人之性也，善、惡混。修其善，則爲善人；修其惡，則爲惡人』。

註 五 韓愈原性云：『性也者，與生俱生也』。又說：『性之品有上、中、下三：上焉者，善焉而已矣；中焉者，可導而上、下也；下焉者，惡焉而已矣』。此即韓氏人性三品說，其中上品和下品，即相當於王充之有善、有惡。

註 六 論衡本性篇云：『初稟天然之姿，受純壹之質，故生而兆見，善、惡可察。無分於善、惡，可推移者，謂中人也』。此所謂『中人』即相當於韓愈中品之性。故人性三品，王充也是說到了的。

註 七 韓氏原性一文駁孟子性善、荀子性惡及揚子性善惡混，其中所舉事例，幾乎全襲王充本性篇所述。並且，韓氏嘗作後漢三賢贊，叙王充、王符、仲長統之事跡，甚扼要明確。故其原性必係承繼王充而發展的。

註 八 按此二者，古代極爲流行。前者略見荀子王覇篇，詳於列子說符篇，但亦有作墨子的（如呂氏春秋疑似篇及賈子新書審微篇等，當爲傳聞之誤）；後者見墨子所染篇、呂氏春秋當染篇。而淮南子說林訓，則將兩者說在一起。

註　九　陸賈新語無爲篇云：『故曾、閔之孝，夷、齊之廉，豈畏死而爲之哉？教化之所致也。故曰堯、舜之民可比屋而封，桀、紂之民可比屋而誅者，教化使然也』。

註一〇　此語見論語陽貨篇。按理說，上智學而愈明，下愚力學亦自可開，何能說不移？陸象山嘗以編論語者不能無病（語錄卷三五），此或即是其一。不然，則我以爲孔子此語，可能是落在某種特殊人事上說，不必就是一種原則性的話。再不然，則當該如朱子集註所引程子（伊川）之說爲是：『……所謂下愚有二焉：自暴、自棄也。人苟以善自治，則無不可移。雖昏愚之至，皆可漸磨而進也。惟自暴者拒之以不信，自棄者絕之以不爲，雖聖人與居，不能化而入也。仲尼之所謂下愚也。……』伊川此說，雖只說下愚，亦通於上智。故無論上智、下愚，其所以不移，只在自暴、自棄而已。

註一一　見牟先生才性與玄理第一章、第三節。（該書爲香港人生出版社印行）。

註一二　管子小匡篇：桓公謂管仲曰：『寡人有大邪三，……寡人有汚行，不幸而好色，而姑姊妹有不嫁者。……』。荀子仲尼篇：『桓公，五伯之盛者也，前事則殺兄而爭國，內行則姑姊妹之不嫁者七人。閨門之內，般樂奢汰，……』黃暉論衡校釋並以晏子春秋、漢書地理誌、公羊傳何注均有類似之載。

註一三　雍門子事見淮南子覽冥訓。『於邑，高誘註：『欷唈，失聲也』。謂哭失聲。

註一四　按此處自『慈父之於子、孝子之於親，知病不祀神，疾痛不和藥』以下似有脫文。黃暉校釋以其中之兩『不』字當作『必』。但作『必』，亦與下文並不連。

註一五　朱子註論語陽貨篇禮云禮云章引程子云：『禮只是一箇序，樂只是一箇和。只此兩字含蓄多少義理？天下無一物無禮、樂，且如置此兩椅：一不正，便無序；無序便乖，乖便不和。……禮、樂無處無之，學者須要識之』。按程子此言極有體會。我們此段正文裡所說，即是以程子之言爲據的。

註一六　詳情請參閱拙作儒墨平議上篇第五章樂與人性之和。（該書係臺灣商務印書館印行）。

註一七　詳情請參閱拙作人之本質與眞理中之道德與實踐第四節道德的心之存在底自我證明。（該書亦係臺灣商務印書館印行）。

註一八　大學云，『所謂誠其意者，毋自欺也：如惡臭、如好好色，此之謂自謙。故君子必愼其獨也』。這就是誠意工夫，也就是愼獨工夫。（就愼獨言，通中庸之愼獨）。意是人心之所發，亦即是一般的意念。人心所發之意有時是善的，有時是惡的。但無論意之善、惡，人總是能自知其善、惡的。而此自知即是『獨知』（人所不知，己所獨知），亦即『明德』或『良知』。在此獨知上不欺騙自己，這便是『毋自欺』。人若自欺，則『獨知』立刻消失而歸於天昏、地黑，什麼也不能講了。所以只要在此獨知上毋自欺，則必能隨其獨知之善意而好之，隨其獨知之惡意而惡之。（此即對自己之好善、善惡）。於此即竭盡之，則對自己善意之好必能『如好好色』，對自己惡意之惡亦必能『如惡惡臭』。對自己善意之好如好好色，則必能實現此善意於行爲與事物上；對自己惡意之惡如惡惡臭，則必能克除此惡意，而不至落到行爲與事物上了。於此，就心所發之意言，即是意得其誠；就行爲與事物言，行爲必是合理的，（亦即道德的），而其所處理的事物亦必是合理的。由此可知，大學所謂誠意工夫，實在即是道德實踐之最完備的工夫途徑。因爲只要愼其獨知以克除惡意、實現善意，即是一了百了的。

註一九　請參閱拙作人之本質與眞理中之第二篇人性善惡述論第五節。

註二〇　大學云：『小人閒居爲不善，無所不至，見君子而后厭然，揜其不善而著其善』。按此數句即已指出了人性是普遍地善的。（朱子註此有云：『閒居，獨處也。厭然，消沮閉藏貌』）。這只是說，小人陰爲不善，可以無所至而爲極惡之人，但當見到君子時，必遮遮、揜揜，隱其不善而著其善。由此可證：極惡的小人亦必有羞恥心和自尊心之存在。而此羞恥心和自尊心之存在，即是人之所以爲人之理之存在。故其性依然是善的。因而，小人之惡並非其性本惡。人之爲惡非源於天性，乃是純粹由陷溺於物質對象而起的。

註二一 大致地說，約有以下幾方面。㈠是瑞應。王充論瑞應固然命定論爲底子，但亦必須通過氣之遭善成和氣，再由和氣與物感應而成端物。今人性無善，現實世界無善可遭，氣之成和氣即不可能。和氣既然不可能，則何來和氣感物以成瑞應？㈡是宣漢。王充宣漢所擧理由雖然極多，但實際上是以瑞應爲主的。瑞應既然不可能，則宣漢必受極大的影響。㈢如下文（第七章）所論，『程量賢才』必大受影響。王充程量賢才是以道德爲準則的。今人性無善，道德必不可能，故程量賢才之準則亦必不可能。如此，則其程量亦必落空了。

註二二 『氣質之性』一詞創於張橫渠，其正蒙誠明篇云：『形而後有氣質之性，善反之，則天地之性存焉。故氣質之性，君子有弗性者焉。』朱子語類卷四載，『道夫問氣質之說始於何人。曰：「此起於張、程。某以爲極有功於聖門，有補於後學，讀之使人深有感於張、程，前此未曾有人說到此。如韓退之原性中說性有三品，說得也是，但不曾說得氣質之性，所以亦費分疏。諸子這性惡（按指荀子）與善、惡混（按指揚雄），使張、程之說早出，則這許多說話自不用紛爭。故張、程之說立，則諸子之說泯矣」。因擧橫渠「形而後有氣質之性……」。又擧明道云：「論性不論氣不備，論氣不論性不明，二之則不是」。「且如只說個仁、義、禮、智是性，（按此指孟子），世間却有生出來便無狀底是如何？（按此如王充所擧的羊舌我等事例即是），只是氣禀如此。若不論那氣，這道理便不周匝，所以不備；若只論氣禀，這個善、這個惡，却不論那一原處只是這個道理，又却不明。此自孔子、曾子、子思、孟子理會得後，都無人說這道理。……」。』

註二三　王充在治期篇說：『夫世之所以爲亂者，不以賊盜衆多，兵革並起，民棄禮義，負畔（叛）其上乎？若此者，由穀食乏絕，不能忍饑、寒。夫饑、寒並至，而能無爲非者寡；然則，溫、飽並至，而能不爲善者希。傳曰：「倉廩實，民知禮節；衣、食足，民知榮、辱」。讓生於有餘，爭起於不足。穀食足多，禮、義之心生。禮豐、義重，平安之基立矣。故饑歲之春不食親戚，穰歲之秋召及四鄰。不食親戚，惡行也；召及四鄰，善義也。爲善、惡之行，不在人質性，在於歲之饑、穰。由此言之，禮、義之行，在穀足也。案穀成、敗，自有年歲。年歲水、旱，五穀不成，非政所致，時數然也』。按此即是王充的唯物論。『禮、義之行在穀足也』，則禮、義之不行亦必在於穀之不足。簡言之，即禮、義的基礎決定於穀，（亦即道德的基礎決定於物質），不在於人之質性。這是徹頭、徹尾的唯物論。但這種唯物論又是套在命定論中說的。所謂『年歲水、旱，五穀不成，非政所致，時數然也』：此即表示五穀之成、敗決定於『時數』（命，國命或世命）之吉、凶。這就等於以五穀之成、敗爲命定。五穀之成、敗爲命定，亦即禮義之行、否爲命定。故其唯物論乃是『命定論的唯物論』。

第六章 知之釐定

第一節 聖人不能先知

王充論知，見於論衡實知和知實兩篇，這是近人所最爲推崇的（註一）。而在事實上，這兩篇亦正可以表示王充對於知之釐定。對於知的問題，亦與對於其他問題一樣，王充原是反對當時所謂『聖人前知千歲，後知萬世』之說而發的。實知篇嘗載孔子之事，並加以駁斥云：

『孔子將死，遺讖書。曰：「不知何一男子，自謂秦始皇，上我之堂，踞我之床，顛倒我衣裳，至沙丘而亡」。其後，秦王兼吞天下，號始皇，巡狩至魯，觀孔子宅，乃至沙丘，道病而崩。又曰：「董仲舒亂我書」。其後，江都相董仲舒論思春秋，造著傳記。又書曰：「亡秦者，胡也」。其後，二世胡亥竟亡天下。用三者論之，聖人後知萬世之效也。孔子生不知父，若母匿之，吹律自知殷宋大夫子氏之世也。不案圖書，不聞人言，吹律精思，自知其世，聖人前知千歲之驗也。

『曰：此皆虛也。案神怪之言，皆在讖記，所表皆效圖、書。「亡秦者胡」，河圖之文也：孔子條暢增益，以表神怪；或後人作記，以明效驗。高皇帝封吳王，送之，拊其背，曰：「漢後五十年，東南有反者，豈汝邪」！到景帝時，濞與七國通謀反漢。建此言者，或時觀氣、見象，處其有反，不知主名。高祖見濞之勇，則謂之是。原此以論，孔子見始皇、仲舒，或時但言將有觀我之宅，亂我之書者。後人見始皇入其宅，仲舒讀其書，則增益其辭，著其主名。如孔子神，而空見始皇、仲舒，則其自爲殷後子氏之世，亦當默而知之，無爲吹律以自定也。孔子不吹律，不能立（當作「知」）其姓；及其見始皇、睹仲舒，亦復以（「以」字當衍）吹律之類矣。

『案始皇本事，始皇不至魯，安得上孔子之堂，踞孔子之牀，顚倒孔子之衣裳乎？始皇三十七年十月癸丑出游，至雲夢，望祀虞舜於九嶷，浮江下，觀藉柯，度梅渚（海渚），過丹陽，至錢唐，臨浙江，濤惡，乃西百二十里，從陝（狹）中度，上會稽，祭大禹，立石刊頌，望于南海，還過，從江乘，旁海上，北至琅琊，自琅琊北至勞、成山，因至之罘，遂並海，西至平原津而病，崩於沙丘平臺。既不至魯，讖記何見，而云始皇至魯？至魯未可知，其言孔子曰「不知何一男子」之言亦未可用。不知何一男子之言不可用，則言「董仲舒亂我書」亦復不可信也』。

按當時以孔子遺讖書，逆知始皇、仲舒、胡亥之事以及所謂吹律自知其世等，爲聖人後知萬世、前知千歲之驗。而王充雖然謂之『皆虛』，但並不是一概否認的。他認爲『亡秦者胡』，原係河圖之文，爲孔子所條暢增益，後人作記以明效驗。這究竟是虛或不虛，王充是有點保留的，故後文亦不再行涉及。而對於孔子預見始皇、仲舒，王充雖然亦有所謂『或時但言將有觀我之宅，亂我之書者』及『後人見始皇入其宅、仲舒讀其書，則增益其辭，著其主名』之言，但實際上是並不以爲然的。故其下文即依始皇出巡之事，而言始皇並未至魯。始皇既然未至魯，則『不知何一男子』之言亦未可用；不知何一男子之言既然不可用，則『董仲舒亂我書』之言亦不可信了（註二）。這是王充否認『孔子預知始皇、仲舒之事』的主要理由。至於所謂『孔子吹律自知其世』之說，王充是承認的。在奇怪篇，王充嘗有『孔子吹律，自知殷後』之說。此即表示王充之確實承認。

而且，在這裡，王充是將孔子吹律自知之事與見始皇、仲舒之事對顯的。所以他說：『如孔子神，而空見始皇、仲舒，則其自爲殷後子氏之世，亦當默而知之，無爲吹律以自定也』。又說：『孔子不吹律，不能知其姓；及其見始皇、睹仲舒，亦復吹律之類矣』。這兩段話一反、一正，意思大抵是相同的，均表示孔子非神，不能空知或空見。孔子能自知其姓，必有待於吹律；否則，是不可能的。因此，要說孔子能見始皇、仲舒之事，亦決不能空知、空見，必如吹律之類方爲可能。而此所謂吹律之類，究竟如何，自屬神秘，但在王充，却是孔子之所以知的一種憑藉。孔子預見始皇、仲舒之事，並不如吹律之有憑藉，只是空見、空知，故必是虛妄的。

孔子不能空知始皇、仲舒之事，一般化地說，亦即『聖人不能先知』的意思。說到聖人不能先知，王充在知實篇曾經列舉出十六種事例加以證明。玆略述於下。

1.孔子不知公叔文子是否眞的『不言、不笑、不取』而問於公明賈，公明賈謂其時然後言、樂然後笑、義然後取』。（事見論語憲問篇）。此即表示孔子對於公叔文子之爲人並不能先知，必須問於公明賈而始知。

2.『陳子禽問子貢曰：「夫子至於是邦也，必聞其政。求之與？抑與之與」？子貢曰：「夫子溫、良、恭、儉、讓得之』。(按此見論語學而篇)。王充依之而言溫、良、恭、儉、讓是奪行;孔子有此奪行,故人親附而告語之。由此可知,孔子之所以能聞政,依王充,必由人之告語,並非先知。

3.『顏淵炊飯,塵落甑中。欲置之,則不淸;投地,則棄飯。掇而食之。孔子望見,以爲竊食』。按此事詳見呂氏春秋任數篇,(孔子家語困誓篇亦載之)。王充引此,蓋以顏淵掇食有塵之飯,孔子謂之窃食,即表示孔子不能先知其情。

4.『匡人之圍孔子,孔子如審先知,當早易道以違其害。不知而觸之,故遇其患』。王充依此而言孔子不能先知匡人之圍己。

5.『子畏於匡,顏淵後。孔子曰:「吾以汝爲死矣」。(按此見論語先進篇)。……』。王充依此而言孔子不能先知顏淵之未死。

6.『陽貨欲見孔子、孔子不見,饋孔子豚。孔子時其亡也,往拜之。遇諸塗』。(見論語陽貨篇)。王充以孔子本不欲見陽貨,但却遇之於途,故孔子不能先知。

7.『長沮、桀溺耦而耕。孔子過之,使子路問津焉。(按此見論語微子篇)。如孔子知津,不當更問。論者曰:「欲觀隱者之操」。則孔子先知,當自知之,無爲觀也。如不知而問之,是不能先知……』。

8.『孔子母死,不知其父墓,殯於五甫之衢。……鄹人鄒曼甫之母告之,然后得合葬於防』。(事見禮記檀弓上)。王充以此即表示孔子不能先知父墓,必待人告而後合葬。

9.『既合葬，孔子反，門人後，雨甚至。孔子曰：「何遲也？」曰：「防墓崩」。孔子不應；三，孔子泫然流涕曰：「吾聞之，古不脩墓」』。（亦見禮記檀弓上）。如孔子先知，當先知防墓崩；比門人至，宜流涕以俟之。人至乃知之，聖人不能先知……』。

10.『子入太廟，每事問』。（見論語八佾篇）。王充依此而言孔子不能先知。

11.『如孔子先知，宜知諸侯惑於讒臣，必不能用，空勞辱己，聘召之到，宜寢不往。……無爲周流應聘，以取削跡之辱；空說非主，以犯絕糧之厄』。此即表示孔子周流應聘，徒自取辱。王充依之而言孔子不能先知其不見用。

12.『孔子曰：「游者可爲綸，走（當作飛）者可爲矰。至於龍，吾不知，其乘雲風上升。今見老子，其猶龍邪」？（按此見史記老子列傳）。聖人知物、知事。老子與龍，人、物也；所從上下，事也。何故不知？……』。孔子不知老子與龍，故非先知。

13.『孔子曰：「孝哉，閔子騫！人不問於其父、母、昆弟之言」。虞舜大聖，隱藏骨肉之過，宜愈子騫。瞽叟與象使舜治廩、浚井，意欲殺舜。當見殺己之情，早諫豫止；既無如何，宜避不行，若病不爲。何故使父與弟得成殺己之惡，使人聞非父、弟，萬世不滅？以虞舜之不豫見，聖人不能先知……』。

14.『武王不豫，周公請命，壇墠既設，筴祝已畢，不知天之許己與不，乃卜三龜，三龜皆吉。如聖人先知，周公當知天已許之，無爲頓（似當作「須」）復卜三龜知』。此即表示周公不能先知天之許己。

15.『晏子聘於魯，堂上不趨，晏子趨；授玉不跪，晏子跪。門人怪而問於孔子。孔子不知，問於晏子。晏子解之，孔子乃曉』。（按此見韓詩外傳卷第四）。此即表示孔子不能先知晏子之禮，須問而始知。

16.『陳賈問於孟子曰：「周公何人也」？曰：「聖人」。「使管叔監殷，管叔畔也。二者有諸」？曰：「然」。「周公知其畔而使？不知而使之與」？曰：「不知也」。……（按此見孟子公孫丑下）。孟子實事之人也，言周公之聖，……不能知管叔之畔』。故周公不能先知。

上列有關孔子、周公及虞舜等十六種事例，王充都是用以證明聖人不能先知的。而在事實上，王充這種論斷，乃是很正確的。聖人亦是人，對於未來的事物，如何能無憑藉而先知？必以爲聖人一無任何憑藉，而能先知未來事物，可能只是神話，特別如前述讖記之說，自然更是迷信、虛妄的。王充於此，而能盡力加以駁斥、糾正，當然是有其撥亂之意義和價值的。

第二節　人之所以知

在王充，聖人並不能先知，如果要說聖人先知，則亦必須有所憑藉或根據，方爲可能。此如上節所謂『孔子吹律，自知殷後』，雖然亦不免於烏烟瘴氣，但畢竟是由『吹律』一根據而知的。故王充亦可以承認。然而，由某種憑藉或根據而先知，並不限於聖人可能，即賢者以至常人也都是可能的。

關於這種先知，（實在並不是先知），王充在知實、實知兩篇中頗有論列。現在，亦分別申述於下。

先說聖人。知實篇有云：

『孔子曰：「賜不受命，而貨殖焉；億，則屢中」。罪子貢善居積，意貴、賤之期，數得其時，故貨殖多，富比陶朱。然則聖人先知也，子貢億數中之類也。聖人據象兆、原物類，意而得之。其見變名物，博學而識之，巧商而善意，廣見而多記，由微見較，若揆之今睹千載，所謂智如淵海。孔子見竅、睹微，思慮洞達，材智兼倍，彊力不倦，超踰等倫耳！目（當作「自」）非有達視之明，知人所不知之狀也。……』。

這裡，王充由『子貢意貴、賤之期，數得其時』而言『聖人先知，子貢億數中之類』。這在王充，聖人所知的雖然屬於未來，但並不承認聖人眞能先知，乃是由『億』而知的。此中之『億』，照王充所謂『子貢意貴、賤之期』一語看，應該即是『意』的意思。而『意』大抵又即是『思』或『思慮』的意思（註三）。故聖人由『億』而知，亦即由『思』而知。而由思而知，亦不是僅由思，必先有象兆、形跡，然後才能緣之以思、以知之。所以王充接着就說：『聖人據象兆、原物類，意而得之』。所謂『意而得之』，亦即『思而得之』。由此可知，在王充，聖人之所以知的，除了『據象兆、原物類』外，還加上某種『思』的成份。如此，則我們可以說，在王充，『據象兆、原物類而思』，便是聖人之所以知的憑藉或根據。聖人博學、多見，思慮洞達，巧商、善意，見竅、睹微，雖然超踰等倫，但其所以知的，亦決不能離開此種憑藉，那裡能有所謂一無憑藉的先知？

其次，再說賢者。實知篇云：

『放象事類以見禍，推原往驗以處來事，（當有「賢」字）者亦能，非獨聖也。周公治魯，太公知其後世當有削弱之患；太公治齊，周公睹其後世當有劫弒之禍。見法術之極，睹禍亂之前矣。紂作象箸，而箕子譏（當作「嘰」）；魯以偶人葬，而孔子嘆。緣象箸見龍干（讀如「肝」）之患，偶人睹殉葬之禍也。太公、周公俱見未然，箕子、孔子並睹未有：所由見方來者，賢、聖同也』。

按在此一段中，王充擧出兩組事例，證明賢、聖之見未然爲相同。他的意思，大抵是以周公、孔子爲聖人，而以箕子、太公爲賢者。周公治魯、太公治齊，由於二人爲治的主張不同，一主德治，而一主功利，故各知其後世之禍患（註四），這是賢、聖相同的；而箕子嘰象箸，孔子嘆偶人，即預見龍肝之患與殉葬之禍（註五），這也是賢、聖相同的。但是，這種先知、預見，在王充，當然不是空知、空見，乃是由『放象事類』、『推原往驗』而知、見的。而這所謂『放象事類』、『推原往驗』乃是聖人、賢者之所以能知、能見的憑藉或根據。聖人如周公、孔子，必由此憑藉而能知；賢者如箕子、太公，亦必由此憑藉而能知。

復次，再說常人。實知篇繼前述又云：

『魯侯老、太子弱，次室之女倚柱而嘯：由老、弱之徵，見敗亂之兆也。婦人之知，尚能推類以見方來；況聖人、君子，才高、智明者乎？秦始皇十（當作「七」）年，嚴襄王（按即莊襄王）

母夏太后夢（當作「薨」）。孝文后曰華陽后，與文王葬壽陵，夏太后（當有「子」字）嚴襄王葬於范陵，故夏太后別葬杜陵，曰：「東望吾子，西望吾夫，後百年，旁當有萬家邑」。其後，皆如其言。必以推類見方來爲聖，次室、夏太后，聖也。秦昭王十（當作「七」）年，樗里子卒，葬於渭南章臺之東，曰：「後百年，當有天子宮挾我墓」。至漢興，長樂宮在其東，未央宮在其西，武庫正値其墓，竟如其言。先知之效，見方來之驗也。……然則樗里子見天子宮挾其墓也，亦猶辛有知伊川之當戎。昔辛有過伊川，見披髮而祭者，曰：「不及百年，此其戎乎」！其後百年，晉遷陸渾之戎於伊川焉，竟如（當有「其言」二字）。辛有之知當戎，見披髮之兆也；樗里子之見天子（當有「宮」字）挾其墓，亦見博平之墓（當作「基」）也。韓信葬其母，亦行營高敞地，令其旁可置萬家。其後，竟有萬家處其墓旁。故樗里子之見博平王（當作「土」）有宮臺之兆，猶韓信之睹高敞萬家之臺也。先知之見方來之事，無達視、洞聽之聰明，皆案兆、察跡，推原事類。春秋之時，卿大夫相與會遇，見動作之變、聽言談之詭，善則明吉祥之福，惡則處凶妖之禍。明福、處福，遠圖未然，無神怪之知，皆由兆類」。

在這一大段中，王充舉出次室女、夏太后、樗里子、辛有、韓信以及春秋時之卿大夫等六種事例（註六），表示他們之見方來之事，應該都是可以看作就『常人』而說的。誠然，次室女、夏大后是婦人，王充決不會以爲是賢者的；至於樗里子、辛有、韓信以及春秋時之卿大夫，就下章所述之『定賢的標準』而說，王充也是不可能許之爲賢者的。因此，他們之見方來，就王充言，應該都是可以歸屬於常人之見者。

而次室女由老、弱以見敗亂，夏太后由東望、西望以見百年後當有萬家邑旁其墓，依王充，都是由『推類以見方來』；而樗里子之見百年後有天子宮挾其墓，辛有之見伊川之當戎，韓信之知母墓旁之萬家邑，以及春秋時卿大夫之預知禍和福，都可以說乃是通過『案兆、察跡，推原事類』而知的。而『推類以見方來』，原是可以包括於『案兆、察跡，推原事類而知』一意思之中的。如是，則我們亦可以說，這種『案兆、察跡，推原事類』，即是常人之所以知的憑藉或根據。

然而，這所謂常人之所以知的憑藉或根據——『案兆、察跡，推原事類』：與前述王充論賢者及聖人之所以知的，『放象事類』、『推原往驗』，實在並無不同；而與其論聖人之所以知的，『據象兆、原物類而思』，除了思的成份外，亦是完全相同的。但這亦只是文字上說得比較完全而已，意義上依然是沒有什麼增加的。因爲當我們一說到『案兆、察跡，推原事類』或『放象事類』、『推原往驗』而『知』時，本來就含有『思』的成份在內的；否則，即使有『兆』、『跡』和『事類』等當前，亦是無法『案』、無法『察』以至無法『推原』的。所以王充論常人及賢者之所以知，雖然未說到思，實際上是已經含有思這一成份在內了的。而且，王充立說固然很重效驗，（即多舉事例作爲證明），但亦同樣重心意之思的（註七）。如此，則我們可以說，『據象兆、原物類而思』，不僅聖人可以憑之而知，乃是可以通用於賢者及常人的。而賢者及常人都是人，聖人亦是人——並不是神，當然可以統之於『人』一概念之中的。因而，我們便可以一般化或普遍化地說，所謂『據象兆、原物類而思』一憑藉或根據，即是人之所以能知的憑藉或根據。聖人和賢者必由此憑藉而始能知，常人亦必由此憑藉而始能知。

而同時，此種人之所以知的憑藉，所謂『據象兆、原物類而思』，依前述王充所擧的事例言，大體是憑之以『見方來』或『見未然』的。所謂見方來或見未然，用現在的話來說，亦即是『知未來』的意思。人之能知未來既然必須通過『據象兆、原物類而思』，則其能知過去和現在，應該亦是同樣的。這在實知、知實等篇中，王充雖然沒有正式說過什麼，但在事實上是不能有所例外的。因爲人旣然不能空知未來之事，則其對於過去和現在的，當然也是不能空知的。旣然不能空知，則其所以知過去和現在的，亦必須通過『據象兆、原物類而思』一憑藉，方爲可能。依此而言，王充之『據象兆、原物類而思』一憑藉，乃是不僅可用以知未來，亦應該同樣可用以知過去和現在的。

人之所以知，必須通過『據象兆、原物類而思』一憑藉，這在王充，大抵還是就可知的事物而說的；對於不可知的事物，這種憑藉，依然是無效的。不過無論其究竟如何，僅就可知的事物言，王充由此種憑藉論人之所以知，實在足以表示他掃蕩了那種虛妄的聖人先知——即空知——之說後，進而對於知的一種釐定。這種對於知的釐定，自然是有其正面的意義和價值的。這是必須承認的事實。

我們可以這樣說：王充所謂『據象兆』的『象兆』，乃是就外在所知（或即被知）事物之『象兆』而說的；其所謂『原物類』的『物類』，乃是與所知的事物相類甚至相同之『物類』；至於其所謂『思』，則應該是可以看作『思考』或『思維』的。有關外在所知的事物之象兆，本來是人之耳、目等官能所能接觸的；而與外在所知的事物相類或相同的事類，則是可以由人之記憶以起想像、聯想而加以把握的。故王充所謂『據象兆、原物類而思』，實在即是『先由耳、目等官能接觸所知事物之象兆，而對之形成感覺、知覺，並由記憶而起想像、聯想，以及運思考而掌握其類似或相同的事類而推原之』的意思。於此而再作原則性地予以指陳，應該只是：『由感性的經驗進到理性的思維』而已。而這所謂由感性的經驗進到理性的思維，乃是人類對於外界事物之所以知的根本理路，亦即是構成人類種種知識的根本理路。王充論人之所以知，必須通過『據象兆、原物類而思』，實在是已經接觸到這一理路了的。故必有其正面的意義和價值，尤其是在他那個時代中，當神話式的先知之說極盛行之時！

不過，王充雖然接觸到這一理路——由感性的經驗進到理性的思維，但也只是接觸而已，並沒有進一步闡發出『知的本質』。這所謂知的本質乃是就人類『認識的心』(Cognitive Mind)，或『邏輯的理性』(Logical Reason) 而說的。人類『認識的心』或『邏輯的理性』乃是一『認知主體』或『思想主體』，亦是人類理性的思維以至構成知識之可能和必然的唯一基礎。王充的精力和時間多半都消耗於反駁他所認爲虛妄之說上，對於他自己正面所論，往往都不能深入。就其論人之所以知而說，亦只是原則性地接觸到這一認知的理路，並未能進一步闡明『認識的心』，而使理性的思維有其必然之基礎。這是對於人類精神實在——心和性——的體會問題。王充對於眞實的人性缺乏深刻的體會，所以在實知、知實二篇論人之所以知時，亦不能深入地提練出一個思想主體。但這當然是很不容易的，在中國學術思想中，對於思想主體，認識的心，眞有深刻體會的，實在只推荀子（註八），其餘則甚少見。故王充不能及此，亦是不足爲怪的！至於近人推崇實知、知實二篇，以爲什麼『開東方邏輯之宗』或亦有依之而說什麼『認識論』的，則都是毫不相干的泛說。

此外，在實知篇，王充嘗設難徵引『詹何聞牛鳴以知牛』等，而承認有所謂『憑術數而知』的。唯此亦只能『審一而不能盡知』（註九），並不爲王充所重視；而在客觀的學術上，亦不見得有多大意義可說。故此處不擬再行申述了。

第三節　生知或性知問題

而在這裡，我們必須還要提出的，即是『生知或性知問題』。所謂生知，即是性知。王充在實知篇嘗有二設難，並作解答。而其內容是完全相同的，茲先錄其原文之一於下：

『難曰：夫項託七歲教孔子。案七歲未入小學，而教孔子，性自知也。孔子曰：「生而知之，上也；學而知之，其次也」。夫言生而知之，不言學問，謂若項託之類也。王莽之時，勃海尹方年二十一，無所師、友，性智開敏，明達六藝。魏都牧淳于倉奏：「方不學，得文能誦讀，論義引五經文；文說議事，厭合人之心」。帝徵方，使射蜚蟲，筴射無非（當作「弗」）知（按「知」字似誤）者，天下謂之聖人。夫無所師、友，明達六藝；本不學書，得文能讀。此聖人也：不學自能、無師自達，非神如何？

『曰：雖無師、友，亦已有所問受矣；不學書，已弄筆、墨矣。兒始生產，耳、目開始，雖有聖性，安能有知？項託七歲，其三、四歲時，而受納人言矣；尹方年二十一，其十四、五時，多聞、見矣。性敏、才茂，獨思無所據，不睹兆象、不見類驗，却念百世之後有馬生牛、牛生驢，桃生李、李生梅：聖人能知之乎？臣弒君、子弒父，仁如顏淵，孝如曾參，勇如賁、育，辯如賜、予：聖人能見之乎？孔子曰：「其或繼周者，雖百世可知也」。又曰：「後生可畏，焉知來者之不如今也」。論損、益，言「可知」；稱後生，言「焉知」。後生難處，損、益易明也。此尚為遠，非所聽察也。使一人立於牆東，令之出聲，使聖人聽之牆西，能知其黑白、短長，鄉里、姓字所自從出乎？溝有流壍（當作「澌」）、澤有枯骨，髮首陋亡，肌肉腐絕，使（當有「聖」字）人詢之，能知其農商、老少，若（猶「與」）所犯而死乎？非聖人無知，其知無以知也。知無以知，非問不能知也。不能知，則賢、聖所共病也』。

按此處一問、一答，即可以表示『生知』或『性知』問題，而此問題依然還是就聖人而說的。難者舉出項託、尹方為例，都是屬於『不學自能、無師自達』之『生知』或『性自知』者，並引孔子『生而知之者』（見論語季氏篇）以為亦只說項託之類。而王充的答覆，雖然不少，但大多亦只是上文所謂『聖人不能空知』及其申說而已。他以為聖人不睹兆象、不見類驗，不能知百世後有馬生牛、牛生驢，桃生李、李生梅；不能知臣弒君、子弒父，以及顏淵之仁，曾參之孝，賁、育之勇，賜、予之辯：都表示聖人不能空知的意思。其引孔子論損、益『可知』，言後生『焉知』，（見論語為政及子罕篇）：

即表示聖人亦只能知可知，而不能知不可知。可知如損、益，必有兆、跡可見；不可知如後生，其發展不可捉摸，即無由知。故此，王充所言，大致亦可以看作聖人不能空知之申說。至於聖人不能只依牆東之聲而知其人之黑白、短長、鄉里、姓字，以及不能只由流澌、枯骨而知其人之爲農商、老少與何所犯而死：則就表示憑藉過少，聖人無從以知。此尤爲聖人不能空知之申說。

就其對於生知問題之解答而言，比較相應而切實的，則上引原文中只有開頭幾句。其中所謂『雖無師、友，亦已有所問受矣；不學書，已弄筆、墨矣』：這是就尹方而說的，表示尹方並不是生知，而只是由學習而知。尹方如此，項託亦只是如此的。故云：『項託七歲，其三、四歲時，而受納人言矣』。而受納人言，即是受納他人之教，亦即是由學習而知的意思。所謂『兒始生產，耳、目始開，雖有聖性，安得有知』：這正可以看作王充原則性的指陳，表示人決不可能生知或性知，只能依耳、目經驗而知。此外，實知篇又說：

『人才有高、下，知物由學。學之乃知，不問不識。子貢曰：「夫子焉不學，而亦何常師之有」？（按見論語子張篇）。孔子曰：「吾十有五而志乎學」。（按見論語爲政篇）。五帝、三王皆有所師。……天地之間，含血之類，無性知者。……』。

該篇又說：

『實者，聖、賢不能知性（當作「性知」），須任耳、目以定情實。其任耳、目也：可知之事，思之輒決；不可知之事，待問乃解。天下之事、世間之物，可思而（當有「知」字），愚夫能開精；不可思而知，上聖不能省。……』。

這些話大體也都是相同的，都只表示人不能生知，而只能由學習而知。所以總起來說，我們可以得出這樣的結語：在王充，聖人不可能生知或性知，只能由經驗、學習而知。

然而，王充所謂聖人不能生知，必由經驗、學習而知，本來是就知識事物而說，亦即是對於知識事物之知而說的。而對於知識事物，能由感性的經驗進到理性的思維，即可以構成知識。所以『對於知識事物之知』，我們應該可以稱之爲『知識之知』。對於知識事物之知必須通過經驗、學習始有可能，乃是絕對正確的。常人必須如此，聖人、賢者亦只能如此。王充駁斥聖人生知或性知之說，落在知識事物上說，自然亦是有其撥亂反正之功的。

不過，事實並不如是簡單：人之心知，實在不只限於『知識之知』，同時亦必有其高一層的『德性之知』。知識之知，不能生知或性知，(只能通過經驗、學習而知)，這是確定不移的。至於德性之知，則是可以說爲生知或性知的。因爲它是無須通過經驗、學習即能知的。故就德性之知言，不僅聖人可以生知，即常人也是同樣可以生知的。關於這一層，我們可以約略說明於下。

首先，我們可以就前述難者所引論語（季氏篇）孔子『生知』之說加以說明。孔子『生知』之說的全文云：

『子曰：生而知之者，上也；學而知之者，次也；困而學之，又其次也。困而不學，民斯下矣』。

按論語此章，其主要意思固然是勉人困學的，但亦已經指出人之資質——即一般所謂天資或氣質——可以有三等：生知爲上，學知次之，困知爲下。而這種對於人之資質的三分法，實在即爲後來禮記中庸所承繼。故中庸云：

『或生而知之，或學而知之，或困而知之。及其知之，一也』。

就其對於人之資質之三分言，孔子之言與中庸是完全相同的。而其中所謂『生而知之』的『之』字，決不是指外在事物而說的。對於外在事物之知，（或即知識之知），必須通過經驗、學習，乃是決不可能生知的。的確，如何知外在事物，（或即如何了解外在事物），以求構成知識之學，就中國古代言，雖然是極不發達的，孔門亦並無接觸，但對於外在事物不能生知，這在孔子和子思，我以爲是決不可能不明白的。故『子入太廟，每事問』。這就表示太廟中的事物——如祭器之類，聖人決不能生知，必待問而後知。而這便是王充依以斷定聖人不能先知之一例，自然是很正確的（註一〇）。如此，則其所謂生而知之的『之』字，決不可能是指外在事物而說的。而與『生知』並說的『學而知之』、『困而知之』等『之』字，也決不可能是指外在事物而說的。

這些『之』字既然不可能指外在事物，則一定是指『道』說的（註一一）。這所謂道：就孔子說，當然即是『仁』；就中庸說，當該即是『父子有親、君臣有義，……』等『五達道』。而五達道原就可以統會於仁，故亦可以看作即是就『仁』而說的（註一二）。仁是道，是至善的，一方面是內在於人，而爲人之實踐之理，一方面又是超越於人，而爲客觀而普遍的共同之理。人之資質高者，往往用不到如何盡力即能體悟此仁道，這便是『生而知之』；而資質稍差的，必須盡力學方能體悟此仁道，這便是『學而知之』；至於資質更差的，盡力學尚不能爲益，必至窮困的境地方能體悟此仁道，這便是『困而知之』的意思。尅就『生知』言，本是比較以下二級——學知、困知——而說的，即是比較以下二級容易體悟此仁道。這種生知當然是有意義的，只是王充並不明白。王充之設難和解答都未能及此，只是將其轉到對於外在事物之知爲申說，故不免失之疑似，而不能加以正視了。

然而，如果再進一步說，則孔子、子思所謂生知、學知和困知，實在都可以說是『生知』的。因爲不論生知、學知或困知，其所知的對象既然是至善的仁道，則其能知的主體亦必是能知『至善』的『知』。而此能知至善的知是人所固有的、性份中所固有的知。對於這種固有的知：就資質優美者說，其蔽少，故能易悟而知；資質稍差，其蔽較多，故須由學而悟、而知；資質低劣者，其蔽尤多，故須由困學而悟、而知。其中資質優美者之生知，只是蔽少而易知，並非絕對無蔽的——那只是理想；至於由學而知及由困學而知者，亦只是蔽多而不易知而已。因而，不拘生知、學知或困知，根本上必須隨時去蔽始能復其固有之知。故生知並不是絕對的生知，只是較學知、困知爲生知。當學知、困知者達到其固有之知時，亦與生知無異。此即中庸所謂『及其知之，一也』。這所謂『一』，亦即與生知無異，都是『生知』的意思。而此所謂生知，原是性份中固有的知，所以亦即是『性知』。

而且，這種生知或性知，其所知的對象必爲至善的仁道——那是理想之根，亦是一切價值之源，其本身自然德性、價值的；而其能知的主體本身，當然亦是德性、價值的——否則是不可能知的。因此，對於這種生知或性知，我們自然可以稱之爲『德性之知』。

其次，我們可以就王充所肯定的『人道善善、惡惡』加以說明。在前文，我們已經徵引過王充所謂人道善善、惡惡。這種善善、惡惡。亦即是好善、惡惡，王充原意，乃是就人之對於他人的善、惡而說的。凡是人，只要是人，對於他人或社會之善必能好，對於他人之惡必能惡。這是最確定的。而同時，人能好、惡他人之善、惡，同樣亦能好、惡自己之善、惡。禮記大學所謂『如惡惡臭、如好好色』，即是就好、惡自己之善、惡而說的。這也是最確定的。但是，人之好善、惡惡，無論好、惡他人或自己的善、惡，在一般上總是基於：知善、知惡。如果人不能先知善、知惡，則如何即能好善、惡惡？所以從王充所肯定的人道好善、惡惡說，確實是涵有一種知善、知惡之『知』在內的。

可是，這種知善、知惡之知，究竟是什麼知呢？這可以從孟子的話加以說明。孟子說：

『人之所不學而能者，其良能也；所不慮而知者，其良知也。孩提之童，無不知愛其親也；及其長也，無不知敬其兄也。親親，仁也；敬長，義也。無他，達之天下也。』（盡心上）。

按孟子此處原係良能、良知並說，而其下文言愛親等時，似乎只說一個良知。依其所擧的事例言，良知即是知『愛親』、知『敬兄』之『知』。而愛親，即是『親親』，亦即是『仁』；敬兄，即是『敬長』，亦即是『義』。故良知所知的即是仁、義。而仁、義當然是善的，故良知即是知『善』的。說知『善』，同時亦必可以包括知『惡』。善、惡爲相反的兩行，自然都必爲良知之所知。所以後來王陽明就說：『知善、知惡是良知』（註一三）。依此而言，則知善、知惡之『知』，即是『良知』。

而這所謂良知，在孟子，乃是『不慮而知』的。這種不慮而知的良知，孟子又是將其與『不學而能』的良能並說的。由此可知，良能、良知都不是由經驗和學習而能、而知的，乃是先天的、與生俱來的，也是性份中固有的知、能。因而，這種知善、知惡的良知，自然亦可以稱之爲『生知』或『性知』的。同時，良知所知的對象，必是善、惡，社會的善、惡，或個人自己的善、惡。而善是德性、價值的，惡是反德性、反價值的。（是、非亦同）。因此，從良知自身說，其知必是一種德性、價值之知，我們自然亦可以稱之爲『德性之知』。所以我們不論說良知、說生知或性知，其知總是一種『德性之知』。

總之，我們從孔子、子思之『生知、學知和困知』，或從王充自己的『人道善善、惡惡』之中，確實是可以解析出一種『生知』或『性知』，或即『德性之知』的。而這種德性之知並不同於『知識之知』。知識之知，其所知的對象爲知識事物。凡知識事物都是非德性、非價值的，（但並不是反德性、反價值的），亦即只是中性、無記的。故知識之知，其自身亦必只是中性、無記的，與德性之知，（其自身是德性、價值的），不僅不同，而且其層次亦必較低。知識之知，乃是人之『認識的心』所表現的知；而德性之知，即是良知，即是人之『道德的心』(Moral Mind) 所表現的知。後者爲孔、孟所揭示，乃是關係着中國整個學術文化之眞命脈的；前者爲荀子所闡發，可惜後來並無妥善的發展。而在事實上，由前者可以有『知識之學』，（如邏輯、數學、科學等），由後者可以有『行爲之學』，（成就德性人格，或道德、宗教等學）。這二者之知，綜合於人性之中，而爲人類學術文化之所以產生的本源，所以實在都是不容忽視的！王充能釐定構成知識之基本理路，但對於知識之知和德性之知本身，都不能有所接觸，自然更說不上什麼深入了。而其所以如此，根本原因，當然只在其對於人性觀念體會得太惡劣的緣故。這是無可奈何的事！

註一　章士釗說：『實知、知實二首，開東方邏輯之宗，尤未宜忽。』（黃暉論衡校釋附編三）。

註二　按王充以讖書言孔子豫見仲舒爲不可信，本是很正確而合理的。但王充立說多張揚，往往多自相抵觸。故案書篇涉及此點時，又是有其解釋的。案書篇云：『讖書云：「董仲舒亂我書」。蓋孔子之言也。讀之者，或爲「亂我書」者，煩亂孔子之書也。或以爲亂者理也，理孔子之書也。共一「亂」字，理之與亂，相去甚遠。然而讀者用心不同，不省本實，故說誤也。夫言煩亂孔子之書，才高之語也；其言理孔子之書，亦知奇之言也。……俗世用心不實，省事失情，二語不定，轉側不安。案仲舒之書不違儒家，不及（當作「反」）孔子，其言煩亂孔子之書者非也。孔子之書不亂，其言理孔子之書者亦非也。孔子曰：「師摯之始，關雎之亂，洋洋乎盈耳哉！」亂者，於（當作「終」）孔子之言也。孔子生周，始其本；仲舒在漢，終其末。班叔皮續太史公書，蓋其義也；賦、頌篇下有「亂曰」章，蓋其類也。孔子終論定於仲舒之言，其修雩治龍，必將有義，（按此見亂龍篇），未可怪也』。按此處王充又承認讖書之言，並爲『亂我書』之『亂』作解釋，不能不是一大怪事！

註三　實知篇說：『……明福、處禍，遠圖未然，無神怪之知，皆由兆類。以今論之：故夫可知之事者，思慮所能見也；不可知之事，不學、不問，不能知也。不學自知、不問自曉，古、今行事，未之有也。夫可知之事，推精思之，雖大無難，……』。按此段所謂『思慮』、所謂『推精思之』之『思』，應該即與『意貴、賤之期』之『意』相同。王充由『億』轉說『意』，（此二字意義相同），原只是『意度』的意思。『意度』與『思或『思慮』，實在亦並不能說有何不同。

註　四　呂氏春秋長見篇載：『呂太公望封於齊，周公旦封於魯。二君者，相善也。相謂曰：「何以治國？」太公望曰：「尊賢、上功」。（韓詩外傳十作「舉賢、賞功」，淮南子齊俗訓作「舉賢而上功」）。周公旦曰：「親親、上恩」。（韓詩外傳十淮南子及齊俗訓均作「尊尊、親親」）。太公望曰：「魯自此削矣」。周公旦曰：「魯雖削，有齊者亦必非呂氏也」。其後齊以日大，至於霸，二十四世而田成子有齊國。魯公以削，至於覲存，三十四世而亡。』按此可以表示周公尚德治（原文『尊尊、親親』較『親親、上恩』爲切），太公尚功利（原文『舉賢而上功』亦較『尊賢、上功』爲切）。

註　五　淮南子繆稱訓云：『紂爲象箸而箕子嘰，魯以偶人葬而孔子歎。見所始，則知所終。……』。又見該書說山訓，『嘰』作唏。

註　六　劉向列女傳貞女篇：『魯漆室邑之女，過時未適人。當穆公之時，君老、太子幼，女倚柱而嘯。旁人聞之，莫不爲之慘然者。鄰婦從之遊，謂曰：「何哭之悲？子欲嫁乎？吾爲子求偶」。漆室女曰：「嗟乎，如吾以子爲知，今反無識也。豈爲欲嫁之故不樂而悲哉？吾憂魯君老而太子少也」。』又御覽四六九引說苑略同，唯『漆室』作『次室』。（說苑文未見）。又王符潛夫論釋難篇『漆室』亦作『次室』。黃暉論衡校釋引孫云：『續漢書郡國志東海郡蘭陵有次室亭。劉昭注地道記曰：「故魯次室邑」。當即此地』。夏太后事見史記呂不韋傳。樗里子事見史記樗里子傳。辛有事見左傳僖公二十二年。韓信事見史記淮陰侯傳贊。春秋時卿夫大會遇，據左傳所載，預言禍福頗多，讀左傳可知。

註　七　論衡薄葬篇：『夫論不留精澄意，苟以外效立事，是、非信聞見於外，不詮訂於內，是用耳、目論，不以心意議也。夫以耳、目論，則以虛象爲言。虛象效，則以實事爲非。是故是非者不徒耳、目，必開心意。墨議不以心原物……』。按此本是評擊墨子右鬼的。但依之亦可見王充立論應該『不徒耳、目，必開心意』者，至少原則上是如此的。

註　八　按荀子思想雖然以禮義爲首出，（荀子『隆禮』或『隆禮義』），但其底子却是『理智的認識之心』。故荀子所體會的心是理智心，亦即認識的心。關此，可閱業師牟宗三先生荀學大略（該書爲臺灣文物供應社印行），又徐復觀先生中國人性論史第八章、第四節（該書爲東海大學出版），又韋政通荀子與古代哲學第四章（該書爲臺灣商務印書館印行）。

註　九　實知篇：『難曰：詹何坐，弟子侍。有牛鳴於門外。弟子曰：「是黑牛也，而白蹄」。詹何曰：「然。是黑牛也，而白其蹄。」使人視之，果黑牛，而以布裹其蹄。詹何賢者也，尚能聽聲而知其色。以聖人之智，反不能知乎？』王充答覆云：『能知黑牛、白其蹄，能知此牛誰之牛乎？白其蹄者以何事乎？夫術數直見一端，不能盡其實。雖審一事，曲辯問之，輒不能盡知。何則？不目見、口問，不能盡知也。……』。按詹何知黑牛而白蹄，依王充，即是一種由『術數而知』之知。其下文尚舉出好幾種事例，似乎沒有列舉之必要了。

註一〇　論語八佾篇子入太廟每事問章，何晏論語集解注引孔曰：『雖知之，當復問，愼之至也』。（後朱子集註亦主此說）。其實，論語此章之意，王充之說自很正確。故後來王陽明說：『聖人無所不知，只是知箇天理；無所不能，只是能箇天理。聖人本體明白，故事事知天理所在，便去明箇天理。不是本體明後，却於天下事物都便知得，便做得來也。如名物、度數、草、木、鳥、獸之類，不勝其煩，聖人須是本體明了，亦緣何能盡知得?但不必知的，聖人自不消求知。其所當知的，聖人自能問人。如子入太廟，每事問之類，先儒以爲雖知亦問，敬謹之至，此說不可通。聖人於禮、樂名物不必盡知。然他知得一箇天理，便自有許多節文度數出來。不知能問，亦即是天理節文所在』。（傳習錄下）。按陽明此段，將聖人能知與不能知分別得極清楚，非漢、宋儒者所能企及。

註一一　近人徐英論語會箋註生知章云：『英案：知之、學之者，知此道也、學此道也。此道在心，此心即理。仁、義、孝、弟，反求諸心也。上智不爲物蔽，故曰生知；中人或移於習。故必學知，克己復禮是也。物欲既深，克之較難，故曰困學。……』。按徐氏此說雖不免渾淪，但大抵是不錯的。所謂知之、學之，均指道說，尤確。孔子之道即是仁，仁內在於心，而爲一切德之統會。分開說，即仁、義、禮、智及孝、弟等亦只是此統會之仁的顯發，反求諸心即可得。而此仁、義等，統會地說，亦只是其心之仁而已。

註一二　朱子註中庸此章云：『知之者之所知……，謂達道也』。按此所謂『達道』，即指中庸該章上文所謂『五達道』。其上文云：『天下之達道五……君臣也、父子也、夫婦也、昆弟也、朋友之交也，五者天下之達道也』。朱子註云：『達道者，天下古今所共由之路，即書所謂五典，孟子所謂父子有親、君臣有義、夫婦有別、長幼有序、朋友有信，是也』。由此可知，五倫不即是五達道，而五倫之所以爲五倫之道的『親』、『義』、『別』、『序』、『信』等，才是五達道。故依朱子，中庸所謂生知、學知、困知之所知，即是指五達道的『親』、『義』、『別』、『序』、『信』等而說的。而此五達道乃協調是人際關係之道，自然不是外在事物，必源自人心之仁，故必可以統會於仁。

註一三　語見傳習錄下。

第七章 賢才之程量及其準則問題

這裡，我們所要說的，便是王充程量賢才一方面的思想。王充這一方面的思想，大抵即見於論衡答佞、程材（同『才』）、量知（同『智』）、效力、別通、超奇以及定賢等諸篇中，而其主要內容乃是王充對於文吏、儒生以及其所謂文儒、通人、鴻儒或賢儒等各級人物之評定。至於我們這裡所謂『賢才之程量』，即是取程材、量知二篇篇名的意思，而一般化地加以使用的。

第一節 賢才的等級

王充思想本來都是用以駁斥當時流行之說的。關於這一方面的思想，雖然可能與東漢選拔人才的制度有關（註一），但最重要的，畢竟與當時世俗之推重文吏而詆毁儒生特別有關。故程材篇說：

『論者多謂儒生不及彼文吏，見文吏利便而儒生陸落（註二），則詆訾儒生以爲淺短，稱譽文吏謂之深長。是不知儒生，亦不知文吏也。儒生、文吏皆有材智，非文吏材高而儒生智下也；文吏更事，儒生不習也。……。謂文吏深長、儒生淺短，知（當爲衍文）妄矣』。

按王充以儒生不及文吏爲虛妄，其正面意思即在『文吏更事、儒生不習』，並不是二者才智有何高、下。因爲文吏更事、儒生不習，所以文吏常爲將、相所用，而儒生却就不免於冷落、失意。故程材篇又說：

『夫儒生材非下於文吏，又非（當爲衍文）所習之業非所當爲也。然世俗共短之者，見將不好用也。將之不好用之者，事多已不能理，須文吏以領之也。……文吏理煩，身役於職，職判功立，將尊其能；儒生栗栗，不能當劇，將有煩疑，不能效力。力無益於時，則官不及於身也。將以官課材，材以官爲驗。是故世俗常高文吏，賤下儒生。……』。

文吏能理煩事、多功，故爲將所用；儒生栗栗，不能當劇，故官不及於身。這是儒生所以不及文吏的地方，亦正是世俗共短儒生的地方。而上文所謂『文吏利便、儒生陸落』，也是這意思的另一說法。

但這只是從『理事』的立場而說的。從理事的立場而說，則儒生不及文吏。倘若轉從『修德、立化』的立場上說，依王充，『則文吏瓦石，儒生珠、玉也』。（亦程材篇語）。何以如此？王充說：

『案世間能建蹇蹇之節、成三諫之議（當作「義」），令將檢身自敕，不敢邪曲者，率多儒生；阿意苟取容幸，將欲放失，低嘿不言者，率多文吏。文吏以事勝，以忠負；儒生以節優，以職劣：二者長、短，各有所宜。世之將、相，各有所取：取儒生者，必軌德、立化者也；取文吏者，必優事、理亂者也』。（程材篇）。

這是說儒生、文吏各有所宜，雖然儒生能建蹇蹇之節，爲有道之君子，而文吏爲阿意取容，有類於小人，但在理事與修德、立化上，尚可以分途進用。只是：

『五曹自有條品，簿書自有故事，勤力玩弄，成爲巧吏，安足多矣？賢明之將，程吏取材，不求習論高，存志、不顧文也。稱良吏曰忠。忠之所以效，非簿書也。夫事可學而知、禮可習而善，忠節、公行不可立也。文吏、儒生皆有所志，然而儒生務忠良，文吏趨理事。苟有忠良之業，疏拙於事，無損於高』。（同上）。

這是從吏事易學、忠良難立，而說儒生務忠良，文吏趨理事。故儒生雖然疏拙於事，亦無損於其高。由此而再進一步說，則儒生必高於文吏了。王充又說：

『……五經以道爲務，事不如道。道行事立，無道不成。然則儒生所學者，道也；文吏所習者，事也。假使材同，當以道學。如比於文吏，洗泃泥者以水，燔醒生者用火。水、火，道也；用之者，事也。事末於道。儒生治本，文吏理末。道本與事末，比定尊、卑之：高、下可程矣』。（同上）。

儒生所學在於五經，故有道。文吏所學只是事，不必就有道。道本而事末，儒生治本而文吏理末，故儒生必高於文吏。

同時，有道即有德。儒生學道，必有德；文吏學事，不必即有德。故量知篇就說：『文吏少道德，儒生多仁、義』。而這可以呼應上文所謂儒生率多能建蹇蹇之節，以及文吏率多阿意取容之言。由此而言，則王充以儒生高於文吏，乃是從道德上說，而以道德爲準則的。

然而，儒生固然學於五經而有道德，可以高於文吏，但其本身依然是不够的。所以王充說：

『夫儒生之業五經也，南面爲師，旦、夕講授章句，滑習義理，究備於五經，可也。五經之後，秦、漢之事，無（當爲衍文）不能知者，短也。夫知古、不知今，謂之陸沉。然則儒生所謂陸沉者也。五經之前，至於天地始開，帝王初立者，主名爲誰，儒生又不知也。夫知今、不知古，謂之盲瞽。五經比於上古，猶爲今也。徒能說經，不曉上古：然則儒生所謂盲瞽者也』。（謝短篇）。

這是指斥儒生之不足。如果眞像王充所說，則當時之儒生，實在是很簡陋的。他們徒知抱着五經，前不通於上古，後不接於秦、漢，就不免於陸沉、盲瞽之譏了！因此，儒生雖然能知『學問』、有力，亦正所謂有『博達、疏通』之力（註三），但畢竟不能算是多力的。故效力篇嘗載：

『問曰：說一經之儒，可謂有力者？

『曰：非有力者也。陳留龐少都每薦諸生之吏，常曰：「王甲某子，才能百人」。太守非其能，不答。少都更曰：「言之尙少，王甲某子，才能百萬人」。太守怒曰：「親吏妄言」！少都曰：「文吏不通一（當爲衍文）經一文，不調師一言；諸生能說百萬章句，非才知百萬人乎」？太守無以應。夫少都之言，實也；然猶未也。何則？諸生能傳百萬言，不能覽古、今，守信師法，雖辭說多，終不爲博。殷、周以前，頗載六經，儒生所不能說也；秦、漢之事，儒生不見，力劣不能覽也。周監二代，漢監周、秦。周、秦以來，儒生不知。漢欲觀覽，儒生無力。使儒生博觀覽，則爲文儒。文儒者，力多於儒生。如少都之言，文儒才能千萬人矣』。

按此段所說與上段謝短篇所說相似，只是上段就儒生之簡陋說，此段却就儒生之少力說。儒生既然陸沉，又是盲瞽，故儒生之力總是不能算多的。不過，儒生倘若博覽而通五經以外之古、今，則必可以成爲有大力之文儒了。

因而，文儒必高於儒生。而文儒之所以高於儒生，一方面必由博覽而得多力，另一方面又在其能爲文。所以王充又說：

『夫文儒之力過於儒生，況文吏乎？能擧賢、薦士，世謂之多力也。然能擧賢、薦士，上書、日（當作「白」）記也。能上書、日（「白」）記者，文儒也。文儒非必諸生也，賢達用文則是矣。谷子雲、唐子高奏章百上，筆有餘力，直言不諱，文不折乏，非夫才、知之人不能也。孔子、周世多力人也，作春秋、刪五經，秘書、微文無所不定。山大者雲多。泰山不崇朝辦雨天下（註四）。夫（衍文）然則賢者有雲、雨之知，故其吐文萬牒以上，可謂多力矣。世稱力者，常褒烏獲。然則董仲舒、揚子雲，文之烏獲也。秦武王與孟說擧鼎，不任，絕脈而死。少文之人，與董仲舒等涌胸中之思，必將不任，有絕脈之變。……顏氏之子已曾馳過孔子於塗矣，劣倦、罷極，髮白、齒落。夫以庶幾之才，猶有仆頓之禍。孔子力優，顏淵不任也。才力不相如，則其知思不相及也。……書五行之牘、書十奏之記，其才劣者，筆墨之力尤難，況乃連句、結章，篇至十百哉？力獨多矣！』。（效力篇）

這是說文儒的。文儒之力超過儒生，原是以能爲文爲準則的。能上書、白記者爲文儒，能吐文萬牒以上者尤者稱得上文儒。故在書解篇，王充以『著作者爲文儒，說經者爲世儒』，並以世儒說經只是虛說，而文儒著作乃是實篇，因而斷定文儒必賢於世儒，大體也只是這意思的另一說明。他所謂世儒，也便是這裡所謂儒生。不過，文儒超過儒生，雖然必由能爲文見，但在能爲文之先，必能博覽而通古、今，然後始能吐文多而有大力。而這種文儒，依王充此段所說：谷子雲、唐子高是够得上的；而董仲舒、揚子雲也是够得上的；特別是孔子，周世多力之人，當然更不用說了。

文儒高於儒生，儒生高於文吏，這些都是很淸楚的。而在這三級中，是以文儒爲最高。而文儒應該就是『通人』。在別通篇，王充是很推崇『通人』的。他說：

『夫通人猶富人，不通者猶貧人也。俱以七尺之形：通人胸中懷百家之言；不通者空腹，無一牒之誦。……夫通與不通，不相及也』。

這是通人與不通者的分別。他所謂通人，即是胸懷百家之言之人。王充又說：

『夫富人不如儒生，儒生不如通人。通人積文十篋以上，聖人之言、賢者之語，上自黃帝，下至秦、漢，治國、肥家之術，刺世、譏俗之言備矣。使人通明博見，其爲可榮，非徒縑布、絲綿也』。（別通篇）。

故通人又不止胸懷百家之言，更能善爲文者。他又說：

『故夫大人之胸懷非一，才高、知大，故其道術無所不包。學士同門，高業之生，衆共宗之。何則？知經指深，曉師言多也。夫古、今之事，百家之言，其爲深多也，豈徒師們高業之生哉？』（同上）

這裡所謂『大人』，應該就是通人。而緊接此段下文，王充又有所謂『能多種穀，謂之上農；能博學問，（當有「不」字）謂之上儒：是稱牛之服重，不譽馬速也』。此所謂『上儒』亦應該只是通人。而所謂通人，王充以其『胸懷非一，才高、知大，故其道術無所不包』。由此可知，通人，實在是很高的，似乎就是文儒，至少是與文儒不相高、下的。王充又說：

『自武帝以至今朝，數擧賢良，令人射策甲、乙之科。若董仲舒、唐子高、谷子雲、丁伯玉，策既中實，文說美善，博覽膏腴之所生也。使四者經徒所摘（當作「榴」）、筆徒能記疏，不見古、今之書，安能建美善於聖王之庭乎？』（同上）。

董仲舒等四者不只讀經、記疏，還能博通古、今，故能上書、白記——賢良對策，建美善於王庭。此即表示他們都是通人。而且，依上文所引，在這四者中，除丁伯玉外，其餘三者王充都是將他們說爲文儒的。故在王充，文儒應該就是通人。

文儒雖然就是通人，但通人並不是最高的。王充說：

『通書千篇以上、萬卷以下，弘暢雅閑，審定文讀，而以教授爲人師者，通人也；抒其義旨，損益其文句，而以上書、奏記，或興論、立說，結連篇章者，文人、鴻儒也』。（超奇篇）。

這一段很明白，王充所謂通人，原是在於文人、鴻儒之下的。而且：

『儒生說名於儒門，過俗人遠也。或不能說一經，教誨後生；或帶徒聚衆，說論洞溢，稱爲經明；或不能成牘、治一說。或能陳得失，奏便宜，言應經傳，文如星、月，其高第若谷子雲、唐子高者，說書於牘奏之上，不能連結篇章。或抽列古、今，紀著行事，若司馬子長、劉子政之徒，累積篇第，文以萬數，其過子雲、子高遠矣，然而因成、紀前，無胸中之造。若夫陸賈、董仲舒論說世事，由意而出，不假取於外，然而淺露易見，觀讀之者猶曰傳記。陽成子長作樂經、揚子雲作太玄經，造於助（當作「眇」）思，極窅冥之深，非有庶幾之才，不能成也。孔子作春秋，二子作兩經，所謂卓爾蹈孔子之跡，鴻茂參貳聖之才者也』。（同上）。

這一段大抵係接前段而說，應該可以看作王充對於儒生、通人、文人及鴻儒等四者之申說。而在這裡，除了儒生一級爲泛說外，其餘都是擧出實際人物的。就其整個看：谷子雲與唐子高，則只能列於通人；而司馬子長與劉子政，則應該只在通人和文人之間；陸賈、董仲舒，則是可以够得上文人的；至於陽成子長、揚子雲和孔子，則一定可以當於鴻儒之格。如果這是符合王充原意的，則文儒一格就不免有問題了。

因爲照上文所說，谷子雲、唐子高、董仲舒和孔子，都是可以屬於文儒的；而在這裡，王充又將子雲、子高只列於通人、仲舒亦只列於文人之中。故就孔子說，他既然是文儒，同時又是鴻儒。但若就子雲、子高和仲舒說，他們既然是文儒，同時又只是通人和文人。因而，文儒只是通人，最多亦只可以升至文人的一級。如此，則所謂文儒究竟就是通人？還是與鴻儒相同？這就不清楚了。

對於這一個問題之指出，我們同時亦已大致上指出了王充心目中的人物等級。他從文吏與儒生，一直論到鴻儒爲止，可以分爲五個等級：文吏、儒生、通人、文人及鴻儒。其中文吏以理事爲才，亦近乎小人，並不足計；至於其他各級，王充大抵亦有明白的交代，他說：

『故夫能說一經者，爲儒生；博覽古、今者，爲通人；采掇傳書，以上書奏記者，爲文人；能精思著文，連結篇章者，爲鴻儒。故儒生過俗人，通人勝儒生，文人踰通人，鴻儒超文人』。（超奇篇）。

這可以說是王充對於各級層次之評定。而以鴻儒爲最高。

並且，在王充，鴻儒是最特出，亦最值得推崇的。他說：

『故夫鴻儒，所謂超而又超者也。以超之奇，退與儒生相料，文軒之比於敝車、錦繡之方於緼袍也，其相過遠矣。……故夫丘山以土、石爲體，其有銅、鐵，山之奇也；銅、鐵旣奇，或出金、玉。然鴻儒，世之金、玉也，奇而又奇矣』！（同上）。

這是超奇篇之最重要的內容，也是王充對於鴻儒一格之推崇。而其具體事例，可以由上文所謂陽成子長作樂經，揚子雲作太玄以及孔子作春秋等加以了解。陽成如何作樂經、子雲如何作太玄，王充並無說明。但他對於孔子如何作春秋，則是略有所及的。他說：

『孔子得史記以作春秋，及其立義、創意，褒貶、賞誅不復因史記者，眇思出於胸中也。凡貴通者，貴其能用也。……（同上）』。

孔子是鴻儒，當然亦兼通人、文人之長，故此處即就通說。就通說，通必能用，始爲可貴。超奇篇云：『好學勤力，博聞強識，世間多有。著書表文，論說古、今，萬不耐（同「能」）一。然則著書表文，博通所能用之者也』。孔子必通而能用，所以因史記（魯史記）作春秋，材料雖然是舊的，但其立義、創意，褒貶、賞誅却全是新的，全出於胸中之『眇思』。這應該是鴻儒所以爲鴻儒之究竟，亦是超奇所以超奇之究竟。

由以上所述，可知王充程量賢才的大致情形。他是從儒生一直說到鴻儒，大抵應該可以統之於『賢儒』一詞的。所以狀留篇開頭就說：『論賢儒之才，旣超程矣、世人怪其仕宦不進……』。這在留狀篇，原是承上起下的話。就其承上言，則是指超奇篇所論之各級人物而說的。因而，從儒生到鴻儒，應該可以說都是『賢儒』。而賢儒當然又可以稱爲賢者。故定賢篇盛辨賢者與非賢之別，答佞篇亦必以賢、佞對顯。而這些所謂賢者應該都是可以統而爲一的。否則便成混亂，甚至是矛盾的。同時，在定賢篇，王充雖然以『聖人難知，賢者比於聖人爲易知』，好像將其所論只局限於賢者，而有置聖人不論之意——這或許因爲王充嘗評擊世人不知聖人（註五），故亦不以自己爲能知聖人，而只就賢者說話。其實，王充論鴻儒，必擧孔子作春秋爲例，亦是已經包括聖人在內的；同時，王充以爲賢、聖乃是同軌、殊名，定賢自然亦可以論聖的（註六）。故王充程賢才，實際即是程量聖、賢的。

第二節　程量之準則問題

這樣，我們便可以轉而說明其所以程量之準則問題。

王充程量賢才，所論固然並不深刻，但亦有其之準則的。除了上文所謂文吏和儒生二者必以道德爲準則外，尙有三點可說：其一、是以『文』爲準則，其二、是以『九德』爲準則，其三，是以『善心』爲準則。而這三者究竟如何，我們還須略予考察，方能明白。

先說以文爲準則。王充是很推崇文的。他在論衡書解篇說得很多，而且不限於文學之文，亦擴及威儀氣象之文、天地萬物之文，和瑞應、符命之文。（詳第二章註一七）。由此可知王充對於文之推崇。但這還只是一般的。若再切實地說，則王充所謂通人、文人及鴻儒，都是就其能爲文而說的。上引所謂『通人積文在十篋以上，聖人之言、賢人之語……刺世、譏俗之言備矣』。這便是以文彰顯通人的。所謂『賢者有雲、雨之知，故其吐文萬牒以上，可謂多力矣』。這是說文多、力多，亦是以文顯示賢者的。又如『人知出穀多者地力盛，不知出文多者才、知茂，失事理之實矣』。（效力篇）。這是以文多者爲才、知茂，亦是以文多顯示賢者。又如『知江河之流遠，地中之源盛；不知萬牒之人，胸中之材茂：迷惑者也』。（同上）。這亦是以文多顯示材茂的。此外，佚文篇亦說：

『文人宜遵五經、六藝爲文，諸子傳書爲文，造論、著說爲文，上書奏記爲文，文德之操爲文。立五文在世，皆賢也。造論、著說之文，尤宜勞（當作「賢」）焉。何則？發胸中之思，論世俗之事、非徒諷古經、續故文也。……』。

按此段所說，無論遵五經、六藝、諸子傳書、造論著說、上書奏記以及文德之操爲文，王充却以爲都是賢者；而其中能造論說的，則尤其是賢者。所以從這種言辭看，王充程量賢才之高、下、必是以文爲準則的。他固然沒有切實地說明其中之詳情，但我們當該可以確定：文多者，才智高、能力大，其等級亦必高；反之，則一定也是相反的。而這應該是與其自命『文多』有重大關係的（註七）。

程量賢才既然以文爲準則，而賢者之所以能爲文，並不是憑空而來的，必有其內在的根據。這個內在的根據是什麼？一般地說，當然即是『心』。所以王充說：

『筆能著文，則心能謀論。文由胸中而出，心以文爲表。觀見其文，奇偉、俶儻，可謂得論也。……』。（超奇篇）。

這就表示賢者所以能爲文，其根據即在於心。其心能謀論，故其筆能著文。心可以依文而彰，故文便是心之表。而文由胸中出，亦即文由心出。

然而，所謂『文由心出』，還是寬泛地說的。如果說得比較更切實些，則應該說：『文由心之實誠或精誠出』。所以王充又說：

『有根株於下，有榮葉於上；有實核於內，有皮殼於外。文墨辭說，士之榮葉、皮殼也。實誠在胸臆，文墨著竹帛，外內、表裏自相副稱。意奮而筆縱，故文見而實露也。人之有文也，猶禽之有毛也。毛有五色，皆生於體。苟有文而無實，是則五色之禽毛妄生也。……』（同上）。

按此段所說頗佳。其意謂文猶榮葉、皮殼，但必有其根株、實核。這所謂根株、實核，自然是指『實誠在胸臆』的『實誠』而說的。而胸臆之實誠，亦即是心之實誠。心有實誠，然後發而爲文，著於竹帛，即能外內、表裡自相副稱。如此，則從文說，有文必須有實誠；再從實誠說，有實誠自然有文，文見而實誠亦露。不然，倘若只有文而無實誠，則其文最多亦只能如『五色之禽毛妄生』了。故在王充、心之實誠，即是所以能爲文之最後根據。王充又說：

『心思爲謀，集扎（當作「札」）爲文。情見於辭，意驗於言。……觀谷永之陳說，唐林之宜（當作「直」）言、劉向之切議：以知爲本，筆墨之文將而送之；豈徒雕文、飾辭，苟爲華葉之言哉？精誠由中，故其文語感動人深。故魯連飛書、燕將自殺；鄒陽上疏，梁王開牢。書、疏文義奪於肝心，非徒博覽者所能造、習熟者所能爲也。』（同上）。

這是說爲文必須有內在之『精誠』，始能感人深切。谷永、唐林、劉向之文如此，魯連、鄒陽之文亦必如此。而其所以如此，自然不是博覽、熟習者所能造作的。因此，爲文必以心之精誠爲根據。而這所謂精誠，當然亦即是上文所謂實誠。

故在王充，賢者之所以能爲文，即在其心之精誠或實誠上。依此，我們更可以說：王充程量賢才以文爲準則，最後即是以心之『精誠』或『實誠』爲準則的。

其次，所謂以九德爲準則，乃是答佞篇用以分辨賢、佞的一個準則。王充在答佞篇嘗謂：『夫賢者，君子也；佞人，小人也。君子與小人，本殊操、異行，取、捨不同』。不過，賢、佞固然殊操、異行，但憑什麼加以分辨呢？於是，王充在該篇設難並作解答云：

『難曰：人君皆能遠讒、親仁，而莫能知賢、別佞。然則佞人意不可知乎？

『曰：佞可知，人君不能知。庸庸之君不能知賢。不能知賢，不能知佞。唯聖賢之人以九德檢其行（註八）、以事效考其言。行不合於九德，言不驗於事效，人非賢，則佞矣。夫知佞以知賢，知賢以知佞。知佞，則賢智自覺；知賢，則姦佞自得。賢、佞異行，考之一驗；情、心（當作「性」）不同，觀之一實。』

這是分辨賢、佞之法：行合於九德、言驗於事效，即是賢者；否則，便是佞人。而其所謂『事效』，只是一般的，不外乎說，人須在行事上考驗而已。至於『九德』，那當然是比較重要的。所謂九德，照近人的解釋，即是尚書皐陶謨中之九德（註八），原爲皐陶答禹如何『知人』而說的，王充可能引之作爲區分賢、佞之準則。不過，他却並沒有進一步說明九德究竟是何，亦未說明其究竟如何檢行，實在亦只是泛泛的。而同時，答佞篇又載：

『佞人（此二字當衍）問曰：行合九德則賢，不合則佞。世人操行者，可盡謂佞乎？

『曰：諸非皆惡。惡中之逆者，謂之無道；惡中之巧者，謂之佞人。聖王刑憲（「罪」），佞在惡中；聖王賞功，賢在善中。純潔之賢，善中殊高，賢中之聖也；善（當作「惡」）中大佞，惡中之雄也。故曰：「觀賢由善，察佞由惡」。善、惡定成，賢、佞形矣』。

這是所答非所問的。問的是行合九德者才稱得上賢，則世之不合者是否都是佞人。王充不答覆這一點，而只隨意揮洒。故爲所答非所問。並且，上文均依九德說話，這裡却又轉到『觀賢由善、察佞由惡』上。這難說不是一種混亂？實際講，就現實上辨賢、佞，決非易事，故亦不免恍惚了。不過，『觀賢由善』之『善』，自然是道德的。故一般地說，王充程量賢才，是以道德爲準則的。

再次，所謂以善心爲準則，那是從定賢篇而說的。在定賢篇，王充論世人不能知賢，大抵列舉二十種世俗準則，而謂其均不能知賢。其原文冗長、煩瑣，我們只能扼要地敘之於下：

1. 以仕宦得高官，而身富貴者爲賢——王充以爲那只由於命貴，並不能斷定其即是賢者；

2. 以事君調合、寡過爲賢——王充以爲那可能是順阿、佞倖之徒，未可謂賢；

3. 以朝庭所選擧者爲賢，王充以爲並不可靠；

4. 以衆人所歸附，賓客雲集者爲賢，王充以爲不可靠；

5. 以居位治人，得民心者，爲賢——王充以爲那亦可能以僞誘民者，未可謂賢；

6. 以居職有功者爲賢，王充不以此不爲可靠，因爲功不可以效賢；

7. 以孝於父、弟於兄及忠於君者爲賢，王充以此亦不可靠，因爲孝、弟等名必由父、兄不慈始顯；

8. 以全身免害，不被刑戮者爲賢，王充以此爲不定，因爲全身者在於命祿吉，不在賢否；

9. 以能委國去位、棄富貴而就貧賤者爲賢，王充以此爲不足以定賢；

10. 以避世、離俗，清身、潔行者爲賢，王充以此爲不能定，因爲此種行爲非人情所欲；

11. 以恬澹、無欲，志不在仕，苟欲全身、養性者爲賢，王充以爲不確，以其不與孔、墨合務；

12. 以能擧義千里，師將（？）朋友無廢禮（按此條文意不明）者爲賢，王充以爲不確；

13 以能明經、帶徒聚衆者爲賢，王充以爲亦不確，因其只是習口爲教，如郵人過書；

14. 以通覽古、今，秘隱傳記無所不記者爲賢，王充以此亦不確，不必就是賢者；

15. 以權詐卓譎，能將兵、御衆者爲賢，王充以爲亦不確，因爲那只是權詐之人；

16. 以善辯者爲賢，王充以爲不確，因其實才不必高；

17.以敏於筆而文墨雨集者爲賢，王充以爲並不能爲賢，如酷吏能文，即非賢者；
18.以敏於賦頌，能爲弘麗之文者爲賢，王充以爲不確，以其不必有益於彌僞、崇實；
19.以能清節自守而不降志、辱身者爲賢，王充以爲不確，因其操違於聖人，不得爲賢者；
20.以行無一非者爲賢，王充以爲此尤不確，因爲只有鄉原能如此。

前列二十種當時世俗之準則，王充認爲都不能依以定賢。當中有些講法是很勉强的，有些須加特別限定才能成立，有些則不免與上文所說者相矛盾（註九）。

不過，王充既然以這二十種標準都不能定賢，則所謂賢者，應該如何定呢？定賢篇說：

『然則賢者竟不可知乎？曰：易知也。……然而必欲知之，觀善心也。夫賢者才能未必高也，而心明；智力未必多，而擧是。何以觀心？必以言。有善心，則有善言。以言而察行：有善言，則有善行矣。言、行無非，治家親戚有倫，治國則尊、卑有序。無善心者，白黑不分、善惡同倫，政治錯亂，法度失平。故心善，無不善也；心不善，無能善。心善，則能辯然、否。然、否之義定，心善之效明。雖貧賤、困窮，功不成而效不立，猶爲賢矣。』

在定賢篇，這是一段很重要的話，可以表示王充定賢的根本準則，而其要點即在『善心』上。王充以爲眞有善心，則言、行無非，治家、治國必能有倫、有序。故云：『故心善，無不善也』。人只須有善心，則『雖貧賤、困窮，功不成而效不立，猶爲賢矣』。由此而言，王充定賢，不在賢者之遭遇如何，乃是在於其善心上，而這『善心』即是他定賢之準則，亦即程量賢才之準則。

依以上所述，王充程量賢才，在文吏和儒生兩者，其準則是道德；在通人、文人和鴻儒等，則是心之實誠或精誠；在賢者和佞人，則是皐陶謨之九德；而在賢和非賢者，則是善心。而這數種準則究竟如何？是否以統而爲一呢？

關於這一個問題，如果我們寬泛一點說，則是可以統而爲一的。皐陶謨之九德，應該就是道德；以皐陶謨之九德爲準則，亦即以道德爲準則。因此，這一個準則，與其判定文吏和儒生之準則——道德，在原則上，應該是可以相同的。而心之實誠或精誠，如果眞有深切的體認，則確實是一個道德之根源；即使就一般地，或即就賢者之爲文上說，也可以有其道德的意味的。故王充亦有『文德』之說。而且，事實上，行文須有精誠，才眞能使文、實相符，才眞能論其所應論、說其所當說，才眞能表現其文德。如此，則文不離於德；觀讀之者，即可以由文以見其德。因而，王充以心之實誠或精誠透過文而作爲賢者之所以爲賢之準則，亦可以說即以道德爲準則。至於善心，則更應該可以歸於道德的。因爲善心自身，亦與心之實誠或精誠一樣，只要對它體認得深切，也同樣是一個道德的根源；而且，眞有善心，必有善言、善行，亦即必能具體地表現於一切事爲，而必能使一切均無不善。這當然是道德的。故以善心爲準則，亦即以道德爲準則。循此而言，則王充程量賢才之準則，即可以統之於『道德』一點上，雖然，王充自己只是東說、西說，不必就能清楚地意識到的。

可是，王充這種道德，實在只是泛泛的、浮淺的，或者只是順當時世俗說的。而其所以如此，根本上即在王充對『善心』未能正視，尤其對心之『精誠』未能正視的緣故。

倘若王充對於善心眞能有所正視，則定賢篇依善心爲準則以定賢與非賢，在這『善心』一詞上應該有進一步的說明。他不能說明『善心』究竟怎樣：他只能說一些什麼有善心，則言、行無非，什麼治家、治國有倫、有序；他只能說一些什麼『心善，則能辯然、否』，什麼『然、否之義定，心善之效明』等。這些大抵都可以表示他只在表面上滑溢，並不能深切地把握善心之究竟。並且，在定賢篇，當他指出善心一準則以後，一直到結束爲止，根本都是一些泛泛之說，而沒有一句說到善心的。如果王充對於善心眞有所正視，則在該篇下文自然有更詳盡之申說的。從這些事實，我們即可以斷定：王充對善心根本沒有什麼體悟；他所以依善心定賢與非賢，恐怕亦只是適然、偶然地拈出的。善心一準則既然如此，則便可以反顯出他心目中的道德，一定只是一種泛泛而浮淺的道德。

王充對於善心缺乏深切底了悟，故其對於心之實誠或精誠亦必缺乏深切底了悟。善心一詞除了定賢篇外，在論衡全書中似乎並不再見；至於實誠或精誠，則類似的言辭是相當多的，我們上文（第四章、第五節）亦已有所指正。這裡，再徵引一段，略說於下。變動篇載：

『或曰：……行事至誠，……何天氣之不能動乎？

『夫至誠，猶以心意之好、惡也。有果蓏之物，在人之前：去口一尺，心欲食之，口氣吸之，不能取也；手掇、送口，然後得之。夫果蓏之細，員圌易轉，去口不遠，至誠欲之，不能得也。況天去人高遠，其氣莽蒼無端末乎？……』。

或人所問，本是一個『天、人應感』的問題，其意思是說『至誠可以感天』。而王充所辯的，則是將

『至誠』轉成了一般的好、惡，並以好，惡不能動物，(如得蓏果)，而加以駁斥。而在這裡，我們自然不須涉及天與人之感應問題，僅就其所謂『好、惡』而說，即已足够。王充所謂好、惡，根本是說不上什麼『至誠』的。的確，王充時代所流行的，如『至誠可以感天』一類的『至誠』，雖然不必就是很高的——最高的，必如中庸所謂『至誠無息』一類的『至誠』(註一〇)，但却決不可能如王充所說的什麼『心意之好、惡』。這是必然的，否則便不能說『至誠感天』這一類話的。王充所謂『至誠』，就其所擧的事例言，實在只是心意之『欲』或『不欲』的加詞或狀述語而已。所以說：果蓏在前，『至誠欲得之，不能得也』。這所謂『至誠欲得……』，意思即是『至誠地欲得……』。這就是將『至誠』轉成了加詞的事實。這正是語意上的大混亂！近人有以王充爲語意學家，那眞是有點不可思議的！王充並不明白什麼至誠，故不免有此混亂。不明白至誠，而說能明白什麼『實誠或精誠』，那是決不可能的！因此，他所謂實誠或精誠，就其落在爲文上說，只能表示一種生命之眞實性，最多只能帶點道德意味，不可能就是單純、眞實的道德。如此，則我們可以說，王充程量賢才，雖然以道德爲準則，實際上是很泛泛的、浮淺的。

從『心善』和『精誠』這兩點底說明，可見王充在道德觀念上是很粗淺的。對於道德觀念之所以粗淺，亦正與其對於人性觀念之所以粗淺一樣。王充論人性是論得最糟的，就眞實體會上說，其根本原因也只在此處。因而，王充以道德爲準則而程量賢才，其所程量的賢才，自然亦不可能有何深刻的意義可說的。所以我們也沒有進一步申論的必要了。

註　一　王充在程材篇嘗說：『今世之將、相，不責己之不能，而賤儒生之不習；不原文吏之所得得（當衍一「得」字）用，而尊其材，謂之善吏——非文吏憂不除、非文吏患不救。是以選舉取常故。……儒生無閥閱，所能不能任劇，故陋於選舉，佚於朝廷』。按此段所說，其主要意思雖然爲當時之將、相而發，但亦大致可以表示王充對當時選舉情形之反對。所謂選舉取『常故』，當該是指東漢選舉之弊而說的。後漢書章帝紀，『建初之年，詔曰：……選舉乖實，俗吏傷人，官職耗亂，刑罰不中，可不憂與？……夫鄉里選舉，必累功勞。今刺史、守相不明眞、僞。茂才孝廉，歲以數百，既非能顯而當，授之政事，甚無謂也。每尋前世，舉人、貢士，或起甽畝，不繫閥閱』。又韋彪傳：『是時除事者多言郡國貢舉，亦非功次……彪上議曰：……士宜以才行爲先，不可純以閥閱。然其要歸，在於選二千石。二千石賢，則貢舉皆得其人』。由這些可見當時選舉必有重閥閱（即後世所謂門第）之弊，而王充所謂『常故』似即指『閥閱』而言，故後文亦有『儒生無閥閱』之言。

註　二　王暉論衡校釋釋『陸落』云：『文選蜀都賦注引蔡邕曰：「凝雨曰陸」。釋名釋地曰：「陸，漉也，水流漉而去也」。……按說文曰：「漉、水下貌。」「陸」、「落」雙聲，猶言沉淪也」。……』。按論衡謝短篇云：『夫知古、不知今，謂之陸沉。然則儒生，所謂陸沉者也』。黃注『陸落』爲『沉淪』，即謝短篇『陸沉』而聯想，故其注該篇『陸沉』即云『注見程材篇』。按謝短篇所謂『陸沉』，係就儒生之『知古、不知今』而言，與程材篇之『陸落』並不相干。程材篇所謂儒生『陸落』，原是與文吏『利便』對顯的。『利便』係指文吏之易於『做官』言，故『陸落』應指其難進而失意言。劉盼遂論衡集解注此云：『盼遂案：陸落雙聲連綿字，失意之貌，或作牢落、遼落、寥落，皆一聲轉變』。按當以劉注爲正確。

註　三　論衡效力篇云：『夫壯士力多者，扛鼎揭旗；儒生力多者，博達、疏通。故博達、疏通，儒生之力也；擧重、拔堅，壯士之力也』。此言儒生之力，在於『博達、疏通』，與謝短篇『知古、不知今』及『知今、不知古』等，不能沒有相抵觸之處。

註 四 此處原作『泰山不崇朝辦雨雨天下』。黃暉論衡校釋引『孫曰：「辦」，當作「辨」。辨與徧通。衍一「雨」字。原文當作「泰山不崇朝辦雨天下」。明雩篇云：「不崇朝而辨雨天下，泰山也」。亦作「辨雨」。文選陸士衡文賦注引，正作「辨雨天下」，並其切證』。

註 五 講瑞篇：『儒者自謂見鳳皇、騏驎輒而（讀爲「能」）知之，則是自謂見聖人輒而（「能」）知之也。皐陶馬口、孔子反宇，（按此亦見論衡骨相篇），設後輒有知、而（「能」）絕殊，馬口、反宇，尚未可謂聖。何則？十二聖相不同，前聖之相，難以照後聖也。骨法不同，姓名不等，身形殊狀，生出異土，雖復爲聖，何以知之？桓君山謂揚子雲曰：「如後世復有聖人，徒知其才能之勝己，多不能知其聖與非聖人也」。子雲曰：「誠然」。夫聖人難知，知能之美，若桓、揚者，尚復不能知。世儒懷庸庸之知，齎無異之議，見聖不能知，可保必也』。王充以世儒不能知聖，故亦不以自己爲能知聖。

註 六 定賢篇：『夫賢與聖同軌而殊名，賢可以定，則聖可得論也』。按由此可見王充定賢，同時亦已論聖。如此，則謂『聖人難知』，又只是表面上的，骨子裡並不『自以聖人爲難知』的。

註 七 自紀篇云：『蓋文多勝寡，財富愈貧。世無一卷，吾有百篇；人無一字，吾有萬言。孰者爲賢？』故王充以文多爲賢，與其自以文多爲賢，自不能無關。

註 八 尚書虞書皐陶謨：『皐陶曰：都，亦行有九德，亦言其人有德。乃言曰，載采采。禹曰：何？皐陶曰：寬而栗，柔而立，愿而恭，亂而敬，擾而毅，直而溫，簡而廉，剛而塞，彊而義。厥彰有常，吉哉！』孫星衍尚書今古文注疏：『亦行，舊說爲掖行。玉篇云：「亦，臂也，合作掖……」。行者，周禮師氏：以三德教國子，鄭注云：「在心爲德，施之爲行」。九行謂寬、柔、愿、亂（按亂反訓爲治）、擾、直、簡、剛、彊之行，九德謂栗、立、恭、敬、毅、溫、廉、塞、義之德，所以扶掖九行』。

註　九　按王充列舉世俗二十種定賢準則，以爲依此所定均非賢者，頗多强詞奪理之處。這裡只舉數例，即可見其大致情形。比如第七條其原文云：『以孝於父、弟於兄爲賢乎？則夫孝、弟之人，有父、兄者也。父、兄不慈，孝、弟乃章。（按此係取老子「六親不和有孝慈」，亦猶「世亂識忠臣」之意）。舜有瞽瞍、參有曾皙，孝立、名成，衆人稱之。如無父、兄，父、兄慈良，無章顯之效，孝、弟之名無所見矣』。這意思是說，無父、兄之惡，顯不出孝、弟之名；或父兄慈良，亦顯不出孝、弟之名。殊不知顯不出孝、弟之名是另一回事，子、弟有孝弟之實又是可以是另一回事的。如果子、弟眞有孝、弟之實，即使顯不出孝、弟之名，依然是無損子、弟之賢的。何能只依父、兄不善即抹煞孝、弟之賢？而其言亦係循老子之言而來的一種滑溢。又如第十條，其原文云：『以避世離俗，清身潔行爲賢乎？是則委國、去位之類也。富貴，人情所貪；高官、大位，人之所欲樂。去之而隱，生不遭遇，志氣不得也。長沮、桀溺避世隱居，伯夷、於陵去貴、取賤：非其志也』。按此却不免於刻薄了。何能以人情均貪富貴，即一筆抹煞隱逸之士？此即其所以刻薄之處。又如第十一條，其原文云：『（以）恬憺無欲，志不在於仕，苟欲全身、養性爲賢乎？是則老聃之徒也。道人與賢殊科者，憂世、濟民於難，是以孔子棲棲、墨子惶惶。不進與孔、墨合務，而還與黃、老同操，非賢也。』按此甚可笑。人眞能恬憺無欲、全身養性，如黃、老者，在王充，原不只是賢者，還是算得上『賢之純者』。故自然篇云：『賢之純者，黃、老是也。黃者，黃帝也；老者，老子也。黃、老之操，身（心）中恬憺，其治無爲，正身，共己而陰陽自和……』。又說：『老子、文子似天地者也。』依此,則黃、老應該大賢，老聃之徒自亦算得上一賢者。何以自相矛盾如此？眞是可怪之極！又如第十四條，其原文云：『以通覽古、今，祕隱傳記無所不記爲賢乎？是則（儒）者之次也。才高好事，勤學不舍，若專成（當作「專城」）之苗裔（按指做大官者的後嗣），有世祖遺文，得成其篇業。若典官文書，若太史公及劉子政之徒，有主領書記之職，則有博覽通達之名矣』。按此所說，與本節上述所說甚相矛盾。其意以爲太史公、劉子政之徒有博覽通達之名，亦不必有賢者之實。事實上，王充是以太史公、劉子政爲通人的，而此處又貶之非賢，正不知其說什麼的！又如第十七條，其原文云：『以敏於筆，文墨雨集爲賢乎？夫筆之與口，一實也。口出爲言，筆書以爲文。口辯，才未必高，然則筆敏，知未必多也。（按此即與本節前文所說完全矛盾）。且筆用何爲敏？以敏於官曹事。事之難者，莫過於獄。獄疑，則有請讞。蓋世優者，莫過張湯。張湯文深，在漢之朝不稱爲賢。太史公序累，以湯爲酷。酷非賢者之行』。此條所說，亦只能將其限於酷吏上方能成立。王充固極推重敏於筆，而能文墨雨集者。而此處又貶抑善爲文者，且不惜扯到酷吏上去。酷吏之文深，固非通人、文人之深文者。酷吏文深，並不能算數；通人、文人之文深，難說非賢吧！大抵王充即因其『內有所傷』、心情甚爲不平，而爲文態度亦甚惡劣，故有此種種矛盾。其所列舉之二十條，如果細加考察，實在都是站不住脚的。近人只推崇其反動精神，可惜的是：他那種反動精神早已足够自相否定而有餘，寧能有意義可說？

註一〇　禮記中庸云：『誠者天之道也，誠之道者人之道也。誠者不勉而中，不思而得，從容中道，聖人也；誠之者擇善而固執之者也』。又云：『誠者物之終始，不誠無物』。又云：『至誠無息，不息則久』。按中庸言誠有自本體言，有自工夫言。自本體言，必表示人之所以爲人（或表示天之所以爲天）之理；自工夫言，即依工夫盡其人之所以爲人之理，而達『至誠無息』之境界。故此種至誠，才是最高的。

第八章 徹底的命定論及其問題

第一節 人生與遭遇

現在，我們可以說一說王充的命定論。王充命定論的根本內容，當然就是命一觀念。而命一觀念，在王充，原是隨人之生命俱來，並且與人生在現實上之遭遇有極密切的關係的。這裡，要說明王充的命一觀念，我們必須從人生之遭遇方面說起。

關於這一方面，可以先看王充在逢遇篇開頭所說：

『操行有常賢，仕宦無常遇。賢、不賢，才也；遇、不遇，時也。才高、行潔，不可保以必尊貴；能薄、操濁，不可保以必卑賤。或高才、潔行，不遇，退在下流；薄能、濁操，遇，（當有「進」字）在衆上。世各自有以取士，士亦各自得以進。進在遇，退在不遇。處尊、居顯未必賢，遇也；位卑、在下未必愚，不遇也。故遇，或抱洿行，尊於桀之朝；不遇，或持潔節，卑於堯之廷』。

此段所說，王充是依人的操行之賢或不賢，而與其仕宦之遇或不遇並說的。他的意思是說，操行賢者，或即高才、潔行者，不必就能仕宦順利而獲尊貴；反之，操行不賢者，或即薄能、濁操者，不必就是卑賤者——尊貴、卑賤，主要只在於其遇或不遇。不遇，則賢者退在下流；能遇，則不賢者亦可以進在衆上。於此，反過來說；即有：處尊、居顯者不必就是賢，只由於其遇；而位卑、在下者亦不必就是不賢，只由於其不遇。故在王充，人生仕宦之進、退，不在其賢或不賢，而只在其遇或不遇。並且，他這裡所謂進退，亦即一般所謂窮達的意思。而說進退、窮達，同時亦即表示貧賤、富貴或即可以包括貧賤、富貴在內的。如此，則舖開來看，我們亦可以說，在王充，無論進退、窮達、貧富、貴賤，與人之賢或不賢無關，只在其遇或不遇。

遇是逢遇，亦可以說即是遭遇。從遭遇言，不僅進退、窮達、貧賤、富貴只在遭遇——與人之賢或不賢無關，即禍福也是完全相同的。故王充在累害篇嘗說：

『凡人仕宦有稽留不進，行節有毀傷不全，罪過有累積不除，聲名有闇昧不明，才非下、行非悖也，又知非昏、策非昧也：逢遭外禍，累、害之也。非唯人行，凡物皆然：生動之類，咸被累、害。累、害自外，不由其內。……物以春生，人保之；以秋成，人必不能保之——卒然牛、馬踐根，刀鎌割莖，生者不育，至秋不成。不成之類，遇害不遂，不得生也。夫鼠涉飯中，捐而不食。……君子之累、害，與彼不育之物、不御之飯，同一實也。俱由外來，故爲累、害。脩身、正行不能來福，戰栗、戒愼不能避禍。禍、福之至，幸、不幸也』。

王充這一段所說，大抵也和前述那段相同。依王充，人之仕宦有稽留不進，行節有毀傷不全，罪過有累積不除以及聲名有闇昧不明等，都不是由於才下、行悖、智昏、策暗，而只由於遭遇外來的累、害所致。人有累、害，物亦如此。這是人、物相同的。故云：『君子之累、害，與彼不育之物、不御之飯，同一實也』。不過，王充所謂累、害，依累害篇下文所說，即是『三累』和『三害』。他以爲『鄉里有三累、朝廷有三害』，主要亦只是說人從鄉里到朝廷，不免遭遇種種『禍害』的意思（註一）。故其所謂累、害，雖然好像很特別，其實亦只是一般的禍害而已。因爲人由鄉里到朝廷，（即由貧寒到做官），不免有種種禍害，所以仕宦有不進，行節有不全，罪過有不除，聲名有不彰。但這些亦只是形式上的分說。而在實際上，總起來看，這些仕宦不進、行節不全……等，其本身亦可以就是一些禍害。禍害由外，故可以謂之爲外禍，亦可以直稱之爲禍。說到禍，自然亦可以涉及福。所以本段下文，王充即以禍、福並說。以禍、福並說，他所謂『脩身、正行不能來福，戰慄、戒愼不能避禍』：亦即表示禍、福與操行無關，而只在於人生之遭遇。

禍、福雖然只在於人生之遭遇——與人之操行無關，但却有幸、有不幸。故累害篇又說：『禍、福之至，幸、不幸也』。而這是從禍、福方面說的。倘若轉從人生這一方面說，則遇福是幸，遭禍便是不幸。幸偶篇亦說：『凡人操行有賢、有愚，及遭禍、福，有幸、有不幸』。這便是從人生一方面說的。從人生一方面說，遭禍、遇福不在於人之賢或愚，而只在於其幸或不幸。說禍福，自然也可以兼及吉凶、得失等。而禍福既然如此——只在於人生之幸或不幸，則吉凶、得失亦必只是如此，即上述所謂進退、窮達、貧富、貴賤等亦必只是如此的。

而同時，不僅禍福、吉凶、得失以至進退、窮達、貧富、貴賤等如此，而且即如壽夭、生死、健康和疾病等也都是如此的。所以王充在幸偶篇說：

『孔子門徒七十有餘，顏回蚤（同「早」）夭。孔子曰：「不幸短命死矣！」短命稱不幸，則知：長命者幸也，短命者不幸也。服聖、賢之道，講仁、義之業，宜蒙福祐，（按此下當有脫文）。伯牛有疾，亦復顏回之類，俱不幸也。……』。

這是依顏淵、伯牛等爲例而說的。顏淵、伯牛服聖人之道，講仁、義之業，而又都是賢者（註二），應該都蒙福祐。可是，顏淵却遭短命而死，這是不幸；伯牛亦遇惡疾，這也是不幸。人世間既然有這些不幸者，當然亦可以有幸者。故凡遇長命和不遭惡疾者，當然都可以說是幸者。並且，就顏淵、伯牛之服聖、賢之道而言：則凡遭短命、遇惡疾者，決不由於其不賢，而只在於其不幸；反之，凡遇長命、不遭惡疾者，亦決不由於其賢，而只在於其幸。總之，人在現實生活上所遭遇的生死、壽夭、疾病或健康等，在王充、與其賢或不賢無關，而只在於其遭遇之幸或不幸。

依以上所述，我們可以明白：人生之進退、窮達、貧富、貴賤、禍福、吉凶、生死、壽夭、健康和疾病等等，在王充，都與人之賢愚、善惡無關，而只在於其遭遇之幸或不幸。而遭遇之幸或不幸，在幸偶篇，王充原是與『偶或不偶』並說的（註三）。這就表示幸或不幸與偶或不偶是同一意義的。人生遭遇之幸、偶，即表示遭遇『好』的意思；遭遇之不幸或不偶，亦即表示遭遇『壞』的意思。而遭遇之好、壞，如果扣緊那些進退、窮達、貧富、貴賤……等遭遇事物——亦稱相對事物——而言：則遭遇好的，即爲進、爲達、爲富、爲貴、爲獲福、爲吉、爲生、爲壽、爲健康；反之，遭遇壞的，即爲退、爲窮、爲貧、爲賤、爲凶、爲禍、爲死、爲夭、爲疾病。而這兩方面，人生遭遇的好和壞，都與人之賢、不肖無關。這是王充之極重要的意思，亦與其自己一生之遭遇，必有密切的關係（註四）。

第二節　人生之遭遇與命

這樣，我們便可以進一步看人生之遭遇與命一觀念的關係了。

人生的遭遇必有好、壞，但不論其好或壞，在王充，總只由於人之有『命』。故在上引逢遇篇開頭，王充即有所謂『遇、不遇，時也』之說。時，是時機、機緣，與命大抵是同性質的。而在命祿篇，王充嘗引揚子雲『遇、不遇，命也』之說。由此可知，在王充，命、時並無異致。而這些所謂『遇、不遇』，都是指人生仕宦上遭遇之好、壞而說的。『遇』，是遇上君主之信任而能做官；『不遇』，則是遇不上君主之信任而不能做官的意思。所以這裡的『遇、不遇』，實在就是指仕宦上遭遇之好或壞的。如此，則所謂『遇、不遇，命也』：亦即等於說，仕宦上遭遇之好、壞只由於命。王充又說：『凡人窮達、禍福之至，大之則命、小之則時』。（禍虛篇）。這也是同樣的。所謂『窮達、禍福之至』，乃是從遭遇事物（即從窮達、禍福等）方面說過來的；倘若轉從人生這方面說，則亦可以即是人生遭遇之好、壞。人生若能達、能獲福，當然可說是遭遇好；反之，若遭窮、遇禍，則必屬於遭遇不好的一面。故抽去窮達、禍福這些遭遇事物，而只就『遭遇好、壞』一原則性的辭句言，則在王充，無論遭遇之好、壞，總是繫於人之時、命的，亦即由於人之有命的意思。而這意思說得最明顯的，即是命祿篇首段之說。該篇首段云：

『凡人遇偶及遭累、害，皆由命也。有死生、壽夭之命，亦有貴賤、貧富之命。自王公逮庶人，聖、賢及下愚，凡有首目之類，含血之屬，莫不有命』。

按此段所說，王充的主要意思固然是在指陳人（動物亦然）有死生、壽夭和貧富、貴賤之命。但這兩類命之所以爲命，王充究竟是從『遇偶及遭累、害』上顯示的。所謂『遇偶』，即是遭遇幸、偶，亦即是遭遇好的意思；所謂『遭累、害』，即是遭遇不幸、偶，亦即是遭遇壞的意思。故王充所謂『凡人遇偶及遭累、害，皆由命也』：即等於說，遭遇之好、壞，都由於人之有命。如此，則我們便可以確定，即：王充所謂命，乃是從人生遭遇之好、壞上顯示的。

命一觀念，王充雖然從人生遭遇之好、壞上顯示，但若僅從這一層上顯示命，還不能使人明白命之所以爲命的究竟。要明白命究竟是怎樣的一個東西，我們還須扣緊王充所謂『遭遇的特性』加以說明。王充在逢遇篇嘗說：

『且夫遇也，能不預設，說不宿具，邂逅逢喜，遭觸上意，故謂之遇。如准推（「推」字當爲衍文）主調說，以取尊貴，是名爲揣，不名曰遇。春種穀生、秋刈穀收，求物得物、作事事成，不名爲遇。不求自至、不作自成，是名爲遇。猶拾遺於塗、摭棄於野，若天授、地生，鬼助、神輔，禽息之精陰慶（「慶」當作「薦」）、鮑叔之魂默舉：若是者，乃（當有「爲」字）遇耳！……』。

這可以說是王充賦予『遇』的一種意義和性質。『遇』是遭遇。遭遇不能揣測，不能預謀，也不是一種定常。比如准主調說，以取尊貴，乃是揣測——必包括預謀在內——的結果，而不是遭遇。又如春種穀生、秋刈穀收，這是『求物得物、作事事成』的一種定常，而不是遭遇。撇開了這兩者，則遭遇的意義就很明顯了。那就是：『能不預設，說不宿具，邂逅逢喜，遭觸上意』。但是，這種遭遇，王充還只是就仕宦者之遭觸上（君主）意而說的。遭遇不必只限於遭觸上意，故其下文所說，便已不再限於這一範圍了。

其下文所謂『不求自至、不作自成，是名爲遇』：這應該是一原則性的陳述，並不限於仕宦者之遭觸上意，乃是可以通用於一切的遭遇事物的。而同時，這種遭遇——『不求自至、不作自成』，在王充：又好像拾遺於塗、摭棄於野一樣，乃是純粹適然、偶然的，這可以說是『遭遇之適、偶性』；也好像天授、地生，鬼助、神輔，或如禽息之精陰薦、鮑叔之魂之默擧一樣，乃是不知其然而然的，這可以說是『遭遇之神秘性』。不過，王充這裏所說的遭遇，似乎還只是從遭遇『好』的一方面說的。事實上，遭遇必有好、壞。好的遭遇既然如此——不求自至、不作自成，而且亦有其適、偶性和神秘性，則壞的遭遇也應該是同樣的。

無論遭遇之好或壞，總是『不求自至、不作自成』的。而從這一點說，它本來就可以表示命一觀念的。這在傳統上，確實是如此的（註五）。不過，我們所要特別注意的還不是這一點，而是王充對於遭遇所規定的『兩個特性』。

依王充，這種『不求自至、不作自成』的遭遇，乃是有其適、偶性和神秘性的。但這所謂適、偶性和神秘性，王充似乎是偏於客觀方面說的。偏於客觀方面說，即指遭遇事物——如吉凶、禍福、貴賤、貧富等——之來，都不是一定而必然的，而是『渺茫而不可捉摸』的。而在這裡，如果轉從主觀方面或即轉從人生這一方面來說，則其所謂遭遇之適、偶性和神秘性，亦只表示：人生對於那些遭遇事物之『不能自主』而已。的確，人在現實生活上，對於一切遭遇事物都是無法自主的。因爲一切遭遇事物都是外在的，此即古人所謂『身外之物』。人有身外之物，亦有身內之物。身內之物是可以自作主宰（註六），而身外之物却是無法自作主宰的。一切遭遇事物都是身外的，所以也都是無法自作主宰的。這是人們所容易明白的，也是必須承認的事實。

而王充在這一點上，確實是有所涉及了的。故上引累害篇說：『累、害自外，不由其內』。又說：『俱由外來，故爲累、害』。累、害都是外禍，故非自己所能主宰。又說：『脩身、正行不能來福，戰栗、戒愼不能避禍』。這亦表示：禍、福之來，不是脩身、正行以至戰栗、戒愼所能爲力。而說得最明顯、最確定的，則是累害篇如下的二句：

『得非己力，故爲之福；來不由我，故謂之禍』。

這可能是古語，但也是相當透徹的兩句話，表示禍與福決不是人之自力所能主宰的。他這兩句話固然只就禍與福說，但即就進退、窮達、貧富、貴賤以至死生、壽夭、疾病和健康等說，也都是同樣可以說的。這就等於說，在王充，一切遭遇事物都是不能自主的。而遭遇事物必有好、有壞。對於一切遭遇事物之不能自主，亦即對於一切遭遇之好、壞不能自主的意思。

對於遭遇好、壞之不能自主，在王充，也是可以顯示命一觀念的。故命祿篇說：

『是故才高、行厚，未必（「必」當作「可」）保其必富、貴；智寡、德薄，未可信其必貧、賤。……故夫臨事知愚、操行清濁，性與才也；仕宦貴賤、治產貧富，命與時也』。

這一段所說，即表示貧富、貴賤等不必就是人之才、行、智、德所能爲力，亦即不必就是人所能自主的。有人所不能自主的事物，亦有人所能自主的事物。人所能自主的事物，乃是屬於內在性份中的事物，故云：『臨事知愚、操行清濁，性與才也』。不能自主的事物，則是屬於外在遭遇上的事物，亦即是屬於命與時的事物，故云：『仕宦貴賤、治產貧富，命與時也』。而其所謂命與時，實在即是從遭遇好、壞——如貴賤和貧富等——之不能自主上顯示的。

如此，則合前文所述而言，王充從『遭遇之好、壞』上固然可以顯示命一觀念，但不如從『遭遇好、壞之不能自主』上顯示這一觀念更爲妥善。因爲僅只說遭遇之好、壞皆由於命，還是很難見命之所以然的；必須說遭遇好、壞之不能自主皆由於命，方見命一觀念之切實性。而這是先秦儒家言命之必然歸趨（註七）。王充也是相同的。

從遭遇好、壞之不能自主上以顯示命，其所以能見命一觀念之切實性，因爲循此而再作進一步探求，即可以把握命之所以爲命的眞實意義。但是王充言命，大抵只說到遭遇好、壞之不能自主爲止；對於這一層，他是並未有所接觸的。所以我們亦不必强予申說，當於下文（第六節）詳之。

第三節　徹底的命定論

王充認為人必有命，同時他又主張命是被註定了的，徹底地被註定了的。這就是說，人之貧富、貴賤、禍福、吉凶以至死生、壽夭……等，註定怎樣就是怎樣，在其一生過程中絕無變動之餘地或伸縮的可能。故王充的命定論，實在即是一種徹底的命定論。但要明白其所以是一種徹底的命定論，我們必須先明白其對於命的分類。

王充對於命的分類，與當時流行之說不同，乃是將命分為二類的（註八）。所以在命祿篇，王充嘗謂人『有死生、壽夭之命，亦有貴賤、貧富之命』。這就表示：死生、壽夭是一類，貴賤、貧富亦是一類。而在氣壽篇，王充說得更明白。他說：

『凡人稟命有二品：一曰所當觸值之命，二曰彊弱、壽夭之命。所當觸值，謂兵、燒、壓、溺也；彊弱、壽夭，謂稟氣渥、薄也』。

這裡所說，乃是很明顯地將命分為二類的，只是所用的名詞不同而已。所謂『所當觸值之命』，依其下文的解釋——如兵、燒、壓、溺等——看，則是指遭遇災禍而說的。遭遇災禍是指遭遇壞的一方面。遭遇有壞的，自然亦有好的。王充既然從遭遇壞的一方面說所當觸值之命，則從遭遇好的一方面也是同樣可以說的。因此，王充這裡所謂『所當觸值之命』，實在與命祿篇所謂『貴賤、貧富之命』是完全相同的。這是命的一類。這一類命的內容，如果會通前文所述，則亦決不限於貴賤、貧富，即如進退、窮達、吉凶、禍福等，自然都是應當包括在內的。王充固然以這一類命爲所當觸値之命，但我們亦可以依其內容而簡約地名之爲『祿命』的。至於王充所謂『彊弱、壽夭之命』，則是很清楚的，即命祿篇所謂『死生、壽夭之命』。這也是命的一類。這一類命的內容係就彊弱、壽夭、死生——應該亦包括疾病和健康等——而說的，我們也自然可以依其內容而簡約地名之爲『壽命』的。如此，則王充所謂二類之命，即是祿命和壽命。而這二類之命都是被註定而不可變更的。

先說壽命。壽命之被註定而不可變更，王充是以無形篇全篇爲說的。該篇首段云：

> 『人稟元氣於天，各受壽、夭之命，以立長、短之形——猶陶者用土爲簋廡，冶者用銅爲柈杅矣（註九）：器形已成，不可小、大；人體已定，不可減、增。用氣爲性，性成、命定。體氣與形骸相抱，生死與期節相須。形不可變化，命不可減、加。……』。

這是就『形定』而說『命定』的。形是形體，命是壽命。壽命和形體均由稟天之元氣形成。形體之成，正如陶、冶之爲器：器形一成，不可變更；形體一成，亦不可增、減。而在王充，壽命是『以性爲主』的，（詳情見下文），性必由稟氣而成。故云：『用氣爲性，性成、命定』。性必包括形體，故性一成，則形體亦成。形體成即是形體定。形體定，則壽命亦定。於此，從反面說，即是『形不可變化，命不可減、加』的意思。這是王充的主要意思。（當中所謂『體氣與形骸相抱，生死與期節相須』，似有語病，不易解釋，且亦與其主要意思無關）。就這主要意思說，即：人之形體必不能改變，故壽命亦必隨之而不能增、減。

不過，人是動物。有些動物的形體是可以變化的，而人之形體何以不能改變呢？這在王充，乃是

有其解釋的；而同時，亦正因爲形體不能改變，故壽命亦決不能增、減。無形篇又說：

『蠶食桑老（？），績而爲蠒（同「繭」），蠒又化而爲蛾。蛾有兩翼，變去蠶形。蠐螬化爲復育，復育轉而爲蟬。蟬生兩翼，不類蠐螬。凡諸命（讀爲「名」）蠕蜚之類，多變其形、易其體。至人獨不變者，禀得正也。生爲嬰兒，長爲丈夫，老爲父翁，從生至死，未嘗變更者，天性然也。天性不變者，不可令復變；變者，不可（當有「令」字）不變。……人，物也；受不變之形。（當有「形」一字）不可變更，年不可增、減』。

這一段所說，即表示人禀得正，（係指氣言），故異於物。物禀氣偏，其形體可以變化——如蠶化爲蛾等；人禀氣正，所以從生至死，其天性不可變更。天性不可變更，亦即形體不可變更。故人雖然亦是物，但就因爲受不可變更的形體，故其年壽自然也不可增、減了。

反過來說，如果壽命可以增、減，則形體亦必可以改變。而這自然是不可能的。故無形篇又說：

『形之〇（當爲「有」字）血氣也，猶囊之貯粟、米也。一石囊之高大，亦適一石；如損益粟、米，囊亦增、減。人以氣爲壽，氣猶粟、米，囊猶形也。增、減其壽，亦當增、減其身，形安得如故？如以人形與囊異，氣與粟、米殊，更以苞瓜喻之。苞瓜之汁猶人之血也，其肌猶肉也。試令人損、益苞瓜之汁，令其形如故，耐（通「能」）爲之乎？人不耐損、益苞之汁，天安能增、減人之年？……』。

這裡的兩個比喻，即表示壽命之絕不能增、減。囊貯粟、米，其形體之大小必定，囊中粟、米如果一有增、減，則囊之形體亦必隨之而增、減；同樣，苞瓜形體之大小本定，苞瓜之汁如果有所損、益，則其形體亦必隨之而變更。這些都是必然的事實。王充即依這些必然的事實，比喻人之壽命如果可以增、減，則其形體亦必隨之而有所變更。但這是絕不可能的。因爲人絕不可能損、益苞瓜之汁，而使其形體不變，故天亦絕不可能增、減人壽，而使其形體不變。而人之形體是絕不能變更的，故壽命亦是絕不能增、減的。

王充論壽命絕不可增、減，主要只是依形體之絕不能變更爲說的。而這就可以表示其在壽命方面之徹底的命定論。這種理論無形篇所說固然尚多，但亦只顯其繁瑣而已，主要意思却不出此。所以我們自然沒有多述的必要了。

再說祿命。在王充，祿命亦是註定不可變更的。關於這一方面，以命祿篇所論爲多。命祿篇云：

『……命當貧賤，雖富貴之，猶涉禍患，失其富貴矣；命當富貴，雖貧賤之，猶逢福善，離其貧賤矣（註一〇）。故命貴從賤地自達，命賤從富位自危。……命貴之人俱學獨達、並仕獨遷，命富之人俱求獨得、並爲獨成；貧、賤反此：難達、難遷、難得（註一一）、難成——獲過受罪、疾病遺亡，失其富貴，貧賤矣。……』。

這是說明『貧賤之命必貧賤』、『富貴之命必富貴』的意思。所謂『命當貧賤，雖富貴之，猶涉禍患，失其富貴』：這就表示貧賤之命到頭來依然只是貧賤，其貧賤是絕不可移的；同樣，所謂『命當富貴，雖貧賤之，猶逢福善，離其貧賤』：這就表示富貴之命到頭來仍舊必能富貴，其富貴是絕不可移的。相應於這絕不可移而言，則其所謂『命貴從賤地自達，命賤從富位自危』，雖然未用一個『必』字，其實是應該涵有必字的意思在內的，將其說作『命貴必從賤地自達，命賤必從富位自危』似乎亦未嘗不可。至於下文以爲命貴、命富者之能獨達、獨遷、獨得、獨成，以及命賤、命貧者與之相反——難達、難遷、難得、難成，也都是可以作如此看的。如此，則我們可以說，『命貴』與『自達』、『命賤』與『自危』是有其必然性的。這就等於說：命貴者必貴，其貴是絕不可移的；命賤者必賤，其賤也是絕不可移的。由此可知，在王充，祿命之貴、賤乃是徹底地被註定了的。

祿命之貴、賤，在王充，既然是徹底地被註定了的，則其註定的情形究竟是怎樣的呢？這在骨相篇，王充有一段相當有趣的說明。骨相篇說：

『故知命之工，察骨體之證，睹富貴、貧賤，猶人見盤、盂之器，知所設用也。善器必用貴人，惡器必施賤者。尊鼎不在陪厕之側，匏瓜不在堂殿之上，明矣。富貴之骨不遇貧賤之苦，貧賤之相不遭富貴之樂，亦猶此也。器之盛物有斗、石之量，猶人爵有高、下之差也：器過其量，物溢棄遺；爵過其差，死亡不存。論命者比之於器，以察骨體之法，則命在身形定矣。』

按此段所說，乃是以器作比喻而說明『命必在身形』的。命必在身形，亦即命必可以由骨體見。這原是『相術』上的事，但亦正可以表示祿命之註定的重要情形。所謂『善器必用貴人，惡器必施賤者』：這是比喻貴器必爲貴人所用，命賤之人必爲賤者所用。故此，命貴必貴，命賤必賤，根本是無法更移的。所謂『尊鼎不在陪厠之側、匏瓜不在堂殿之上』，乃是用以比喻『富貴之骨不遇貧賤之苦，貧賤之相不遭富貴之樂』的。而這更可以表示：命當富貴之人決不可能落入賤地，而命當貧賤之人亦決不可能進到貴地。這些都是說明祿命之徹底被註定的一般情形。

至於下文『器之盛物』一比喻，則更確定，亦更有趣。依王充，器之盛物必有斗、石之量，正如人爵（表示祿命）必有高、下之差。這意思是說，人之祿命有高、下：高的可以如器之能容一石，下的如器之能容一斗；而能容一石的只能一石、一斗的亦只能一斗，多一點就會滿溢，一定是無福承當的。這種講法，乃是王充徹底的命定論中最徹底的情形，根本是沒有任何伸縮的餘地的。而這種情形，亦見於命祿篇所論，我們在下文還要說到。

由以上對於壽命和祿命之申述，可知王充的命定論，一定是一種徹底的命定論。

第四節 命之所以定

王充徹底的命定論，必以人之壽命和祿命都是徹底地被註定了的。而其所以被註定，我們又是可以追溯到命之超越的來源的。前文所引，王充曾有所謂『人稟元氣於天』之說，本來即已涉及命之超越的來源了的。對於這一方面而有其成套的理論的，則見於命義篇。該篇說：

『……子夏曰：「死生有命，富貴在天」。而不曰「死生在天，富貴有命」者，何則？死生者，無象在天，以性為主。稟得堅彊之性，則氣渥厚而體堅彊。堅彊，則壽命長；壽命長，則不夭死。稟性軟弱者，氣少泊（同「薄」）而性（當作「體」）羸窳。羸窳，則壽命短；短，則蚤死。故言「有命」。命則（同「即」）性也。至於富貴，所稟猶性，所稟之氣得衆星之精。衆星在天，天有其象：得富貴象，則富貴；得貧賤象，則貧賤。故曰「在天」。在天如何？天有百官、有衆星，天施氣而衆星布精；天所施氣，衆星之氣在其中矣。人稟氣而生、含氣而長，得貴則貴、得賤則賤；貴或秩有高、下，富或貲有多、少：皆星位尊卑、大小之所授也。……』。

按王充此處所說，原係循子夏『死生有命，富貴在天』兩句話而來的一種解釋。子夏所謂『有命』、所謂『在天』，當該只是異文對顯，其中的『天』亦即是『命』的意思，不必就如王充的解釋。而王充必以『死生』爲『無象在天』、『富貴』爲『有象在天』，似乎是藉以分別其二品之命——死生之命和富貴之命，即壽命和祿命，並表示此二品之命在來源上的不同。

死生之命，在王充，乃是『無象在天，以性爲主』的。所謂『無象在天』，依下文王充對於『富貴之命』的闡釋言，實在即是『沒有衆星之氣參與在內』的意思。因爲沒有衆星之氣參與內在，所以這一類死生之命與衆星之氣無關，而必只以稟『天之氣爲主』。而這所謂只以稟天之氣爲主，又即是王充所謂『以性爲主』的意思。依前文（第五章、第一節）所述，在王充，人是『因氣而生』、『用氣爲性』的，人性根本只是『氣性』。而這些所謂氣，都是指『天之氣』而說的。故人性是由稟天之氣而成的。因此，王充這裡所謂『以性爲主』，實在無異於說：『以稟天之氣爲主』。稟天之氣不能完全一致，必有渥厚、少泊之差，故人性亦必有堅強、軟弱之異。稟天之氣渥厚，其性必堅強，這就是王充所謂『禀得堅强之性』的意思；禀天之氣少泊，其性必軟弱，這就是王充所謂『禀性軟弱』的意思。並且，在王充，已成之性必有氣，同時性又是包括形體在內的。所以他也就可以說：『禀得堅强之性，則氣渥厚而體堅强』；『禀性軟弱者，氣少泊而體羸窳』。而『堅强，則壽命長』和『羸窳，則壽命短』：雖然，這兩者王充都是指形體而說，但實際上乃是無異於指已成之性的堅强和軟弱而說，以至無異於指禀天之氣的渥厚和少泊而說的。而這就等於說：禀天之氣渥厚，則其性必堅强、體必堅强，其壽命亦必因之而長；反之，禀天之氣少泊，則其性必軟弱、體必軟弱，其壽命亦必因之而短。由此而再簡言之，亦即：壽命之所以有長、短，只取決於禀天之氣之厚、泊。禀天之氣厚，其壽命必長；禀天之氣泊，其壽命必短。而這由禀氣而成的壽命，與由禀氣而成的性是相同的，故云：『命即性也』。但這自然是很成問題的（註一二）！

壽命之所以有長、短，只決定於禀天之氣之厚、泊，而與衆星之氣完全無關。然由壽命而轉說祿命，則祿命之所以有貧富、貴賤，乃是與所禀的天之氣之厚、泊無關，而只決定於所禀的衆星之氣之尊卑、大小的。而這亦正可以表示祿命之所以必『有象在天』的意思。王充說：『衆星在天，天有其象』。依此，則其所謂『天象』，實在就是指『衆星』而說的。衆星在天，爲天之象，故云天象。因而，王充所謂『得富貴象，則富貴；得貧賤象，則貧賤』等兩句，也便可以有其確定的意思了。在王充，那些作爲天象的衆星，其本身既然有星位尊卑、大小之差，同時又能隨天之施氣而『布精』的。精即是氣。布精亦即是布氣。天施氣，衆星亦布氣。故天之氣與衆星之氣是可以混在一起的。這便是王充所謂『天所施氣，衆星之氣在其中』的意思。衆星之氣既然即在天所施之氣中，則人除稟天之氣以爲性、以爲壽命外，同時亦必稟衆星之氣以爲祿命。故在王充，祿命乃是由稟衆星之氣而決定的。衆星必有其星位尊卑、大小之差，故衆星所布之氣亦必有其尊卑、大小之差。衆星所布之氣既然必有其尊卑、大小之差，則人能稟得其尊者、大者，其命亦必是富貴者；反之，人若只稟得其卑者、小者，其命亦必是貧賤者。這便是王充所謂『得貴則貴、得賤則賤』的意思。而這貴賤之命，都是『星位尊卑、大小之所授』，亦即星氣尊卑、大小之所決定的。同時，富、貴之命既然可以有秩之高、下，貴之多、少；則貧、賤之命亦應該各有程度上的不同。但不論其高、下或多、少如何，以及其不同如何，總都是『星位尊卑、大小之所授』，亦即星氣尊卑、大小之所決定的。如此，則我們便可以確定：在王充，祿命之所以有貧富、貴賤，只取決於稟星氣之尊卑、大小。稟星氣之尊且大者，其祿命必富貴；稟星氣之卑且小者，其祿命必貧賤。這便是王充的『星氣說』——可藉以說明祿命之所以必有貧富、貴賤，也可以解釋性之善、惡與祿命之貧富、貴賤完全無關（註一三）。

依上所述，我們便可以明白：王充二品之命——壽命和祿命——之所以各有差別，都是取決於稟氣而定的。壽命之長、短只取決於稟天之氣之厚、泊，祿命之貧富、貴賤只取決於衆星星位之氣之尊卑、大小而定。而人於此稟受之中，一經稟定以後，則厚、泊的即厚、泊，尊、卑的自尊、卑，就不能再有任何變更了。故二品之命之所以定，必是一種徹底的定，亦即是徹底地被註定了的。

並且，這種徹底的定乃是就人之原初稟氣而說的。而『氣』在王充，無論天之氣或衆星之氣，總是有其超越意味或形而上意味的。因此，這種徹底的定又可以即是一種超越上的徹底的定或形而上的徹底的定。就由於命有此超越上的徹底的定，所以人在現實上的一生過程亦必隨之而徹底地定了。換言之，亦即：在王充，人之壽命和祿命之所以徹定地被註定，就由於其在超越上的徹底地定的緣故。

第五節　命定與適、偶問題

王充徹底的命定論原是很有問題的。現在，我們先要提出的，即是『命定與適、偶問題』。

關於這一個問題，與前述第三章所論『命定論的災變和瑞應論』中，災變和瑞應之出現爲『適、偶』，乃是完全同性質的，只是內容不同而已。而這裡所要說的，以論衡偶會篇爲主。偶會篇開頭說：

『命，吉、凶之主，自然之道，適、偶之數；非有他氣、旁物，厭勝、感動使之然也』。

按王充此段所說，乃是全篇中原則性的一段，足以表示命定與適、偶關係的。他以『命』爲『自然之道』，其所謂自然，當然是指『命』之『自然』。而在該篇下文，王充亦有『知時、命當自然也』之說，也是相同的。同時，王充亦嘗將『自然』與『適、偶』連用，（如初稟篇和寒溫篇都有『偶、適自然』之語，如下所引該篇有『偶、適然自』一語亦應作『偶、適自然』）。而這些『自然』，雖然必與其天道『自然、無爲』之『自然』不同，但似乎是很容易混淆的（註一四）。

不過，除了這種情形以外，值得我們重視的，即以『命』爲『適、偶之數』。而這是王充在該篇的唯一原則，其下文所擧的許多事例和說明，有些是與此原則相應，有些却是不相應的。以下，我們只錄其相應而重要者加以分析，藉以彰顯這一個問題之究竟。

一，伍子胥和屈原。該篇說：

『世謂子胥伏劍、屈原自沉，子蘭、宰嚭誣讒，吳、楚之君寃殺之也。偶二子命當絕，子蘭、宰嚭適爲讒，而懷王、夫差適信姦也。君適不明、臣適爲讒，二子之命偶自不長：二偶三（讀作「參」）合，似若有之；其實自然，非他爲也』。

世人以爲吳、楚之君信讒而寃殺子胥、屈原。對於這一點，王充並不同意，他有另外的看法，是以『適、偶』爲說的。他所謂『偶二子（子胥、屈原）命當絕，子蘭、宰嚭適爲讒，懷王、夫差適信姦』：即是如此的。適是適然、偶是偶然，其意義是完全相同的。其下文所謂：『君適不明、臣適爲讒』，這二者似乎即合而爲一個『偶然』；而『二子之命偶自不長』，這又是一個『偶然』。這兩個偶然湊在一起，便是王充所謂『二偶參合』的意思。故在王充，子胥、屈子之死，純粹『二偶參合』的結果，並非吳、楚之君信讒而寃殺。這是一種翻案的理論。

王充這種翻案的理論，實在是不應理的（註一五）。可是，這裡所要積極地加以指出的，却是另一點，即命定與適、偶之抵觸。所謂子胥伏劍、屈原自沉，就王充徹底的命定論言，乃是命註定就要如此的。既然命註定如此，則如何能說一個『偶』字？偶是偶然，而命註定要伏劍、要自沉乃是必然的事。此中的『必然』和『偶然』是絕不相容的。由此可知，王充所謂『偶二子命當絕』及『二子之命偶自不長』的二『偶』字，無論如何是下不下的！故此『二偶參合』之說也就無法成立了。

但這還不是最重要的，最重要的是：子胥、屈原之命既然註定當絕，則子蘭、宰嚭之為讒以及懷王、夫差之信姦都是必然地要跟着產生的——即使不是子蘭、宰嚭和懷王、夫差，亦必有另外的臣為讒和君信姦的。如此，則王充如何能說『君適不明、臣適為讒』？適是適然或偶然。凡適然或偶然的，都不是必然的。二子之慘死既然是命定的、『必然』的，則君之不明、臣之為讒也就不能不隨之而成為『必然』了。於此而王充必說『君適不明、臣適為讒』：這與其徹底的命定論如何相容呢？

二，孔子與顏淵、子路之死。該篇又說：

『顏淵死，子曰：「天喪予！」子路死，子曰：「天祝予！」孔子自傷之辭，非實然之道也。孔子命不王、二子壽不長也。不王、不長，所稟不同；度數並放，適相應也』。

顏淵短命、子路慘死：孔子以為天喪、天祝（註一七）；而王充以為只是孔子自傷之辭，並非天使之如此。故云：『非實然之道也』。這所謂實然之道，應該就是指天道而說的。在王充，天道自然、無為——絕對不為，故不可能使孔子喪、祝的。因此，顏淵、子路之死，乃是由於孔子命不當王，亦由於他們壽不當長的緣故。孔子命不當王，由於孔子稟衆星之氣卑、小；而二子壽不當長，亦由於他們稟天之氣少泊。故云：『不王、不長，所稟不同』。因為孔子命不當王、二子壽不當長，故在二子之死之時，於是『度數並放，適相應也』，以成孔子之自傷。這應該是王充本段的主要意思。

可是，我們必須指出：孔子命不當王，在王充，原是註定了的，是一必然的事；而二子如果是王佐之才，則就孔子言，其短命和慘死的事，無論或遲或早，也總是必然地要出現的。如此，則王充如何能說『度數並放，適相應也』？因爲在孔子命不當王的一定之下，對於二子之死如何尚能適然、偶然地相應？要說相應，亦只能歸於必然地相應了。

三，黃次公與鄰巫女。該篇說：

『黃公（當作「黃次公」）取（娶）鄰巫之女。卜（當作「世」）謂女相貴，故次公位至丞相。其實不然。次公當貴，行與女會；女亦自尊，故入次公門：偶、適然自（當作「偶、適自然」），相遭遇時（「時」字當衍）也』。

按黃次公即黃霸，他如何娶鄰巫女，王充在骨相篇說得比較詳細（註一七）。而在這裡，王充以爲次公位至丞相，並不如世人所說，由於女相之貴。王充的意思是說，次公命當貴，女命亦自尊（貴），故能入次公之門，而成二貴相結合。唯此結合，王充又是將其歸於『偶、適自然』而『相遭遇』的。而這就不能沒有問題了。

這問題是：在王充，次公之命既然註定當貴，而女命亦如此，則次公與女結合，應該是有其必然性的。王充在骨相篇說：『夫次公富（當作「當」）貴，婦人（指鄰巫女）當配之，故果相遇』。亦與這一段所說無異。其意思是說，次公之命註定當貴，亦註定當以女爲配，故果相遇。這裡本無所謂相遇，要說相遇，亦是必然地要相遇的。如此，則次公與女結合，王充如何能說『偶、適自然』？偶是偶然，適是適然，都不是必然。偶然、適然的『自然』實在不易理解的！這且不說。僅就『偶然、適然』說，這與次公及女之命定的『必然』，乃是絕不相容的。

四，漢高祖與韓信、張良等。該篇說：

『世謂韓信、張良輔助漢王，故秦滅、漢興，高祖得王。夫高祖命當自王，信、良之輩時當自興，兩相遭遇，故若相求。是故高祖起於豐、沛，豐、沛子弟相多富貴；非天以子弟助高祖也，命相小、大適相應也』。

世人以爲高祖得王（應該說『得帝』），由於信、良之輔助；王充不以爲然。他以爲高祖得王，乃是由於高祖命當王，而信、良時（亦命）當興，兩相『遭遇』的結果。凡遭遇都不是一定而必然的，而只是適然、偶然的。故此處所謂『兩相遭遇』，與其下文所謂『適相應也』是相同的。如此，則我們可以說，在王充，高祖之與信、良亦只是『偶、適相應』的。而這正是問題所在之處。

依王充徹底的命定論言，高祖之命是註定當王的，信、良之時也是註定當興的。因爲高祖註定當王，信、良註定當興，所以他們的相與就只能是必然的，而決不是『兩相遭遇』或『適然相應』的。於此而必說『兩相遭遇』、說『適然相應』，與其命定之『必然』是無法相容的。至於下文所謂『豐、沛子弟相多富貴』一事例，也是完全相同的。我們用不着再說了。

從上引事例之分析，我們知道，王充適、偶之說雖然落在當事人的双方相與上說，但就由於當事人的一方或双方之命爲徹底地被註定了的，所以其中的適、偶，根本是不可能存在的。這就是我們所謂『命定』與『適、偶』的矛盾。因此，王充倘若一定要主張徹底的命定論，則此種繫於徹底的命定之下的『適、偶論』，一定是無法成立的。

第六節　從人生遭遇之適、偶看命一觀念之眞實意義及其與命定論的成立問題

的確，王充的『適、偶論』——亦稱『偶然論』或『適然論』，乃是用得很廣的，除了上節所論以及類似者不能成立外（註一八），尙有用以解釋許多事物的（註一九）。然不論其詳情如何，王充的許多適、偶論，應該都是從『人生遭遇之適、偶』上推衍出來的。對於人生遭遇之適、偶，王充實在是有其較深刻的感受或體會的。而這必與其自身實際之遭遇密切相關。王充一生，窮居四十餘年，其遭遇自然可說是不幸的。而這種不幸，亦正造成其對於人生遭遇之適、偶有較深刻的體會。所以論衡逢遇、累害、幸偶以及狀留等篇，特別如累害一篇，確實有不少很深刻的話（註二〇），大抵即可以表示其對於人生遭遇之適、偶的感受或體會。因此，王充的『適、偶論』，固然說得很廣，但其原初的出發點，我以為是來自其人生遭遇之適、偶的。

人生遭遇之適、偶，原是與命一觀念不能分離的。所以王充言命，亦必扣緊人生遭遇之適、偶為說。這當然是很相應的，亦必來自其對於人生遭遇之適、偶有較深刻的體會。不過，雖然如此，但在實際上，似乎依然是不够的。因為不够深刻，所以未能進而把握命一觀念之『眞實意義』。

在上文（本章第二節），我們已經說過：王充是從人生遭遇好、壞之不能自主以顯示命的。而人

生遭遇好、壞之不能自主，亦只表示人生遭遇是適、偶的意思。這意思是說：就由於人生之遭遇是適、偶的，所以無論其好、壞，總是不能自主的。反過來說也一樣：就由於人生遭遇之好、壞是不能自主的，所以遭遇才是適、偶的。故人生遭遇之適、偶，與遭遇好、壞之不能自主，根本是同意義的。如此，則王充從人生遭遇好、壞之不能自主以顯示命，實在無異於從遭遇之適、偶以顯示命。

本來，王充從人生遭遇之適、偶以顯示命，的確是有其切實性的。其所以有切實性，即因爲從此一理路——人生遭遇之適、偶——若能進一層而深透到『人之生命自身的限定』，則便可以把握命一觀念的『眞實意義』的。誠然，人生遭遇之適、偶，根本即是人生遭遇上的『限定』。人生遭遇上之所以有種種限定，究極地說，即由於人之生命本身有限定。假定人之生命是沒有任何限定的，則必是無限的。無限的，亦即是萬能的。人之生命既然是萬能的，則人在現實生活上的一切都必有其絕對的自由、自主了，那裡還有遭遇可說？於此，倘若還要說遭遇，則一切遭遇一定都是必然的，要怎樣就是能怎樣的，那裡有遭遇之限定或適、偶可說？然而，事實上，乃是沒有人能這樣說、敢這樣說的，除非鴕鳥政策或掩耳盜鈴者之荒謬！人有生命，必有生命之限定。生命之限定是一眞實，生命之眞實。這是誰都不能否認的。因爲人之生命必有限定，所以人生才有遭遇之限定或適、偶。生命之限定是一眞實，故遭遇之限定或適、偶也就不能不是一眞實。遭遇之限定或適、偶既然是一眞實，則就此限定或適、偶以言命，命當然也是一眞實。而命之所以是一眞實，其最後根據，即在生命本身之限定上。簡言之，亦即：人之生命必有限定，所以人必有命。故命之所以爲命，其最後的眞實性與眞實意義，只能從生命自身之限定上加以把握。由此而言，則從人生遭遇之適、偶以顯示命，究竟還不是最後的；必須深透到生命自身之限定上，方能見命一觀念之最後的眞實意義。因而，王充從人生遭遇之適、偶以顯示命，如果更能深透到生命之限定上，則必能把握命之最後的眞實意義了。

不過，王充雖然未能深透到生命之限定上把握命之眞實意義，但他能從人生遭遇之適、偶以顯示命，自然也是很相應的。因爲人生遭遇之適、偶，大抵即是歷來言命的共同理路。而且，從客觀的立場說，人生遭遇之適、偶是一眞實，他能把握這一眞實，已經很不容易了。可惜的是，對於人生遭遇之適、偶體會得不够深刻：所以一方面，使其不能循之而深透到生命本身之限定上，以把握命之眞實意義；另一方面，使其言命，也不能不落入徹底命定論的境地，以至造成思想上的大病痛。

然而，直就人生遭遇之適、偶看，我們必須指出：人生遭遇之適、偶，與徹底的命定論是決不能相容的。而這也便牽涉到我們所要說明的『徹底的命定論之成立問題』。

王充徹底的命定論，就其超越方面說，人之壽命和祿命之所以被註定，乃是取決於原初稟天之氣之厚、泊，及稟衆星星位之氣之尊、卑。而人稟天之氣和衆星之氣以爲命——壽命和祿命，在其原初稟氣之時，稟厚、稟泊，以至稟尊、稟卑都是不一定的，而是完全適、偶的，但一經稟定以後，則厚、尊者自厚、尊，泊、卑者自泊、卑，即是徹底地定了的。因而，人在其現實生活上、在其一生的過程中，其壽命和祿命也就跟着徹底地定了。於此，從壽命說：人稟得天之氣厚，其形體必堅强，其壽命亦必長；反之，稟得天之氣泊，其形體必羸弱，其壽命亦必短。而形體必隨稟氣時之定而定，決不能有任何改變，故壽命多少就是多少，亦決不能有任何增加或減少。再從祿命說也一樣：人禀得衆星星位尊者之氣，其祿命必富貴；反之，禀得星位卑者之氣，其祿命亦必貧賤。而祿命富貴、貧賤中之大小、多少亦必隨禀氣時之定而定，一石的就只能一石、一斗的亦只能一斗，多一點既然不可能，少一點也是不可能的。由此可知，人之壽命和祿命從原初禀氣時之定到一生過程中之定，王充所論，確實是非常機械、非常呆板的。

好在王充這種由禀氣——禀天及衆星之氣——時之定而定的命定論，本來只是純粹的理論，既然不能接觸到任何眞實，也不可能有什麼眞實觀念可以作爲根據。王充造論，原是重視效驗的——多舉掌故性的事例爲證，但對於這一點也不免技窮了。所以這種純粹的理論，不必就有什麼眞實意義可說，（如有意義，尚須看它可否以『道德的心』爲根據，而這又非王充所能及），也不必就有什麼用處。我以爲即使江湖上命相之士也不可能採用的，因爲它太機械、太呆板了。而其所以尚能成立，主要亦只在其：由禀氣時之定到一生過程中之定，當中並不涵什麼矛盾，故在理論上可以說通而已。這樣，我們便可以進到我們所要討論的問題了。

我們可以說，人之命——壽命和祿命——如果可以如王充所論，必由禀氣時之定到一生過程中之定，則人在其一生過程中就不能再有遭遇之適、偶可說了。換言之，亦即：人之一生既然是命註定了，註定怎樣就是怎樣，則人在其一生過程都不能說遭遇，亦不能說遭遇之適、偶，而一切都必歸於一定而必然了。這是一種極明顯的事實。而在這裡，如果一定要說遭遇以至遭遇之適、偶，亦必只是暫時的、半途的，到頭來還是說不上的。比如上引王充以爲『命當貧賤，雖富貴之，猶涉禍患，失其富貴』，即是一個例子。這就是說，命當貧賤的人，雖然讓他富貴，最後還是要喪失的。而這所謂讓他富貴，當然是他人讓他富貴；對他自己說，他獲得富貴，乃是一種遭遇，一種適、偶的遭遇。但這種適、偶的遭遇——遭遇富貴，只是暫時的、半途的；最後必喪失富貴而歸於原有的貧賤，却是必然的。歸於原有的貧賤既然是必然的，則其暫時的、半途的遭遇，以至遭遇之適、偶，亦不能不隨其最後的必然而歸於否定了。因此，在徹底的命定論之下，人生之遭遇，以至遭遇之適、偶，畢竟是要被否定的。所以在王充：如果要肯定徹底的命定論，則人生遭遇之適、偶一觀念，是必須取消的；反之，如果要肯定人生遭遇之適、偶，則徹底的命定論是必須取消的。因爲這兩者是矛盾的，只有居其一的可能。可是，人生遭遇之適、偶，乃是人生的眞實。這種眞實，其最後的眞實根據即在人之生命的限定上。凡人都不能否認其生命之限定的眞實性，則對於人生遭遇之適、偶，自然亦無法否認其眞實性了。至於徹底的命定論，那種由稟氣時之定而定的純粹的理論，乃是根本接觸不到任何眞實的，故亦並無任何眞實意義可說。不過，雖然如此，但若這種非眞實的、徹底的命定論，不與人生遭遇之適、偶一眞實相矛盾，則是依然可以成立的。問題只在其必與人生遭遇之適、偶一眞實相矛盾，故在相形之下，也就無法成立了。依此而言，則王充徹底的命定論實在是不能成立的！

王充，從其對於人生遭遇之親身體會，而盛言遭遇之適、偶，並能依之而顯示命一觀念，這確實是有意義的。但他在另一方面却又造出一個徹底的命定論，而主張人由稟氣時之定即成爲一生過程中之定，以至與其來自親身體會的遭遇之適、偶一眞實不能相容，這是値得惋惜的事！殊不知從遭遇之適、偶所顯示的命，命之所以爲命，不必就是定的，尤其不必就是徹底地定的。王充分不清這一點：主要只在其對於人生遭遇之適、偶體會得欠深刻，以至言之過甚，而陷於徹底的命定論的境地。

第七節 命定與盡力問題

我們以爲從人生遭遇之適、偶所顯示的命，命之所以爲命，不必就是定的，尤其不必就是徹底地定的。這意思亦只表示：命並不是完全不可能改變的。而其改變之所以可能，主要即在人之『盡力』上。但在王充徹底的命定論之下，乃是容納不得人之任何『盡力』的。因此，也就難免構成我們所謂『命定與盡力問題』。要明白這一個問題，我們必須分別地從壽命和祿命兩方面加以考察。

關於壽命方面，王充在道虛篇有這樣的一段話：

『夫服食藥物，輕身、益氣，頗有其驗；若夫延年、度世，世無其效。百藥愈病，病愈而氣復，氣復而身輕矣。凡人稟性，身本自輕、氣本自長。中於風濕，百病傷之。故身重、氣劣也。服食良藥，身氣復故。……故夫服食藥物，除百病，令身輕、氣長，復其本性，安能延年？』

這一段原是用以駁斥當時『道家或以服食藥物』可以『延年』、『度世』之說的。而其主要意思却只表示服食藥物可以除病，使身輕、氣長，復其本性，但不能『延年』。不能延年，亦即不能使壽命有所增益。王充認爲服食藥物既然不能使壽命有所增益，則其他一切攝生、養衛之法自然也不會有作用的。故當時有以老子之道『恬淡無欲、養精愛氣』爲可以『延年』，亦必爲王充所反對（註二一）。而王充本來，從服食藥物以至一切其他攝生、養衛之法，以求年壽之增益，都是屬於人之盡力的事。而王充不承認其有作用，其唯一而根本的因由，當然在於他的徹底的命定論上。依王充徹底的命定論言，此即可以表示：人之壽命一經註定——由原初稟氣時註定，決不是人之任何盡力所能改變的。

不過，在王充，壽命雖然不能由人之盡力加以改變，但亦有其例外的。所以他在無形篇嘗說：

『且物之變隨（另本作「應」）氣，若應政治，有所象爲，非天所欲壽長之故，變易其形也，又非得神草、珍藥食之而變化也。人恒服藥，固壽，能增加本性，益其身、年也。遭時變化，非天之正氣、人所受之眞性也。……人受正氣，故體不變。時或男化爲女、女化爲男，由（同「猶」）高岸爲谷，深谷爲陵也。應政爲變爲政變，非常性也。漢興，老父授張良書，已化爲石。是石之精爲漢興之瑞也。……』。

王充這一段頗不易理解，大抵與其瑞應論（詳上文第三章、第二節）有關。其主要意思應該是這樣的：物之變化而成瑞物、爲瑞應——如石精之成老父，而爲漢興的瑞應，係由物與氣相感的結果。物因爲非受天之正氣而生，故其形可以變化，變化而成瑞物、爲瑞應。至於人乃是有其不同的。人係受天正氣（或元氣）而生，故『體不變』。體，即形體。人之形體是不會變化的。但有時亦可以變化。故云：『時或男化爲女、女化爲男』。不過，這種變化只是『遭時變化』，並非人所受於天之正氣的『眞性』之變化。人之眞性，在王充，必稟自天之正氣，稟厚即厚、稟泊即泊，一經稟定，便不能變化，故體（形體）不能變化。體不能變化，故年壽不能增、減。這是王充論壽命之定的唯一而根本的理路。上文所引，王充以為『形不可變化，命不可加、減』，便是這一理路之簡說。

由這一理路而看『人恒服藥……益其身、年』等數句，我們便可以了解其原意所在了。所謂『人恒服藥，……能增加本性』，亦必由於『遭時變化』而增加，並非由於人所受於天之正氣的『眞性』之變化而增加。而這亦等於說，人由服藥所增加的本性並非其眞性，眞性是不會增加的。眞性不會增加，則由服藥所增益的『身（形體）、年（年壽）』，亦必不是由增加眞性而來的。由服藥所增益的年壽，既然不是由增加眞性而來，則由服藥所增加的年壽，就眞性言，當然是一種例外；而在其正規的命定論上，這種例外，當然是可以不計的。由於例外可以不計，所以在王充，繫於眞性的年壽，決不能由服藥（以至一切其他的攝生、養衛之法）所能增益，亦即不是由人之盡力所能增益的。

關於祿命方面，則多見於命祿篇。我們可以先看以下的一段：

『使富、貴若鑿溝、伐薪，加勉力之趨，致彊健之勢，鑿不休則溝深，斧不止則薪多，無命之人皆得所願，安得貧賤、凶危之患哉？然則或時溝未通而遇湛、薪未多而遇虎（或引作「火」）。仕宦不貴、治產不富，鑿溝遇湛、伐薪遇虎之類也。』

這一段是以鑿溝、伐薪比喻人之求富、貴的。人由仕宦以求貴、由治產以求富，正如鑿溝、伐薪一樣，能盡力以赴，則溝可深、薪可多，亦即可以獲得富、貴。不過，這還是不可靠的。故云：『或時溝未通而遇湛、薪未多而遇火』。如此，則其盡力就不能不歸於落空了。而這情形正與仕宦不貴、治產不富相同。由此可知，在王充，命當貧、賤之人，想要由盡力以獲富、貴，乃是很困難的。

然而，王充鑿溝、伐薪的比喻，還只表示命當貧、賤者獲得富、貴之困難，並不表示其完全不可能——仍舊是有其可能性的。而在事實上，王充實在還有足以表示：由人之盡力以獲富、貴爲完全不可能的。故命祿篇又說：

『命貧以力勤致富，富至而死；命賤以才能取貴，貴至而免。才力而致富、貴，命祿不能奉持，猶器之盈量，手之持重也：器受一升，以一升則平，受之如過一升，則滿溢也；手舉一鈞，以一鈞則平，舉之過一鈞，則蹪仆矣』。

王充此段所說，與上引骨相篇『以器比喻命在身形』一段極相類似，只是這裡係落在勤力和才能上說，我們應該可以將其歸於『盡力』的意思之中的。王充認爲『命貧以力勤致富，富至而死』：這就可以說，命貧者儘管由盡力以致富，實際即等於未致；『命賤以才能取貴，貴至而免』：這也可以說，命賤者儘管由盡才以取貴，實際只等於未取。而這亦正够說明：命當貧、賤的人，要由盡力、盡才以獲富、貴，乃是完全不可能的。其所以不可能，即只由於其『命祿不能奉持』的緣故。

在王充，命祿之奉持富、貴，正如器之盈量，手之持重一樣：器只能受一升的，就只能一升，多一點就要滿溢；同樣，手只能舉一鈞的，就只能一鈞，多一點就要蹪仆。王充這兩個比喻都是相當有趣的，說得也很呆板、很徹底。所以從這些比喻看，我們可以明白：在王充，人之祿命註定多少就是多少，一點也不能由人之盡力加以改變的。

人之祿命既然註定多少就是多少，一點也不能由人之盡力加以改變，則人在其一生的過程中，自然也用不着任何盡力了。所以命祿篇接着又說：

『前世明是、非，歸之於命也。命審然也。信命者（或引作「今審知有富、貴之命」），則可幽居、俟時，不須勞精、苦形求索之也。猶珠、玉之在山、澤，不求貴價於人，人自貴之（註二二）』。

按此段前二句不甚清楚，但亦不影響其原意。其原意是以珠、玉比喻命當富、貴的人的。珠、玉之在山、澤，並不自求貴價於人，而人必貴之。所以命當富、貴之人，只要自信其命，亦只須幽居、俟時，不須勞精、苦形以求索的。王充這一意思實在無異於說，命當富、貴者，乃是不須作任何盡力，只須躺在那裡睡覺，以待富、貴之降臨。如此，則亦可以反顯出：命當貧、賤者，乃是不能作任何盡力，只能躺在那裡睡覺，而讓貧、賤永遠纏身。

綜合上述兩方面，就王充的主要意思說，大抵以爲人之命——壽命和祿命，一經註定，決不是人之任何盡力所能改變，而主張不須任何盡力的。這一意思的謂語，所謂『不是人之任何盡力所能改變』，『不須任何盡力』等二句，有前者即有後者，後者原是可以賅括前者之中。因此，對於王充這一意思，簡化了說，亦即：人之命一經註定，決不是人之任何盡力所能改變的。而這是王充徹底的命定論之必然的歸趨，亦正是其徹底的命定論對於『盡力』之否定。但這種否定是極有問題的。

我們可以說，人的生命是有其無窮的複雜，也是有其無窮的欲求的。因而，人在現實生活上必求安逸、求健康及長壽，求美味和美色，求去賤以就貴，求美好的聲名，求勢位和富厚……。凡此種種，分別開來說，乃是無法說盡的。只要有生之日，這種種欲求是永不停頓，亦可以層出不窮而永無止境的。這是不容否認的眞實，生命的眞實。人之生命必有種種欲求，而人亦必能在其欲求上盡力。欲求來自人之生命，力亦來自人之生命。人之生命必有欲求，亦必有力。故一般地說：欲求是推動力，而使其盡力的主宰；至於力乃是滿足欲求的資具。這二者統於生命，而且是互爲因果的。故此，也就形成了形形、色色的人生，以及五光、十彩的人間。誠然，人生是複雜的，人間是多樣的。可是，人之生命如果沒有欲求和力，則人生就不能成其爲人生，人間亦不能成其爲人間了——即使尙有人生和人間可說，則人生必極單調而乏味，人間也就不能不是落寞、荒涼而奄奄無氣了。故人生所以如此複雜、人間所以如此多樣，其根本因由，即在生命的欲求以及隨之而來的力底表現，以求滿足其欲求的結果。而此生命的欲求和力之表現，雖然不必都是正的，但究竟是不容否認的眞實，生命的眞實。

可是，因爲生命畢竟不是無限——而是有其限定的，所以力之表現亦不能無限。因爲力之表現不能無限，所以人在種種欲求上盡力，自然是不能完全有效，也不能必然有效的。不過，雖然如此，但亦可以多少有效，可能有效。這就等於說，人在欲求上『盡力』，固然不必就能有得，而與其『得』之間，畢竟是有其可能性的。王充以爲命一經註定，即非任何盡力所能改變，如果不是閉着眼睛抹煞這個可能性，便是智思上未能接觸到這個可能性。

比如從壽命方面說，人之年壽自然是有限定的。人由幼而壯，由壯而衰老，最後總歸於死亡。這就是年壽之限定。這種限定，說到最後，亦只由於生命自身之限定。生命有限定，故年壽有限定。但這種限定並非一成不變，乃是可以因人之盡力與否而有所伸縮的。如果人能善於攝生、養衛，則減少疾病、避免夭死，總是極可能的，甚至多少增加一點也是極可能的；反之，如果天天糟蹋自己，縱情、肆欲，則減少年壽，中途夭死，自然也是極可能的。這都是不能否認的事實。王充在思想上固然主張年壽不能由人之盡力有所增益，但在其眞實生活上確實也是盡過力的（註二三）。這自然是一極大的矛盾，足以否定其壽命註定之說而有餘！並且，如上所引，王充以爲服藥『除百病，令身輕、氣長』以『復其本性』，那至少是可能使人免於夭死的；同時，由服藥以『增益身、年』，在王充思想上雖然屬於例外，但其可能增益，甚至可以增益，却依然是他所承認的。這也是不能沒有矛盾的。事實是：人在攝生、養衛上盡力以求年壽之增益，雖然不必有其必然性，但畢竟是有其可能性的。

再如就祿命方面說，也是相同的。比如就富、貴說，我們可以借王充命祿篇的一段話加以指陳。命祿篇嘗說：

> 『故曰：「力勝貧，愼勝禍」。勉力勤事以致富，砥才明操以取貴。農夫力耕得穀多，商賈遠行得利深（註二四）。廢時、失務，欲望富、貴者，不可得也。雖云有命，當須索之。如信命不求，謂當自至，可不假而自得、不作而自成、不行而自至乎（註二五）？……有求而不得者矣，未必不求而得者也。』

命祿篇此段，乃是王充爲一般人現身說法的，並非他自己的意思（註二六）。可是，這種說法，依我看，倒是很近情、理的。所謂『雖云有命，當須索之』：這就表示只承認有命，並不承認命之徹底地被註定。因而，即有所謂『力勝貧，愼勝禍』之說。這可能是當時流行之說（註二七），確實是相當有意義的。因爲人能盡力，固然不必就能獲富，但總有獲富的可能，至少有稍離貧窮的可能；同樣，能盡力謹愼——時時謹愼、處處謹愼，固然不必就能無禍，但總有無禍的可能，至少有少遇禍的可能。所謂『勉力勤事以致富，砥才明操以取貴』；（及『農夫力耕得穀多，商賈遠行得利深』）：也都是同性質的。人能勉力勤事、砥才明操，固然不必就能致富、取貴，但總有致富、取貴的可能。而後文所謂『有求而不得者矣，未必不求而得者也』：那正是屬於原則性的說明。蓋有求不必就能有得，却必有得的可能性；不求，則連此可能性也喪失了。因此，這種說法是很有道理的。對於求富、貴言，我以爲王充鑿溝、伐薪之喩是比較適當的，因爲它究竟能保持獲富、貴的可能性。但王充總是很別扭的，明明說對了，總要說得過份才能過癮。這眞是難以想像的事。

所以無論從年壽或富、貴說，人能在求上盡力，與其得之間，總是有其可能性的。對於年壽和富、貴既然如此，則對於其他一切遭遇事物，如吉凶、禍福、得失等等，也自然都是如此的。

這樣，我們便可以確定：人之生命雖然有其限定——這就是壽命和祿命的眞實性所在，但必不是一成不變的。其改變的可能性，即在人之『盡力』與『得』之間的可能性上。如理、如實地說，盡力與得之間的可能性，原是生命之欲求的通竅，亦是生命之力所以表現的場所。如果沒有這種可能性，則生命的欲求必被封閉、堵塞，而生命之力亦必被逼死而不能表現了。如此，則人生如何能成其爲人生？人間如何能成其爲人間？就由於人之盡力與得之間必有可能性，故生命的欲求始能通向外界，生命之力亦可以照常表現，因而形成這形形、色色的人生，以及這五光、十彩的人間。故盡力與得之間的可能性是不能閉着眼睛不看，也不能隨便抹煞的！因此，王充以爲命一經註定，決不是人之任何盡力所能改變，這就等於以徹底的命定論否定了盡力之可能有效，亦即命定與盡力問題之癥結所在。

依此癥結言，王充徹底的命定論是要取消的。因爲生命之欲求、力之表現以及盡力與得之間的可能性，都是眞實的，而徹底的命定論却只是一種非眞實的理論。所以除非王充能否定盡力與得之間的可能性，並進而否定生命的欲求與力之表現；否則，此種命定論根本就沒有存在的餘地的！

＊　＊　＊　＊　＊

並且，王充以爲人之命一經註定，決不是人之任何盡力所能改變，大抵與列子力命篇所論頗有其類似（註二八），而與墨子非命篇所論有其相反之處。墨子否定人必有命，他否定命（亦即證明無命）的方法之一，即是『盡力無命』（註二九）。而在王充，原是可以說『有命無力』的。所以二者正好是相反的兩極端。同時，墨子痛恨主張有命的人。凡是承認有命的人，墨子必斥之爲『執有命者』。故『有命』與『執有命』，在墨子，乃是相同的（註三〇）。其實，並不如此。有命是一眞實，人之生命的眞實。這是無法否認的。至於執有命，乃是隨命一眞實觀念而來的一種流弊。這是執着於命，以爲命是註定了的，註定怎樣就是怎樣，即非盡力所能改變，於是就不肯再作任何努力了。這便是一種流弊。而人若眞執有命，則勢必歸於怠惰、頹喪而不肯强力從事了。墨子之非命，主要即在非斥人們之執有命而不肯強力從事，以至不利於天下，並進而否定命一觀念本身的（註三一）。故若由墨子以看王充，王充以爲命一經註定，決不是人之任何盡力所能改變：這在墨子，自然是一典型的『執有命者』。要是墨子及見王充，或在其後，則王充必爲墨子所痛斥，當該是一件無疑的事！

但是，我們可以這樣說：王充執有命，以爲命是徹底地被註定了的，主張非人之任何盡力所能改變，其流弊所至，即可以使人歸於怠惰、頹喪；墨子教人不執有命，這當然是對的，但他必進而否定命一觀念本身，其流弊所至，即可以使人歸於不擇手段地追求（註三一）。怠惰、頹喪，乃是一種墮落，甚至是一種罪惡。這種墮落或罪惡乃是使人封閉、堵塞其生命之欲求，以及逼死其力之表現，最後必成爲槁木、死灰的人。不擇手段地追求，當然更是一種墮落、一種罪惡。這種墮落或罪惡，乃是使人之生命的欲求成爲無止境的擴大，使其在欲求上無分寸地盡力，結果必成爲苟且、無義的人。這是王充『有命無力』與墨子『盡力無命』之必然的流弊。

而在這一層上，實在只有孔、孟儒家是最高明、最合理的。儒家肯定人必有命，但決不教人執有命，而只教人『盡命之正道而處』（註三二）。蓋其肯定人必有命，深知人生在遭遇上之限定，亦即深知對於死生、富貴等事物，有求不必就能有得；而不執有命，亦即不以人之命爲註定以至一生皆定，則便不至使人封閉、堵塞生命之欲求與力之表現。這不能不是儒家最高明的地方。同時，儒家教人盡命之正道而處，則更可以沒有王充和墨子的流弊：這在一方面，可以使人不執有命，而不至歸於怠惰、頹喪之墮落或罪惡；在另一面，亦可以使人不落到不擇手段地追求其生命之欲求的滿足，不至使人歸於苟且、無義之罪惡（註三三）。人不能否認有命，尤不能不知有命。命從生命之限定見，是生命之眞實，誰能加以否認？因而，在命這一眞實觀念之下，人只能盡其正道而處，才能成其爲人！事實是：人不應該執有命而爲怠惰、頽喪之墮落者，尤不應該不知有命而成爲苟且、無義之罪惡者。誰能說應該如此？既然不應該如此，則儒家教人盡命之正道而處，就不能不是唯一合理的途徑了。

王充論命，亦引儒家；墨子非命，則必非斥儒家。可是，他們都不能了解儒家在命這一觀念上之所以高明、合理之處，却成爲相反的兩極端，都不免有其極大的錯誤和流弊。這眞是無可奈何的事！

第八節　國命論之謬誤及其成立問題

王充的命定論並不限於人，同時也是擴大到國或天下的。故在王充，不僅人必有命，國也是有命的。『國命』一詞見於論衡命義篇。比如『國命勝人命』、『國命繫於衆星』等即是。但這些只是點點滴滴的，並不能讓我們了解其國命論的究竟情形。說得比較成系統的，則是治期篇。治期篇所論，本有『命定論的災變和瑞應論』及『唯物論』等成份，大致均已引述於上文（第三章第一、二節及第五章、第四節），我們不須再說了。這裡，只再據治期篇以申述其國命論。

治期篇首段云：

『世謂：古人君賢，則道德施行，施行，則功成、治安；人君不肖，則道德頓廢，頓廢，則功敗、治亂。古、今論者莫謂不然。何則？見堯、舜賢聖致太平，桀、紂無道致亂、得誅。如實論之，命期自然，非德化也』。

按此段所說，當時世俗因爲堯、舜賢聖致太平，桀、紂無道致暴亂，故以國或天下之治亂、存亡，繫於人君之賢、不肖，亦即繫於人君之德治或暴政。王充雖然以此爲當時世俗之說，但在實際上，却是中國歷來德治意識之反映。所以『古、今論者莫謂不然』。而王充獨反對此說，無異於對歷來德治意識之挑戰。他以爲『如實論之，命期自然，非德化也』：這只表示國之治亂、存亡自有命期，不繫於賢君之德化或德治。所謂『命期』，應該即是異虛篇『國之存、亡，在期之長、短』之『期』，亦即是須頌篇『治有期、亂有時』之『期』，亦即是指『國命』（或即時代命運）而說的。指國命而說，國之治亂、存亡自有命期，既然不繫於賢君之德治，則亦自然與暴君之暴政無關。

由此而進一步，我們便可以看下列治期篇的另一段話：

『世之治、亂，在時不在政；國之安、危，在數不在教：賢不賢之君、明不明之政，無能損、益』。

這一段很明顯，乃是一種徹底的國命論。這裡的『時』、『數』，都是指國命而說的；而『治、亂』和『安、危』（以至存、亡）是同性質的，我們只就治、亂說即可。只就治亂說，王充的意思是：國之治、亂只在其註定之國命如何，不在人君和政、教，人君和政、教是不能有任何損、益的。如果國命註定當治，則一定能治，賢君和明政不能使其增益一點；反之，國命註定當亂，則一定要亂，賢君和明政亦不能使其減損一點。同樣，如果國命註定當治，則一定能治，不賢君和不明政不能使其減損一點；反之，國命註定當亂，則一定要亂，不賢君和不明政亦不能使其增益一點。這就是王充此段的意思。而其所以如此，原只由於國命是徹底地被註定了的緣故。如果不是徹底地被註定，則對於國之治、亂，賢君和明政如何可能無所損、益？而不賢君和不明政又如何可能無所損、益？由此可知，王充的國命論與人命論一樣，也是一種徹底的命定論。

以上所述，即是王充國命論的唯一內容。治期篇所論固然不少，但大體却不外於此一內容。就此一內容說，我以爲只有王充可以如此主張，其謬誤乃是歷來學術上所極罕見的。事實上，這種國命論如果可以成立，則根本是不堪想像的！

從賢君方面說，依王充，國命註定當治、當亂，賢君和明政（應該與德治、德化等相同）不能有所損、益。這意思就等於說：國命註定當治即能治，賢君和德治是完全用不着的；國命註定當亂便要亂，賢君和德治是完全無能爲力的。因此，賢君之治國，其唯一任務只在了解其國命如何，但也只限於這一點，除此以外，再也沒有任何事可做的。當他明白了國命是註定當治的，他只須躺在那裡睡覺，以待其國之昌興；當他明白了國命是當亂的，他也只能躺在那裡睡覺，以待其國之衰亡。（而這與上節所謂命當富、貴者不須作任何盡力，只須躺在那裡睡覺，以待富貴之降臨；命當貧，賤者不能作任何盡力，只能躺在那裡睡覺，而讓貧、賤永遠纏身：是完全同性質的）。依此而言，在國命徹底地被註定之下，賢君和德治不歸於徹底地被取消，乃是絕對不可能的！而且，事實亦不只是如此。賢君，不拘其所遇之國命如何，當亂或當治，他既然只能（或只須）躺在那裡睡覺，則不僅德治、德化用不上，即任何政治，以至教化都是用不上了。而這不等於取消了一切政治、教化嗎？故在王充徹底的國命論之下，一切政治、教化非歸於取消不可！而這還能想像嗎？

好在賢君不會作惡，（因爲他是賢君），他還可以躺在那裡睡覺。如果再從暴君說，那是更不堪想像的。依王充，國命註定當治、當亂，不賢君（即不肖君或暴君）和不明政（即暗政或暴政）都是無能損、益的。這意思亦無異於說：國命註定當治，自然便會治，暴君和暴政是完全無傷的；國命註定當亂，自然便要亂，暴君和暴政也是完全無傷的。暴君不像賢君，他總是要爲暴、作惡的。當他明白了他的國命之當治，他不能像賢君一樣，而只須躺在那裡睡覺，以待其國之昌興，他正可以因國命之吉而窮奢極欲地爲所欲爲；同樣，當他明白了他的國命之當亂，他也不會像賢君一樣，而只能躺在那裡睡覺，以待其國之衰亡，他正可以因國命之凶，一切歸於無望而窮兇極惡地爲所欲爲。中國歷史上相傳，商紂嘗有『我生不有命在天』之說（註三四）。這雖然不必就是從國命論上說，但總屬於徹底的命定論中，暴君之歸趨和藉口的、一種典型的事例。因此，徹底的國命論一旦落在暴君身上，實在是不可能不成爲最佳的藉口，而徹底地助長暴政之氾濫的。而這還堪想像嗎？

於此，我們可以說，王充徹底的國命論如果眞能成立，則不僅賢君和德治以至一切政治必被取消，而且亦必徹底地助長暴君和暴政的。如是，則人世還有什麼政治、教化可說？整個只是氾濫着暴政而已！王充徹底的人命論，其弊尙限於個人；而其徹底的國命論，其弊必殃及整個國或天下。所以這種國命論實在是最惡劣、最荒謬的！

王充也曾論政治，依自紀篇及對作篇所載，他本有政務之書，那是爲了憫人君爲政不得其宜而作的。可惜此書亡佚甚早，我們無法知其所論的內容。但就其徹底的國命論言，政務內容決不可能與徹底的國命論能並行不悖，無論其所論如何高明，決不免於徹底的國命論之否定的！

然而，王充這種國命論有沒有成立的根據或理由呢？這在王充自己說，當然是有的。我們就治期篇所論，至少有三點可說。而在這三點中，有兩點是很明顯地謬誤的，沒有特別提出討論的必要（註三五）；其中只有一點，雖然亦不能沒有問題，但卻有討論的必要。

關此，我們必須看下列治期篇的一段話：

『賢君之立，偶在當治之世，德自明於上，民自善於下，世平、民安，瑞祐並至，世則謂之賢君所致；無道之君，偶生當亂之時，世擾、俗亂，災害不絕，遂以破國、亡身、滅嗣，世皆謂之爲惡所致：若此，明於善、惡之外形，不見禍、福之內實也。禍、福不在善、惡，善、惡之證不在禍、福』。

這是就賢、暴之君並說，以爲賢君之興治（世平、民安）與暴君之亂亡（破國、亡身），並非如世俗所謂爲善、爲惡所致；而其主要意思則在指出：『善、惡之證不在禍、福』。這一意思頗不易理解，我們可以經由以下一段話加以說明：

『故人之死、生，在於命之夭、壽，不在行之善、惡；國之存、亡，在期之長、短，不在於政之得、失』。（異虛篇）。

這是從人命以推論國命的。因爲人之死生、禍福，與國之興治、亂亡是相同的，故可以從人命以推論國命。人之死生、禍福是命定的：善人爲善不能使其得福，惡人爲惡不能使其獲禍，（死、生也一樣）；而國之興治、亂亡自然也是命定的：賢君爲善不能使其國興治，暴君爲惡不能使其國亂亡。這是王充由人命以推論國命之究竟，亦即是『善、惡之證不在禍、福』之究竟。證是證驗。善、惡不能從禍、福上證驗，禍、福是命定的。人如此，國亦如此。因爲國亦如此，所以世俗以國之興治爲賢君爲善所致、以亂亡爲暴君爲惡所致，正是：『明於善、惡之外形，不見禍、福之內實』。由此可知，王充所謂『善、惡之證不在禍、福』，其來源即在『善人之爲善不能得福，惡人之爲惡不能獲禍』上。（因爲善人爲善不能得福，故賢君爲善亦不能使國興治；反之，亦然）。這就是王充評擊世俗的根據，亦就是國命論的根據。要說國命論可以成立，就王充所論看，其唯一的根據就在於此。

不過，我們可以指出：王充此一根據，其本身是不確定的。要使其確定，必須證明：善人之爲善絕不能得福，惡人之爲惡絕不能獲禍。但這是不可能的。從應然世界言，或即從人類不容已的仁心言，善人之爲善應該是有福的，惡人之爲惡應該是有禍的。所以中庸云：『大德必得其位、必得其祿、必得其名、必得其壽』（註三六）。這是就善人說的。劉向說：『積善之家必有餘慶，積惡之家必有餘殃』（註三七）。這是善、惡並說的。這些都是從應然世界說的。但若從實然世界說，或即從現實上說，那又是不同的。在現實上，善人之爲善與得福、惡人之爲惡與獲禍，不僅沒有必然性，有時甚至是相反的。這便是一般所謂『孔、顏運厄，盜跖壽康』的意思。王充亦嘗援引與此類似的事，評擊漢人『隨命』之說（註三八）。而在現實上，這亦只能表示孔、顏之不幸和盜跖之徼倖，並不能概括一切，以爲都是如此的。事實上，我們只能說：善人爲善不必就能得福，惡人爲惡不必就能獲禍；決不能說：爲善絕不能得福，爲惡絕不能獲禍。因爲善人爲善與得福、惡人爲惡與獲禍，這中間畢竟是有其『可能性』的。（這可能性與上節『盡力與得』之間的『可能性』雖然不在同一層次，其意義却是相同的）。這可能性決不能否定，故亦決不能證明：善人爲善絕不能得福、惡人爲惡絕不能獲禍。因此，王充的根據是不確定的。依此不確定的根據而言徹底的人命論，其人命論是決不能成立的。

由於善人之爲善與得福、惡人之爲惡與獲禍之間必有其可能性，所以由此以推論賢君爲善與國之興治、暴君爲惡與國之亂亡之間亦必有其可能性。既然必有其可能性，則前述王充以爲國之治、亂爲國命所註定，而『賢不賢之君、明不明之政無能損、益』之說，乃是決不能成立的，亦即徹底的國命論是決不能成立的。並且，我們還可以說，賢君爲善與國之興治、暴君爲惡與國之亂亡，其間的可能性必較善人之爲善與得福、惡人之爲惡與獲禍之間的可能性爲大。這是因爲人君治國究竟與個人生活有點不同。人君治國（或治天下），對於國或天下之影響，必如孔子所說『君子之德風、小人之德草，草上之風必偃』（註三九）。這就表示在位者容易開出風氣，而國或天下之民大抵都是套在風氣中生活的，故必有其影響。尅就賢君之爲善、暴君之爲惡說，也是同樣的。賢君爲善必可以產生一種善的風氣，暴君爲惡亦必可以產生一種惡的風氣，因而影響所及，可以形成上行、下效之正和反的效果。故其可能性亦必較個人爲大。依此而言，則王充徹底的國命論是尤其不能成立的。

王充之所以主張這種徹底的國命論，大抵有兩方面的情形：一方面，乃是人命論之推衍；另一方面，則是命定論的災變論之餘波。就前者說，係建立於人生遭遇之適、偶上，爲王充親身所體會，本是可以很有意義的，但因爲其生命有滯着而不能深入，所以不免言之過甚而成爲徹底的命定論，並推衍而爲徹底的國命論。就後者說，王充命定論的災變論，原是用以評擊漢儒『天、人感應論的災異論』的，其目的却在爲漢激發，甚至爲漢章帝解脫災變，故難免尤有其駁雜之處（註四〇），而其餘波所及，亦不能不成爲徹底的國命論。因此，其徹底的國命論之不能成立，實在應該是本份中的事！

註一　累害篇云：『凡人操行，不能愼擇友。友同心，恩篤；異心，疎（當作「疏」）薄。疎（疏）薄，怨恨，毀傷其行。一累也。人才高、下，不能鈞同。同時並進，高者得榮，下者慙恚，毀傷其行。二累也。人之交遊，不能常歡。歡則相親，忿則疎（疏）遠。疎（疏）遠，怨恨，毀傷其行。三累也。（按此與一累略同）。位少人衆，仕者爭進，進者爭位，見將相毀，增加傅致。將昧不明，然納其言。一害也。將吏異好，清、濁殊操。清吏增郁之白，舉涓涓之言。濁吏懷恚恨，徐求其過，因讖微之謗，被以罪罰。二害也。將或幸佐吏之身，納信其言。佐吏非清節，必拔人越次。迕失其意，毀之過度。清正之仕抗行伸志，遂爲所憎，毀傷於將。三害也。夫未進也，身被三累；已用也，身蒙三害。雖孔丘、墨翟不能自免，顏回、曾參不能全身也。動百行，作萬事，嫉妬之人隨而雲起。……豈徒六哉？六者章章，世曾不見！夫不原士之操行有三累、仕宦有三害：身完全者謂之潔，被毀謗者謂之辱；官升進者謂之善，位廢退者謂之惡。完全、升進者，幸也，而稱之；毀謗、廢退，不遇也，而訾之：用心若此，必爲三累、三害也。』按此一大段，均爲王充親身感受之言，而後文訾斥世俗，當該可看作王充的自白。

註 二 顏淵、伯牛均以德行稱，並見論語雍也篇。

註 三 幸偶篇說：『晉文脩文德、徐偃行仁義，文公以賞賜、偃王以破滅。魯人爲父報仇，安行不走，追者捨之，（事見呂氏春秋必己篇、列子說符篇、淮南子人間訓）；牛缺爲盜所奪，和意不恐，盜還殺之，（事見淮南子人間訓）。文德與仁義同，不走與不恐等，然文公、魯人得福，偃王、牛缺得禍者：文公、魯人幸，而偃王、牛缺不幸也。』按此以幸、不幸言。該篇又說：『韓昭侯醉臥而寒，典官加以衣。覺而問之，知典官之愛己也；以越職故，加之以罪。（事見韓非子二柄篇）。衞之驂乘者，見御者之過，從後呼車，有救危之義，不被其罪。（事見劉向說苑善說篇）。夫驂乘之呼車、典冠之加衣，同一意也。加衣恐主之寒、呼車恐君之危，仁惠之情俱發於心，然而於韓有罪，於衞爲忠：驂乘偶，典冠不偶也』。按此以偶、不偶言。而此偶、不偶，若與上述晉文等事例交換言，亦是同樣的。故幸、不幸，與偶、不偶是同意義的。

註 四 詳情見第一章、第一節。

註 五 孟子萬章上篇：『丹朱之不肖，舜之子亦不肖。舜之相堯，禹之相舜也，歷年多，施澤於民久。啓賢，能敬承繼禹之道。舜、禹、益相去久遠，其子之賢、不肖：皆天也，非人之所能爲也。莫之爲而爲者天也，莫之致而至者命也。』按此所謂『天也』，意思亦是就『命』說的。（與命爲異文對顯）。而王充以『遇』爲『不求自至、不作自成』，轉從客觀方面說，亦即孟子所謂『莫之爲而爲』、『莫之致而至』的意思。故王充所說『遇』的意義，本來就可以由之而表示『命』的。

註 六 所謂『身內之物』，即是指仁、義、禮、智等而說的。孔子說：『我欲仁，仁斯至矣』。（論語述而篇）。此即可以表示仁是身內之物。否則，仁若不是身內之物，斷不能說『我欲即至』。孟子亦說：『求則得之，捨則失之，求有益於得也，求在我者也；求之有道，得之有命，求無益於得也，求在外者也。』（盡心上）。按孟子此處已將身內之物與身外之物分別得極清楚而確定。朱子註此云：『在我者，謂仁、義、禮、智，凡性之所有者』；『在外者，謂富、貴、利、達，凡物皆是』。又云：『趙氏（按即趙岐）曰，言爲仁者由己，富、貴在天』。按趙氏之言更簡約。仁是身內之物，故爲仁必可自作主宰；富、貴爲身外之物，故必在天（亦即有命）。

註　七　詳情請參閱拙作儒墨平議上篇第六章。（該書爲臺灣商務印書館出版）。

註　八　命義篇說：『傳曰：說命有三，一曰正命，二曰隨命，三曰遭命。正命，謂本稟之自得吉也：性然、骨善，故不假操行以求福，而吉自至，故曰正命。隨命者，戮力操行而吉福至，縱情、施欲而凶禍到，故曰隨命。遭命者，行善得惡，非所冀望，遭逢於外，而得凶禍，故曰遭命。』按此段所述，當爲當時流行的三命之說。（但與今存白虎通壽命篇之三科，趙岐孟子盡心上篇所注之三命說，有少異）。王充對於此種三命之說，在該篇下文曾加以駁斥。故王充並不主張原有之三命。但同時他又曾另說三命云：『正命者，至百而死；隨命者，五十而死；遭命者，初稟氣時遭凶惡也——謂姙娠之時，遭得惡（當有「物」字）也，或遭雷雨之變，長大夭死。』唯此所說之三命，都是就年壽方面說的，大致亦均在氣壽篇中發揮。由此可知，王充對於命之分類，只能依命祿篇開頭所說：『有死生、壽夭之命，亦有貴賤、貧富之命』，或依氣壽篇開頭所說『所當觸值之命』（即富貴、貧賤之命）和『彊弱、壽夭之命』爲確。

註　九　此處上句原文作『猶陶者用土爲簋廉』，黃暉論衡校釋引『俞曰：「廉」字無義，必「廡」字之誤。「廡」讀爲「甒」。禮記禮器篇：「君尊瓦甒」，注曰：「瓦甒五斗」。古字每以廡爲之。儀禮既夕禮注：

「古文瓶皆作甈」。是其證也。「甈」、「廉」形似，因誤』。又校釋註『梓杅』云：『梓，槃之俗字。說文云：「槃，承槃也，從木，古文從金」。玉藻：「浴盤名杅」。音義：「杅音雩」。杅、盂字同。』

註一〇　此處原文上句脫『失其富貴』四字，下句脫『離其富貴』四字，均依黃暉校釋補。

註一一　此處原文脫『難得』二字，亦依黃暉校釋補。

註一二　王充以壽命之長、短，都是取決於稟天之氣之厚、泊。稟天之氣厚，壽命長；反之，壽命短。這在理論上當然是可以說通的。但通着性說，則是很有問題的。依上文（第五章）所述：王充以稟天之氣厚，其性善；稟天之氣泊，其性惡。如此，則凡性善的其壽命必長，性惡的其壽命必短。這是很難自圓的。若舉例以言，則在王充：『顏淵、伯牛行善者也』，其性應該是善的，何以短命、惡疾而死？『盜跖、莊蹻……無道甚矣』，其性應該是惡的，何以均得壽終？

註一三　在王充，性之善、惡，取決於稟天之氣之厚、泊，而祿命之好、壞却取決於稟星氣之尊、卑。故性善者，其命（祿命）可以惡；而性惡者，其命依然可以善。這是可以依之說明許多事實的。比如孔、顏之性善，其命則惡；盜跖之性惡，其命却善等。

註一四　按王充『自然』一詞，用得頗多。除正文所謂『命自然』及『偶、適自然』外，還有『氣自然』、『性自然』之說。（其中『偶、適自然』，在一般上頗不易解。偶是偶然，適是適然。這裡若作副詞看，是極有問題的，如說偶然、適然的自然，即不通。似須作名詞看，意即偶然適然是自然的，簡約了說，即偶、適是自然的。而這自然即與『氣自然』等用法相同）。但這些『自然』與天道自然的『自然』不同。天道自然的『自然』必與『無爲』同義。（見第二章、第一節），這些『自然』却無特定意義可說。而近人以王充思想爲『自然主義』，（如胡適、黃暉等），我不知道他們究竟根據那一個『自然』說的？恐怕是很混淆、很糢糊的！

註一五　按子胥伏劍、屈原自沉，歷來均主子蘭、宰嚭爲讒，楚、吳之君寃殺：一方面必有事實根據，一方面亦必是一價值判斷。王充將其解釋爲適、偶，即是將其轉爲非價值的解釋。於此，即等於剷平一種價值標準，不僅不應該，實不免於大病痛的！

註一六　論語先進篇：『顏淵死。子曰：噫，天喪予，天喪予！』春秋哀公十四年公羊傳：『顏淵死，子曰：天喪予；子路死，子曰：天祝予！』何休注：『祝，斷也。天生顏淵、子路爲夫子輔佐；皆死者，天將亡夫子之證。』

註一七　骨相篇：『丞相黃次公，故爲陽夏游徼，與善相者同車俱行，見一婦人，年十七、八。相者指之，曰：「此婦人當大富貴，爲封侯者夫人」。次公止車審視之。相者曰：「今此婦人不富貴，卜書不用也。」次公問之，乃其旁里巫家子也。即娶以爲妻。其後次公果大富貴，位至丞相，封爲列侯。（略見漢書循吏傳）。夫次公富（當作「當」）貴，婦人當配之，故果相遇，遂俱富貴。………』。

註一八　如王充論災變和瑞應，乃是以命定論爲底子，但他又以災變和瑞應之出現爲適然、偶然的。此中的適、偶論自然亦不能成立。（詳上文第三章、第一和第二節）。

註一九　王充的適、偶論論得很廣，最重要的是用以代替當時流行的許多有關『天、人感應』或『因果報應』之說。（這便是一般所謂『適、偶代感應』，已略敍於上文第一章、第四節）。他又以氣之生人、生物，爲適然、偶然的，亦表示一種適、偶論。（這是有點類似於佛家的緣生的。而在王充，只因爲天道自然、無爲——即絕對不爲——的結果，詳情已申述於上文第二章、第三節）。此外，在幸偶篇還有許多。幸偶篇主要是說人生遭遇有幸、有不幸，以及有偶、有不偶的。如本章第一節所引顏淵、伯牛之不幸，以及註三所述晉文公之幸、徐偃王之不幸，和驂乘之偶、典冠之不偶等，即是。同時該篇亦涉及物之遭遇的。如說：『並時遭兵，隱者不中；同日被霜，蔽者不傷。中、傷未必惡，隱、蔽未必善。隱、蔽，幸；中、傷，不幸』。又說：『螻蟻行於地，人擧足而涉之，足所履，螻蟻苲（當作「笮」）死，足所不蹈，全活不傷。火燔野草，車轢所致：火所不燔，俗或喜之，名曰幸草；（按此下似有脫文）。足所不蹈、火所不及，未必善也：擧火、行（當有「道」字）有適然也。……氣結、閼積，聚爲癰、潰爲疽、創，流血出膿。豈癰、疽所發，身之（當有「不」字）善穴哉？營衞之行，遇不通也。蜘蛛結網，蜚（飛）蟲過之，或脫、或獲；獵者張羅，百獸群擾，或得、或失；漁者罾江湖之魚，或存、或亡。……』。又說：『長數仞之竹，大連抱之木，工技之人裁而用之，或成器而見擧持，或遺材而遭廢棄，非工伎之人有愛憎也：刀斧（當有「之」字）如（當作「加」）有偶然也。蒸穀爲飯，釀飯爲酒：酒之成也，甘、苦異味；飯之熟也，剛、柔殊和。非庖廚、酒人有意異也，手指之調有偶、適也。……』。按此類事例，王充所說尚多，亦有見於他篇的，我們並沒有列擧的必要。唯凡此所說，大抵均從人生遭遇之適、偶而來的。僅就此等適、偶看，王充所說自然是很相應的。但是，如果扣緊『人能』而言，則此等適、偶，在原則上是可以逐漸減少的。比如以『工技之裁木』爲例，工技裁木成器或不成器，刀斧之加固然有適、偶，但若能累積經驗、精進藝能而加以謹愼將事，則刀斧之加之偶然性必可相對地減少，而成器的可能性必大了。由此可知，王充所說的許多適、偶論，大致都可以因『人能』之增進而相對地減少的，只是很難完全消除而已。因爲適、偶很難完全消除，所以王充之說亦只在此『很難完全消除』上有意義的。

註二〇　累害篇：『論者既不知累害所從生，又不知被累害者，行賢潔也。（按此原文「所」至「累害」九字脫，依黃暉校釋補）。以塗搏泥，以黑（當作「墨」）點繒，孰有知之？清受塵，白取垢，青蠅所汙常在練素。處顛者危，勢豐者虧，頹墜之類常在懸垂。屈平潔白，邑犬群吠，吠所怪也。……偉士坐以俊傑之才，招致群吠之聲。夫如是，豈宜更勉奴下，循不肖哉？不肖、奴下、非所勉也。豈宜更偶俗、全身以弭謗哉？偶俗、全身，則鄉原也。鄉原之人行全無闕，非之無擧，刺之無刺也。此又孔子之所罪，孟軻之所惡也。……立賢潔之跡，毀謗之塵安得不生？絃者思折伯牙之指、御者願摧王良之手。何則？欲專良善之名，惡彼之勝己也。……奮志敖黨，立卓異於俗，固常通（當爲衍文）人所讒嫉也。以方心偶俗之累，求益反損。蓋孔子所以憂心，孟軻所以惆悵也。……臧倉之毀未嘗絕也，公伯寮之遡（當作「愬」）未嘗滅也：垤成丘山，汙爲江河矣！夫如是，市虎之訛，投杼之誤不足怪，則玉變爲石，珠化爲礫不足詭也。……故三監讒聖人，周公奔楚；後母毀孝子，伯奇放流。當時周世孰有不惑乎？後鴟鴞作而黍離興，諷詠之者，乃悲傷之。故無雷風之變，周公之惡不滅；當夏不隕霜，鄒衍之罪不除。德不能感天，誠不能動變。君子篤信、審己也！安能遏累害於人？』按此一大段所說，人世險惡之情顯現無遺，乃是很深刻的。儻若關聯着自紀篇加以體認，則實在可說，即是王充之重要自白。

註二一　道虛篇：『世或以老子之道爲可以度世，恬淡無欲，養精愛氣。夫人以精神爲壽命，精神不傷，則壽命長而不死。成事：老子行之，踰百、度世，爲眞人矣。』王充駁斥之云：『夫恬淡少欲，孰與鳥、獸？鳥、獸亦老而死。鳥、獸含情欲，與人相類矣，未足以言。草、木之生何情欲，而春生、秋死乎？夫草、木無欲，壽不踰歲；人多情欲，壽至於百：此無情欲者反夭，有情欲者壽也。（按王充此論極別扭，全不應理）。夫如是，老子之術以恬淡無欲、延年度世者，復虛也。……』。由此可知，在王充，任何攝生、養衞之法勢必都是無用的。

註二二　按此『不求貴價於人，人自貴之』等十字，原文缺。依黃暉校釋補。

註二三　自紀篇說：『……曆數冉冉，庚辛域（讀爲「或」）際，（黃暉註云：謂將殞歿也），雖懼終徂，愚猶沛沛。乃作養性之書凡十六篇，養氣自守，適食、則（節）酒，閉明、塞聰，愛精自保，適輔服藥導引，庶冀性命可延，斯須不老。……』。按此是王充晚年所實行過的養生之法。王充在親身表現上如此，而在思想上却又可以如彼，眞是無可奈何的事！

註二四　按此處『農夫力耕得穀多，商賈遠行得利深』等十四字，原文缺。依黃暉校釋補。

註二五　此處『乎』原文缺。黃暉校釋云『至下疑脫一乎字』。按其說是。

註二六　按此段前文云：『天命難知，人不耐（讀爲「能」）審，雖有厚命，猶不自信，故必求之也。如自知，雖逃避富、貴，終不得離。故曰……』這是說，一般人不能自審其命，故雖有厚命，亦必求之；其實，是不必求的，只要能自知命厚，富、貴一定會來的。由此可知，『故曰』以下也是王充爲一般人所設之說。

註二七　劉向說苑說叢篇云：『衆正之積，福無不及也；衆邪之積，禍無不見也。力勝貧，謹勝禍，愼勝害，戒勝災。……』。

註二八　列子力命篇云：『力謂命曰：「若之功奚若我哉？」命曰：「汝奚功於物，而欲比朕？」力曰：「壽夭、窮達、貴賤、貧富，我力之所能也。」命曰：「彭祖之智不出堯、舜之上，而壽八百；顏淵之才不出衆人之下，而壽四八；仲尼之德不出諸侯之下，而困於陳、蔡；殷紂之行不出三仁之上，而居君位；季札無爵於吳；田恒專有齊國；夷、齊餓於首陽；季氏富於展禽——若是，汝力之所能，奈何壽彼而夭此、窮聖而達逆、賤賢而貴愚、貧善而富惡邪？」力曰：「若如若言，我固無功於物；而物若此邪？此則若之所制邪？」命曰：「既謂之命，奈何有制之者邪？朕直而推之、曲而任之，自壽、自夭、自窮、自達、自貴、自賤、自富、自貧，朕豈能識之哉？朕豈能識之哉？」』按此以力、命對待爲說，其主要意思即表示：力並無功於人之壽夭、窮達、貴賤、貧富；而命對於這些（人之壽夭、窮達等）却有不制之制。其所謂『朕直而推之、曲而任之，自壽、自夭、自窮、自達……』，即是命對於人之壽夭、窮達等之『不制而自然制』，亦即『不制之制』的意思。依此而言，命是定了的，力是無用的。故必與王充之說爲類似。

註二九　詳情見拙作儒墨平議上篇第六章。

註三〇　同上。

註三一　同上。

註三二　論語堯曰篇載『子曰：不知命，無以爲君子也』。（朱子註引程子云：『知命者，知有命而信之也。人不知命，則見利必趨、見害必避，何以爲君子？』）又孟子盡心上篇，『孟子曰：莫非命也！順受其正。是故知命者不立於巖牆之下。盡其道而死者，正命也；桎梏而死者，非正命也。』我曾依孔、孟此言解析出儒家決不敎人執有命，而只敎人『盡命之正道而處』。詳情亦見拙作儒墨平議上篇第六章。

註三三　孔子云：『……不義而富且貴，於我如浮雲。』（論語述而）。又云：『富與貴，是人之所欲也，不以其道得之，不處也；貧與賤，是人之所惡也，不以其道得之，不去也。』（同上里仁）又云：『見利思義』。（同上憲問）。又子張云：『見得思義』。（同上子張）。大學亦云：『國不以利爲利，以義爲利也。』（按此雖就國言，但就人言亦同）。以上均可表示儒家並不主張人不可求利，但須以義爲準，不得落到不擇手段地追求。若能依之而行，必不至陷於苟且、無義之罪惡。

註三四　尚書商書西伯戡黎：『西伯既戡黎，祖伊恐。奔告於王（按指紂王），……王曰：「嗚呼！我生不有命在天？」祖伊反（返）曰：「嗚呼！乃罪多參在上，乃能責命于天？……」』。

註三五　治期篇說：『夫賢君能治當安之民，不能化當亂之世。良醫能行其針、藥，使方術驗者，遇未死之人、得未死之病也。如命窮、病困，則雖扁鵲末如之何。夫命窮、病困之不可治，猶夫亂民之不可安也。藥氣之愈病，猶教導之安民也：皆有命時，不可勉力也。』按此可說是王充論證國命論的一個理由。其主要意思是以良醫治病比喻賢君治國的。依王充、良醫只能醫未死(當命未死)之人、醫未死之病，(未深入膏肓之病)，而不能醫命窮（命註定當死）、病困（病已深入膏肓）之人，(『如命窮、病困，則雖扁鵲末如之何』)：這正如賢君只能治當安（命註定當安）之民，而不能化當亂（命註定當亂）之世一樣。王充這一論證好像是可以說通的。其實是一大混淆。其所以混淆，根本即在其將『命窮』與『病困』看作相同。這裡所謂『病困』即是病已深入膏肓，這是扁鵲所能診斷的。所謂『命窮』即是命註定當死的，但這却不是扁鵲所能診斷，也不是相術之士所能立刻斷定的。（試思：一個人如果命註定當死，相士能當即斷定其當死？只有在死後推知。這只是如此說說而已，誰能確定）？由此可知，『命窮』與『病困』究竟是不同的。王充將其攏在一起，而說『扁鵲末如之何』。這就不能不是一大混淆。由這一混淆，他才能說『藥氣之愈病，猶教導之安民也：皆有命、時，不可勉力也。』事實上，藥氣之能否愈病，在於病之深、淺，（病淺者可愈、病深者不可愈），與命、時完全無關。這是誰都可以分辨清楚的。（難說王充之思考力不能及此？當該只在其行文之態度上）。分辨了這一點，我們可以確定，王充此一論證根本是無效的。不過，依我看，王充原意似乎想依『良醫只能治不死之病，不能治已死之病』以證『賢君只能化命當治之民，不能化命定當亂之世』的。如果是這樣，則是完全『牛頭不對馬嘴』的！

治期篇又說：『賢君之治國也，猶慈父之治家。慈父耐（讀爲「能」）平教、明令，（當有「不」字）耐（

能）使子孫皆爲孝善。子孫孝善，是家興也；百姓平安，是國昌也。昌必有衰，興必有廢。興、昌非德所能成，然則衰、廢非德（按此「德」字極不妥）所能敗也。昌衰、興廢皆天時也。……家安、人樂，富饒、財用足也。案富饒者命厚所致，非賢惠（同「慧」）所獲也。人皆知（按此處當有「家」字）富饒、居安樂者，命祿厚；而不知國安、治化行者，歷數吉也。』按此段，自開頭兩句看，乃是以『賢君之治國』比喻『慈父之治家』的，但依後文看，又是以『家』推『國』的。（此亦是其行文之態度問題）。不過，事實上應該是以家推國的。以家推國，其主要意思是說：家富饒、居安樂者，只由於命祿厚，與慈父之賢慧無關；而國安、治化行者，亦只由於歷數吉，與賢君之德教無關。這是王充以家推國的究竟情形。但是，以家推國，「家」這一層必須是確定的，然後其所推的『國』這一層亦才能確定。這是推論所必須的條件。否則，必只是築塔於沙灘而已！按王充以家富饒、居安樂者，只由於命祿厚，與慈父之賢慧無關：這一層並不是確定的。事實是這樣的，慈父賢慧能平敎、明令子孫：固然不必就能使子孫皆孝善；但也不必就不能使子孫皆不孝善——亦可能使其孝善的。而『子孫孝善，是家興』。如此，則家之興不必就是命定的，可能由慈父之賢與子孫之孝善而達成的。故『家』一層之命定並不確定。如此，則以家推國，『國』一層之命定自然亦是不確定的。故此種推論是極危險的。

註三六　詳第二章註二四。

註三七　見說苑說叢篇，語本易坤文言。

註三八　見論衡命義篇。

註三九　論語顏淵篇，孔子告季康子云：『子爲政，焉用殺？子欲善而民善矣！君子之德風，小人之德草，草上之風必偃。』

註四〇　詳前文第三章註六，並參看第一章、第三節及第四章。

第九章　人之死亡、鬼神與妖象

第一節　人死不為鬼、無知、不能害人

關於人之死亡問題，王充亦有論列，故論衡論死篇開頭就說：

『世謂人死為鬼、有知、能害人。試以物類驗之，人死不為鬼、無知、不能害人』（註一）。這是論死篇全文的一個總綱，也是王充駁斥當時世俗對於死亡問題的一個總綱。當時世俗以為人死為鬼、有知、能害人，但王充卻持完全相反的看法：認為人死不為鬼、無知、不能害人。而該篇以下所論頗多，大抵即是依此三者而說的；只是其文並不單純，頗有歧枝和複沓之處。現在，我們即以此三者為據，引錄原文之重要者，略予敍述。

一，人死不為鬼。論死篇有云：

『人之所以生者，精氣也。死而精氣滅。能為精氣者，血脉也。人死血脉竭，竭而精氣滅，滅而形體朽，朽而成灰土，何用為鬼？人無耳、目，則無所知。故聾、盲之人，比於草、木。夫精氣去人，豈徒與無耳、目同哉？……人用神氣生，其死復歸於神氣。……氣之生人，猶水之為冰也。水凝為冰，氣凝為人；冰釋為水，人死復神。其名為神也，猶冰釋更名水也』。

這一段所說，表示人之所以生存、死亡，只在精氣之存、滅。人在生存之時必有精氣；死亡之時，則

精氣即歸於消滅。而這所謂精氣消滅，並不是精氣自身會消滅，實在即是『精氣去人』的意思。並且，在王充，能使精氣起作用的，又靠血脈。因此，人有血脈，才能使精氣起作用，人亦才能生存。當人死亡時，血脉枯竭，精氣亦即去人而不存在了。（不存在於人，而存在於『元氣』中，見下文）。而同時，在王充，精氣、神氣甚至元氣似乎是相同的，至少是可以相通的。所以說：『人用神氣生，其死復歸於神氣』。這裡首句的生是生存的生，故神氣亦即是精氣；而下句復歸於神氣之『神氣』，則應該是指下文所謂『元氣』而說的。他又說：『水凝爲冰，氣凝爲人；冰釋爲水，人死復神』。這裡以冰和水喩人之生存和死亡，其所謂『氣』即是精氣，所謂『神』亦是指元氣說的。因此，在這裡，無論氣、精氣、神氣、元氣或神，我們當該可以統於『精氣』一詞而說的。統於精氣而說，則在王充，人之所以生存和死亡，只在精氣：精氣在人，則人生存；精氣去人，人即死亡。

但是，王充以精氣之存、滅說明人之生存和死亡，其主要用意還是在於駁斥當時世俗所謂『人死爲鬼』之說的。王充以爲人死不爲鬼。其所以不爲鬼，只由於精氣滅而形體朽的緣故。所以他說：『死而精氣滅』，『滅而形體朽，朽而成灰土，何用爲鬼』？何用爲鬼，即是何由爲鬼的意思。至於所謂『聾、盲之人，比於草、木』一比喩，也只表示精氣去人，人即不可能爲鬼而已。

由於人之死亡即在精氣去人而形體朽敗，所以人死亡以後，形體便不能復見。形體不能復見，則精神亦不能復見了。因此，世俗有所謂『見鬼』的，其所見的決不是死人之精神。故論死篇說：

『人見鬼，若生人之形。以其見若生人之形，故知非死人之精也。何以效之？

『以囊橐盈粟米，米在囊中，若粟在橐中，滿盈堅彊，立樹可見。人瞻望之，則知其爲粟米囊橐。何則？囊橐之形，若其容可察也。如囊穿米出、橐敗粟棄，則囊橐委辟（讀爲「萎襞」），人瞻望之，弗復見矣。人之精神藏於形體之內，猶粟米在囊橐之中也。死而形體朽、精氣散，猶囊橐穿敗，粟米棄出也。粟米棄出，囊橐不復有形。精氣散亡，何能復有體而人得見之乎』？

這一個比喻，是王充用以證明『人見鬼若生人之形』之所以不正確的。所謂『人見鬼若生人之形』，可能是當時世俗之說。而在王充，則認爲『以其見若生人之形，故知非死人之精』。精即精神。他的意思等於說：正因爲人所見的鬼如生人之形體，故知其所見的並非死人之精神。而『粟米』一比喻，即是用以效驗這意思的。他以人之精神比粟米，認爲精神在形體之內，好像粟米在囊橐之中。粟米在囊橐之中，始有粟米囊橐之形體可見；精神在形體之內，始有人之形體可見。人死而形體朽敗，精氣散亡，好像囊橐穿敗，粟米棄出一樣，人之形體便不可復見。形體既然不可復見，則精神自然亦不可復見了。因此，世俗以人見鬼若生人之形，那是決不可能的；一定要說所見之鬼若生人之形，亦必另有所見，決不是那個死人本身之形體。由此而轉從王充自己的觀點言，亦正因爲所見之鬼若生人之形，故知其決不是死人之精神。這只由於死人之精神，早已隨形體之朽敗而不可復見的緣故。而這所謂形體朽敗，精神不可復見，亦只表示死人之精神不能爲鬼的。死人之精神不能爲鬼，亦即是人死不能爲鬼的進一步說法。

二，人死無知。論死篇說：

『夫死人（當作「人死」）不能爲鬼，則亦無所知矣。何以驗之？『以未生之時，無所知也。人未生在元氣之中，既死復歸元氣。元氣荒忽，人氣在其中。人未生無所知，其死歸於無知之本，何能知乎？

『人之所以聰明智惠（通「慧」）者，以含五常之氣也。五常之氣所以在人者，以五藏（「臟」）在形中也。五藏不傷，則人智惠；五藏病，則人荒忽。荒忽，則愚痴矣。人死五藏腐朽，則五常無所託矣——所用藏智者已敗矣，所用爲智者已去矣。形須氣而成，氣須形而知。天下無獨燃之火，世間安得有無體獨知之精？

『人之死也，其猶夢也。……人夢不能知覺時所作，猶死不能識生時所爲矣。『人言談，有所作臥人之旁，臥人不能知；猶對死人不（當作「之」）棺爲善、惡之事，死人不能復知也。夫臥精氣尚在、形體尚全，猶無知；況死人精神消亡，形體朽敗乎』？

這裡所錄，有四個效驗，都是用以證明人死無知的。第一個，以人未生時在元氣中，元氣荒忽，必無知；死而復歸於元氣，即復歸於『無知之本』，故亦必無知。這是以元氣之無知，證明人死之無知。第二個，以人生存時之所以有知，只由於五常之氣在五臟中；人死而五臟腐朽，五常之氣無所託，故必無知。這是以形體（包括五臟）朽敗、精氣不能獨知，證明人死之無知。第三個是以人之夢比擬死，人夢時不知醒時所作，故死時不知生時所爲。這是以人夢時之無知，證明死時之無知。第四個是以人之臥比擬死者，人在臥時不知他人所作，故在死時亦決不知他人所爲。這是以人臥時之無知，證明死時之無知——王充證明人死無知，除這四個效驗外，雖然尚有不少，但其性質大抵都相似或相同的，我們也沒有多予引述的必要了。

人死既然無知，自然也不能言語。所以論死篇又說：

『生人之所以言語、吁呼者，氣括口、喉之中，動搖其舌、張歙其口，故能成言。……人死，口、喉腐敗，舌不復動，何能成言？……』。

『人之所以能言語者，以有氣力也。氣力之盛，以能飲食也。飲食減損，則氣力衰；衰，則聲音嘶。困不能食，則口不能復言。夫死，困之甚，何能復言？……』。

這是以人死而形體（如口、舌等）朽及人困不能飲食即不能言語，說明人死不能言語。而這亦只是人死無知中的事，故王充即繫在這裡說明。

三，人死不能害人。論死篇說：

『人死不爲鬼、無知、不能語言，則不能害人矣。何以驗之？

『夫人之怒也用氣，其害人用力。用力須筋骨而（通「能」）彊。彊則能害人。忿怒之人，呴呼於人之旁，口氣喘射人之面，雖勇如賁、育，氣不害人；使舒手而擊，舉足而蹶，則所擊、蹶，無不破折。夫死，骨朽、筋力絕，手足不舉，雖精氣尚在，猶呴呼之時無嗣助也，何以能害人？』

又說：

『人之所以勇猛能害人者，以飲食也。飲食飽足，則彊壯勇猛。彊壯勇猛，則能害人矣。人病不能飲食，則身羸（當作「羸」）弱。羸（「羸」）弱困甚，故至於死。病困之時，仇在其旁，不能咄叱；人盜其物，不能禁奪：羸弱困劣之故也。夫死，羸弱困劣之甚者也，何能害人？』

又說：

『火熾而釜沸，沸止而氣歇，以火爲主也。精神之怒也，乃能害人；不怒，不能害人。火猛竈中，釜湧氣蒸；精怒胸中，力盛身熱。今人之將死，身體清涼；涼益清甚，遂以死亡。當死之時，精神不怒；身亡之後，猶湯（似應作「火」）之離釜也：安能害人？』

這裡所錄三段，即是三個效驗，都是用以證明人死不能害人的。第一個以害人必須筋骨堅強，人死，骨朽，筋力絕，故不能害人。第二個是說，人在羸弱病困之時，不能叱仇、禁盜，而死是羸弱病困之甚者，故必不能害人。第三個是說，人將死之時，精神不能怒，故不能害人；而當身死之後，精神離身，好像火之離釜一樣，尤不能害人。

以上所述，即是王充否認鬼的存在之重要理論。他認爲人死不爲鬼、無知、不能害人，都是以氣爲解說的。人由氣生，人死氣滅。氣滅，則形體（包括筋骨、五臟等）朽。王充即由氣滅而言死不爲鬼，更由形體朽而言無知、不能害人。而形體朽，又必由於氣滅。故總起來看，王充之否認鬼和其作爲，根本即是以氣爲解說的。而這種以氣解說鬼的問題，亦可以表示其對於人之死亡的一種解說。人由氣生，活着亦只靠氣；死即氣滅，形體必朽，歸於烏有。

此外，在論衡死僞篇，王充嘗列擧古今書傳裏十四種有關鬼的事例，並逐一加以駁斥或另作解說。關於這一方面，我們在上文（第一章、第四節）已擧過一例，這裡似乎沒有再申述的必要了。尙須附帶地提及的，即：由於王充不承認鬼爲一眞實存在，故就喪葬和祭祀之禮言，自然也有其與當時傳統不同的主張。就喪葬方面說，他是主張薄葬的（註二）。而在祭祀方面，他雖然不主張廢棄祭祀，但不認爲眞有鬼神來歆享的，最多也只是一種『緣生事死，示不忘先』的擧措（註三）。

第二節　鬼神爲名義上之存在及鬼之所以出現

王充雖然否認人死爲鬼，但在名義上，依然是承認有『鬼神』的。而且，在名義上，鬼與神也是可以有其不同的。所以他說：

『人見鬼神之形，故非死人之精也。何則？鬼神，荒忽不見之名也。人死精神升天，骸骨歸土，故謂之鬼（當有「神」字）。鬼者，歸也；神者，荒忽無形者也。……人用神氣生，其死復歸神氣。……人死亦稱鬼神。……』。（論死篇）。

所謂人死稱鬼神，其中鬼與神是有分別的。人死精神升天，骸骨歸土。就骸骨歸土說，則謂之爲鬼，鬼即是歸，故云：『鬼者，歸也』。就精神升天說，精神復歸於神氣或元氣，即成爲荒忽無形之物，即謂之爲神。故云：『神者，荒忽無形者也』。故在王充：鬼是就形體（包括骸骨）之歸土而說，而神是就精神之復歸於神氣而說的。這是鬼與神的不同之所在。精神復歸於神氣，故神即只是氣，即成荒忽無形之物，自然不是實際存在的。形體歸土，必朽敗而成灰土，故鬼自然也不是實際存在的。鬼與神既然都不是實際存在，則要說鬼神，亦只有名義而已。所以說：『鬼神者，荒忽不見之名也』。由此可知，王充所謂『人死亦稱鬼、神』，實在亦只表示鬼神爲名義上之存在。而王充之盡力駁斥『人死爲鬼』，應該只是從實際上說，而在名義上還是承認爲有的。後世不了解這一點，故有人以王充在鬼神觀念上爲矛盾（註四），這應該是不正確的。

不過，在王充，鬼神雖然只是名義上存在，但人之見鬼又似乎是可能的。其所以可能，即由於人之疾病。故訂鬼篇云：

『凡天地之間有鬼，非人死精神爲之也，皆人思念、存想之所致也。致之何由？由於疾病。人病，則憂懼；憂懼，則鬼出。凡人不病，則不憂懼。故得病寢衽，畏懼鬼至。畏懼，則存想；存想，則目虛見。何以效之？傳曰：「伯樂學相馬，顧、玩所見，無非馬者；宋之庖丁學解牛，三年不見生牛，所見皆死牛也」。二者用精至矣！思念、存想，自見異物也。人病見鬼，猶伯樂之見馬、庖丁之見牛也。伯樂、庖丁所見非馬與牛，則亦知夫病者所見非鬼也。病者困劇，身體痛，則謂鬼持箠杖毆擊之，若見鬼把椎、鏁繩纆立，守其旁：病痛恐懼，妄見之也。初疾畏驚，見鬼之來；疾困恐死，見鬼之怒；身自疾痛，見鬼之擊：皆存想虛致，未必有其實也。夫精念、存想，或泄於目，或泄於口，或泄於耳。泄於目，目見其形；泄於耳，耳聞其聲；泄於口，口言其事。晝日，則鬼見；暮臥，則夢聞。……』。

死人精神不爲鬼，鬼只由於人之思念、存想所致。而人之所以思念、存想，又由於其疾病。故人在疾病中可以見鬼。換言之，見鬼只由於人之失常所致，並非眞有其實的。訂鬼篇接着又說：

『……人之見鬼，目光與（當爲衍文）臥亂也。人之晝也，氣倦、精盡，夜則欲臥。臥而目光反，反而精神見人、物之象矣。人病亦氣倦、精盡，目雖不臥，光已亂於臥也，故亦見人、物象。病者之見也，若臥、若否，與夢相似。……精盡、氣倦之效也。何以驗之？以狂者見鬼也。狂癡獨語，不與善人相得者，病困、精亂也。夫病且死之時，亦與狂等。臥、病及狂三者皆精（當有「氣」字）衰倦，目光反照，故皆獨見人、物之象焉。』

人臥而目光反，精神見人、物之象；而病亦氣倦、精盡，目光反亂，見人、物之象。這些都表示臥與病一樣，是可以見鬼的。故云：『人之見鬼，目光臥亂也』。病如此，臥如此，狂亦如此。狂者見鬼，狂癡獨語，不與善人相得，也只由於病困、精亂之故。所以在王充，臥、病、狂三者即同一實，都是由於氣倦、精盡而見鬼的。

王充認爲人有疾病，則畏懼；畏懼，則存想；存想，則目虛見而鬼出。而這正如伯樂之見馬、庖丁之見牛一樣。伯樂所見之馬，並不是眞正的馬，乃只是馬之虛象或幻象；庖丁所見之牛，並不是眞正的牛，亦只是牛之虛象或幻象。依此以驗人病見鬼，其所見之鬼，亦不可能是眞正的鬼，乃必只是死人之虛象或幻象。而其所以如此，亦只由於病人之思念、存想的結果。而且，不僅如此，病者由於身體疾痛，更可以見鬼之毆擊，見鬼之把椎、持繩守立之狀者。這只是恐懼所生之妄見，或存想所虛致，亦只是一種虛象或幻象。由此而分別開說，則病者之思念、存想即可以產生種種鬼態：思念、存想洩於目，即見鬼形；洩於耳，即聞鬼聲；洩於口，即言鬼事。鬼形、鬼聲和鬼事，都是由於思念、存想而產生的，都是虛幻的。

於此而轉從鬼這一方面說，則在王充，鬼之所以出現，乃是隨人疾病之主觀的思念、存想而產生的虛象。換言之，亦即：鬼之所以爲鬼，只是人在不正常的狀態中產生的虛象，並不是一種客觀的眞實存在。人在疾病中，即是在不正常的狀態中。只有在不正常的狀態中，才能產生鬼象；而人之臥及狂，也都是一些不正常的狀態，故同樣亦能產生鬼象。

第三節　妖祥和妖凶

在王充，鬼雖然不是客觀的眞實存在，而只是人在不正常狀態下所產生的虛象，但它又是可以歸屬於妖的。妖是多的，而鬼是其中的一種。人遇吉、凶之時，可以有妖出現。故訂鬼篇說：

『……人且吉凶，妖祥先見。人且死，見百怪。鬼在百怪之中。故妖怪之動，象人之形，或象人之聲爲應，故其妖動不離人形。天地之間，妖怪非一：言有妖，聲有妖，文有妖。或妖氣象人之形，或人含氣爲妖。象人之形，諸所見鬼是也。人含氣爲妖，巫之類是也。是以實巫之辭，無所因據，其吉、凶自從口出，若童之謠矣。童謠口自言、巫辭意自出。口自言、意自出，則其爲人，與聲氣自立、音聲自發，同一實也。世稱：紂之時，夜郊鬼哭；及倉頡作書，鬼夜哭。氣能象人聲而哭，則亦能象人形而見，則人以爲鬼矣』。

所謂鬼在百怪之中：就可以表示鬼是妖的一種。而妖之動必象人形，或象人聲而爲應：更表示妖之出現不離人聲、人形。依王充，天地之間，妖怪甚多：有從言見、有從聲見、有從文見。從言見，則言有妖；從聲見，則聲有妖；從文見，則文有妖。但不管什麼妖，總不外乎以下的兩類：或妖氣象人之形，或人含氣爲妖。人含氣爲妖，即是含妖氣之人所爲的妖，亦即是巫和童謠之類；妖氣象人之形，即妖氣所成之妖，亦即是世俗所見之鬼。故鬼乃是妖氣（或即下文所謂『毒氣』）所成之妖。因此，世俗所謂紂之時夜郊鬼哭，以及倉頡作書之時鬼夜哭：即是象人聲之妖，亦必是象人形之妖；並不是鬼，只是世人以爲鬼而已。

鬼即是妖氣象人形之妖。而妖之出現，又必依人之吉、凶。故云：『人且吉、凶，妖祥先見；人且死，見百怪』。由此推之，國之昌、亡，也是一樣的。所以訂鬼篇接着又說：

『鬼之見也，人之妖也。天地之間，禍福之至，皆有兆象，有漸不卒然，有象不猥來。天地之道：人將亡，凶亦出；國將亡，妖亦見。猶人且吉，吉祥至；國且昌，昌瑞到矣。故夫瑞應、妖祥，其實一也。而世獨謂鬼者不在妖祥之中，謂鬼猶神而能害人，不通妖祥之道，不睹物氣之變也』。

鬼即是妖。妖之出現必爲人之禍福以至國之昌亡的兆象。人且亡，凶亦出；國將亡，妖亦見：這所謂『凶』和『妖』，應該是指『妖凶』而說的。而人且吉，吉祥至；國且昌，昌瑞到：這所謂『吉祥』、

『昌瑞』，則應該是指『妖祥』而說的。如此，則在王充，人且吉、國且昌，可以有妖祥；人將凶、國將亡，亦可以有妖凶。（因而，王充以為鬼在妖祥之中，亦必包括妖凶在內。包括妖凶在內，則鬼不只在妖祥之中，亦同樣在妖凶之中）。妖祥和瑞應既然可以相同，則妖凶和災變亦應該是相似的。而妖祥和妖凶之來，乃是人之吉凶、國之興亡的兆象。關於這一意思，王充在紀妖篇是說得很多的。茲分以下六點略予申述：

1. 衛靈公往晉，經濮水，聞琴聲，使師涓譜成新聲，後奏於晉平公之座。而師曠聽之，以為師延（紂時樂師）所作之清商，並謂『先聞此聲者，國削』。但平公樂意先聞之，且因之而聞清商。平公既聞清商，更強使師曠繼奏清徵、清角等曲，結果異象百出，而晉國大旱，平公亦得重病。王充以為這如果不是衛國將削，便是晉平公將病以及其國且旱之妖。而濮水琴聲，亦非師延之鬼所鼓，（因為師延投水而死，形體朽而精氣消，不能復鼓），當然只是一種妖凶。

2. 晉趙簡子病，五日不知人事，居二日半而醒悟。醒悟以後告人說：他至上帝所，甚樂；帝命其射熊、羆，並告其後嗣將昌等事。之後，趙簡子出，又遇當道之人，致上帝之命。王充以為簡子病中所見的都是妖，其所見當道之人亦是妖。而這些妖自然是簡子及其後嗣當昌之妖祥。

3. 智伯率韓、魏攻趙襄子，趙襄子奔保晉陽，原過從路遇三人，自帶以下不可見，予原過竹筒，內有赤書，謂襄子將滅智伯並將得胡林之地。王充以為這是襄子將勝之妖祥，故象人形。

4. 秦始皇三十六年，熒惑星守心，有星下地為石，石上有文：『始皇死而地分』。又，有使者夜過華陰，有持璧遮仗者，因云：『明年祖龍死』。使者問之，人即不見。始皇使人視璧，乃前渡江時所沉之璧，第二年始皇夢與海神戰，如人狀。王充以爲這些都是始皇將死之妖，當然亦是妖凶。

5. 漢高祖爲亭長時，送人徒至驪山，縱所率徒，被酒，夜行澤中，有大虵當道，乃拔劍斬虵。後有人至虵所，見老嫗夜哭，謂虵乃白帝子，爲赤帝子所斬。人以嫗爲妖言，欲笞之，嫗忽不見。王充以爲這些都是高祖初起之妖祥，老嫗是妖，虵亦是妖，都是妖祥之氣所成。

6. 張良椎秦始皇，未中，亡匿下邳之時，於下邳圯橋上見一老父，遺其履，令良取之，因與約五日後平明，在橋上再見。經三次，始見。老父遺良書一篇，並云：『讀是，則爲帝者師。後十三年，子見我濟北穀成山下，黃石，即我也』。老父遂去，不復見。良視其書，乃太公兵法；讀之，後相高祖取天下。王充以爲這是高祖將起，張良爲輔的妖祥：黃石爲老父，爲妖祥之氣之吉驗；太公兵法並非太公之書，亦只是妖祥之氣象其書。

上列六點，妖祥和妖凶，都可以表示人或國之吉凶、興亡的兆象。而兆象亦只是兆象，並不是這些妖眞能爲禍、爲福的。這意思就是說，妖象之出現，只表示人或國有禍、有福的朕兆，而眞正的禍、福，却非這些妖象所給予的。所以王充嘗說：

『國將亡，妖見，其亡非妖也；人將死，鬼來，其死非鬼也。亡國者，兵也；殺人者，病也。何以明之？齊襄公將爲賊所殺，游于姑棼，遂田於貝丘，見大豕。從者曰：「公子彭生也」。公怒曰：「彭生敢見」！引弓射之，豕人立而啼。公懼，墜於車，傷足、喪履，而爲賊殺之。夫殺襄公者，賊也。先見大豕於路，則襄公且死之妖也。人謂之彭生者，有似彭生之狀也。世人皆知殺襄公者非豕，而獨謂鬼能殺人，一惑也』。（訂鬼篇）。

這是很淸楚的，妖、鬼只是互文對顯，實際上鬼即是妖。而國將亡、人將死，妖出現，並非妖使國亡、人死，只是其將亡、將死之預兆。王充引齊襄公見豕人彭生之妖，即是襄公將死之預兆；至其所以死，則在賊而不在妖。而這是可以通於國之興亡、人之禍福而說的。妖之出現只表示興亡、禍福之兆象，並不是眞能爲興亡、禍福的。可是，雖然如此，但若就妖之成因而說，則是尚須加以簡別的。

妖之所以爲妖，在王充，原是就『氣』說的。上文所謂『或妖氣象人之形』，『或人含氣爲妖』，『不通妖祥之道，不睹物氣之變』，這些都可以表示妖之所以爲妖的即是氣。而這所謂氣，說得更切實些，又只是『孤陽無陰』之氣，亦即是王充所謂『太陽之氣』。所以王充在訂鬼篇說：

『故凡世間所謂妖祥、所謂鬼神者，皆太陽之氣爲之也。太陽之氣，天氣也。天能生人之體，故能象人之容。夫人所以生者，陰、陽氣也。陰氣主爲骨肉，陽氣主爲精神。人之生也，陽氣具，故骨肉堅，精氣盛。精氣爲知，骨肉爲强，故精神言談，形體固守。骨肉、精神合錯相持，故能常見而不滅亡也。太陽之氣盛（當作「孤」）而無陰，故徒能爲象，不能爲形。無骨肉、有精氣，故一見荒忽，輒復滅亡也』。

這一段是說，人之所以生成必具陰、陽二氣，始有骨肉、精神合錯相持之固定不滅的形體。至於世所謂妖祥或鬼神，則只具太陽——『孤陽無陰』——之氣，故無固定不滅之形體，而只有其荒忽即滅的虛象。這正表示王充是以太陽之氣解釋妖象（或鬼神）的。其意思即等於說，妖象只是太陽之氣所形成，故亦只是一種荒忽即滅的虛象。

僅就太陽之氣所形成之虛象說，則妖象自然只能表示興亡、禍福之兆象，而是不必眞能爲興亡、禍福的。這是可以說通的。但就太陽之氣所生成之毒物言，却又不能一概而論了。依王充：

『天下萬物含太陽之氣而生者，皆有毒螫。毒螫渥者：在蟲，則爲蝮蛇、蜂蠆；在草，則爲巴豆，冶葛；在魚，則爲鮭與鯵鯺。故人食鮭肝而死。爲鯵鯺，螫有毒。魚與鳥同類，故鳥蜚，魚亦蜚；鳥卵，魚亦卵。蝮蛇、蜂蠆皆卵，同性類也。其在人也，則爲小人。故小人之口，爲禍天下。小人皆懷毒氣。……』。（言毒篇）。

這就是說，毒物和小人均因含太陽之氣所以都能害人。如此，則由太陽之氣所成的妖，亦應該是同樣能害人的。王充又說：

『天地之氣爲妖者，太陽之氣也。妖與毒同：氣中傷人者謂之毒，氣變化者謂之妖。世謂：童謠，熒惑使之。彼言有所見也（註五）。熒惑火星，火有毒熒。故當熒惑守宿，國有禍敗。火氣恍惚，故妖象存亡。……鬼，陽氣也，時藏、時見。陽氣赤，故世人盡見鬼，其色純朱。蜚（通「飛」）凶，陽也。陽，火也。故蜚凶之類爲火光。火熱焦物，故止集樹木，枝葉枯死。洪範五行，二曰火；五事，二曰言。言、火同氣，故童謠、詩歌爲妖言。言出文成，故世有文書之怪。

世謂童子爲陽，故妖言出於小童。……巫含陽氣，以故陽地之民多爲巫。巫黨於鬼，故巫者爲鬼巫。鬼巫比於童謠，故巫之審者，能處吉、凶。吉、凶能處，吉、凶之徒也。故申生之妖見於巫。巫含陽能見爲妖也。申生爲妖，則知杜伯、莊子義厲鬼之徒皆妖也。杜伯之厲（當作「屬」爲妖，則其弓、矢、投（當作「杖」）、措（當作「楫」）皆妖毒也。妖象人之形，其毒象人之兵。鬼、毒同色，故杜伯弓、矢皆朱彤也。毒象人之兵，則其中人，人輒死也。中人微者，即爲腓，病者不即時死。何則？腓者，毒氣所加也』。（訂鬼篇）。

太陽之氣爲妖，妖與毒同。太陽之氣中傷人者爲毒，其變化者爲妖。故妖之所以爲妖，只是太陽之氣多一層變化而已。如何變化，王充沒有說到。但依其意推之，如熒惑、飛凶、童謠、鬼巫及鬼等，當該都是太陽之氣或火氣變化而成，亦即妖都是由太陽之氣或火氣變化而成的。而這些由太陽之氣變化而成之妖，其本身當該有毒的，因爲妖、毒是相同的；而其所用之器具，則更是有毒的。如杜伯之屬爲妖，其弓、矢、杖、楫皆爲妖毒。妖毒必能殺人，故杜伯之弓、矢、杖、楫中人而人即死。這就表示鬼妖之器必能殺人。王充又說：

『人見鬼者，言其色赤。太陽妖氣，自如其色。鬼爲烈毒，犯人輒死，故杜伯射周宣立崩。鬼所齎物，陽火之類，杜伯弓矢，其色皆赤。南道名毒曰短狐（當作「弧」），杜伯之象執弓而射，陽氣因（當作「困」）而激，激而射。故其中人，象弓、矢之形。……』。（言毒篇）。

這也是以杜伯爲例而說的。他所謂『鬼爲烈毒，犯人輒死，故杜伯射周宣立崩』：實在表示杜伯本身就是能殺人之妖毒。而杜伯之弓、矢皆赤，中人輒死，則其所賫之物更能殺人。妖毒能殺人，即使不殺人，却可以使人腓，亦即可以使人疾病。

所以妖是眞能禍人的。妖雖然眞能禍人，但亦只是有些妖如此，有些却並不如此。王充說：

『妖或施其毒，不見其體；或見其形，不施其毒；或出其聲，不成其言；或明其言，不知其音。若夫申生，見其體，成其言者也；杜伯之厲，見其體，施其毒者也；詩妖、童謠、石言之屬，明其言者也；濮水琴聲，紂郊鬼哭，出其聲者也。妖之見出也，或且凶而豫見，或凶至而因出。因出，則妖與毒俱行；豫見，妖出不能毒。申生之見，豫見之妖也；杜伯、莊子義、厲鬼至，因出之妖也。周宣王、燕簡公、宋夜姑時當死，故妖見、毒因擊；晉惠公身當獲、命未死，故妖直見而毒不射。然則杜伯、莊子義、厲鬼之見，周宣王、燕簡、夜姑且死之妖也；申生之出，晉惠公見獲之妖也；伯有之夢，駟帶、公孫段且卒之妖也；老父結草，魏顆且勝之祥，亦或時杜回見獲之妖也；蒼犬噬呂后，呂后且死，妖象犬形也；魏其（當作「竇嬰」）、灌夫守武安，武安且卒，妖象竇嬰、灌夫之面也』。（訂鬼篇）。

這一段所說，其主要意思即在指陳，豫見之妖與因出之妖的不同。所謂豫見之妖，即是人將凶而妖豫見，如晉惠公將見獲於秦，申生之妖見於巫；所謂因出之妖，即是凶至而妖亦出，如周宣王、燕簡公等當死之時，杜伯、莊子義等妖亦同時出現。而在王充，豫見之妖，只是有其形而不施其毒的。這種妖應該只表示人將凶之兆象，並不是眞能加禍於人的。故申生之出只表示惠公當獲之妖象，並非眞能加禍惠公的——即上文公子彭生豕人之出，爲齊襄公將死之妖，也是同樣的。至於因出之妖，則是見其形而施其毒者。這種妖就不只是人將凶之兆象，乃是妖見而毒亦擊，是眞能加禍於人的。故杜伯之妖爲凶至之兆象，而同時亦是眞能加禍於宣王的。此外，如上文所謂趙簡子病中所見之妖、醒後所見之妖——當道之人致天帝命，趙襄子獲竹筒之妖，高祖斬蚍之妖，黃石老父授張良書之妖，也應該都是眞能加福之妖。由此可知：王充所謂豫見之妖，固然可以表示禍、福之兆象，不必眞能禍人、福人；而其所謂因出之妖，則不只是一種兆象，的確又是眞能禍人、福人的。妖能爲福於人，可以說是妖祥；而能爲禍於人，當然可以說是妖凶。

第四節　妖、鬼說之矛盾

王充妖、鬼說的重要情形，大抵已盡於上述。王充的妖、鬼說，本來也只是一些理論，不必就能接觸什麼眞實的。不過，理論而只如其爲理論言，理論本身亦須沒有矛盾，才能成說。事實上，王充這些理論，的確是有不少矛盾的，所以自然也是有問題的。以下，我們略擧數項加以指陳。

第一，王充說：『凡世間所謂妖祥、所謂鬼神者，皆太陽之氣爲之也』。而太陽（孤陽無陰）之氣，王充以爲又是有毒的，並且妖必含毒，妖與毒同。因此，天地之間如果眞有妖的話，則必都是有毒的。有毒的，必是害人的。依此而言，則王充所謂預見之妖，必只成爲『禍』將至的兆象，決不能成爲『福』將至的兆象；同樣，其所謂因出之妖，亦必只能爲『禍』於人，決不可能爲『福』於人。

只由於凡妖都有毒、都能害人的緣故。所以只要誰見妖，誰就是倒霉的！如此，則預見之妖何能表示福將至的兆象？因出之妖何能成爲獲福的妖祥？王充以其爲如此，當然是矛盾的。

第二，在王充，人之見鬼非見死人之精神，而只由於其主觀的思念、存想所致之虛象。故鬼並不是客觀的眞實。（要說有鬼、神，亦只是名義上的）。可是，王充又以鬼爲妖之一種，妖、鬼都是太陽之氣所成的。而太陽之氣又即是天之氣。太陽之氣固然有毒，但究竟還是天之氣。既然是天之氣，則在王充，其本身當然是一客觀而眞實的存在。（王充是以天之氣解說一切的，如果天之氣不是一客觀而眞實的存在，則其整套思想都必成爲虛幻）。而由此客觀而眞實的天之氣所成的妖，當然是一客觀的眞實；由此客觀而眞實的天之氣所成的鬼，當然也是一客觀的眞實。如此，則以人之見鬼爲由主觀的思念、存想所致之虛象，能說不是一大矛盾嗎？

第三，王充以爲人死、氣滅而形體朽，故不能爲鬼、無知、不能害人。但他又將鬼列爲妖的一種，以爲是太陽之氣所成，故必有其客觀的眞實性，亦必有知而能害人的。如此，則就其所謂『人死不爲鬼、無知、不能害人』言，當然也是一種矛盾。

從前面的三項矛盾言，王充的妖、鬼之說實在都是戲論。本來，妖、鬼等觀念確實是極難論列的。說它們是眞實存在，無法證明，說它們是虛妄，也無法證明。原始儒家肯定鬼神，主要是從不容已的仁心上加以體認的（註六），乃是一應然世界的事。王充由人死、氣滅、體朽而言其非眞實，乃是完全落在實然世界說話，最多只能表示一種說法，絕不能接觸應然世界之眞實的。而最可怪的，王充否認人死爲鬼，但却依然肯定有妖，並爲它找出什麼太陽之氣作解釋。人死爲鬼，王充既然以爲虛妄，那裡還有不虛妄的妖？難道如濮水琴聲和杜伯之射周宣一類，說他們是鬼即虛妄，說他們是妖就不虛妄嗎？這實在是難以想像的！而且，更要把鬼拉到妖中去說，以至造成無法自解的矛盾。這實在是尤其不易想像的！

註一　此處原文作『世謂死人爲鬼、有知、能害人。試以物類驗之，死人不爲鬼、無知、不能害人』。黃暉論衡校釋引『孫（人和）曰：「世謂死人爲鬼」，當作「世謂人死爲鬼」；「死人不爲鬼」，當作「人死不爲鬼」。文誤倒也。下文云：「物死不爲鬼，人死何故獨能爲鬼？」又云：「人死血脉竭，竭而精氣滅，滅而形體朽，朽而成灰土，何用爲鬼」？……是此文當作「人死」明矣。世說新語方正篇注引並作「人死」、尤其切證』。（劉盼遂論衡集解同）。

註二　論衡有薄葬篇，主張薄葬。在該篇，王充對儒、墨二家均曾深致其不滿。他以爲孔子並非不明生、死之實，只是不肯明說人死無知，蓋『夫言（當有「死」字）人無知，則臣子倍同（同「背」）其君、父。……聖人懼開不孝之源，故不明死（當有「人」）無知之實』。而其對於孔子（或儒家）這種態度是很不滿的，他說：『異道不相連。事生厚，化自生；雖事死泊（薄），何損於化？使死者有知，倍（同背）之非也；使無知，倍之何損？明其無知，未必有背死之害；不明無知，成事：已有賊生之費』。又說：『論死不悉，則奢禮不絕；不絕，則喪物索用。用索物喪，民貧耗之至，危亡之道也』。這些都表示對於孔子或儒家之不滿。王充此說實誤，儒家在仁的立場是肯定鬼神爲眞實存在的、是有知的。此請參閱拙作儒墨平議上篇第三章。王充以爲儒家不明生、死之實，而只在『懼開不孝之源』之作用上主厚葬，這尤不相應。至其對於墨子之不滿，他在該篇嘗說：『墨家（其實應該說墨子）之議，自違其術，其薄葬而又右鬼。右鬼引效，以杜伯爲驗。杜伯死人，如謂杜伯爲鬼，則夫死者審有知。如有知而薄葬之，是怒死人也。情欲厚而惡薄，以薄受死者之責，雖右鬼，其何益哉？……如以鬼非死人，則其信杜伯非也；如以鬼是死人，則其薄葬非也』。這是對於墨子之不滿，以爲右鬼與薄葬是自相矛盾的。大體王充以人死不爲鬼，主要目的即在使世俗能行薄葬。故對作篇嘗說：『論死、訂鬼，所以使俗薄喪葬也』。又說：『今著論死及死僞之篇，明（當有「人」字）死無知、不能爲鬼，冀觀覽者將一曉解約葬，更爲節儉。斯蓋論衡有益之驗也』。

註　三　王充主張人死不爲鬼，故祭祀鬼神是無意義的。要說有意義，亦只在於『緣生事死』以報恩、報功而已。故祀義篇說：『實者，祭祀之意，主人自盡恩懃而已，鬼神未必歆享之也。何以明之？今所祭者報功，則緣生人爲恩義耳，何歆享之有？今所祭（當有「者」字）死人，死人無知，不能飮食』。又說：『宗廟，己之先也。生存之時，謹敬供養；死不敢不信，故脩祭祀。緣生事死，示不忘先。五帝、三王郊宗黃帝、帝嚳之屬，功堅（當作「重」）力，不敢忘德，未必有鬼神審能歆享之也』。祭意篇亦說：『王者父事天，母事地；推人事父、母之事，故亦有祭天、地之祀。山川以下，報功之義也。緣生人有功得賞，鬼神有功亦祀之……』。凡此所說，可見王充對於一切祭祀，（除王者祭天、地外），只在緣生事死以報恩、報功，並不是眞爲鬼神而祭的。而這亦正可以說，祭祀只有主觀（指生者）上的意義，而並無客觀（指鬼神）上的意義。這在王充，主要即因人死不爲鬼以及『鬼神只是名義上底存在』的緣故。（按祭祀只有主觀意義而無客觀意義，這正好如墨子書公孟篇所謂『執無鬼神而學祭禮，是猶無客而學客禮也，是猶無魚而爲魚罟也』）。

註　四　四庫全書，乾隆談王充論衡：『……且其死僞篇以杜伯之鬼爲無，而言毒篇又以杜伯之鬼爲有。似此矛盾處不可屈指數，予故闢而呵之』。

註　五　按此句：『世謂童謠熒惑使之彼言有所見也』，前人校者有以『彼言』下爲讀，不可通。故亦有疑其脫誤者。劉盼遂論衡集解云：『盼遂案，古傳熒惑星化爲小兒，下敎羣兒謠諺。論衡爲「世謂童謠句，熒惑使之句，彼言有所見也句。蓋上二句，世俗所說如此，仲任謂世俗之言亦有所見，非可盡誣。以後則重伸其義也』。按劉說甚確，可從。

註　六　詳情見拙儒墨平議上篇第三章。

參考書目

論衡（三十卷，漢王充撰，四部備要本，中華書局倣宋版影印）。

論衡校釋（三十卷，黃暉撰，臺灣商務印書館發行。該書附編六種，一、爲論衡佚文；二、爲黃暉王充年譜；三、爲論衡舊評，自抱朴子以下至近代收錄頗多，便於參考；四、爲胡適王充的論衡；五、爲論衡版本卷帙考；六、爲論衡舊序，亦便於參考）。

論衡集解（三十卷，劉盼遂撰，世界書局印行。該書註釋頗少，附錄一種，類似黃暉校釋附編三，唯收錄近人資料較多，尤便參考）。

尚書（十三經注疏本）。

書經集註（宋蔡沈集傳，新陸書局印行）。

詩經（十三經注疏本）。

詩經集註（宋朱熹註）。

周易（十三經注疏本）。

禮記（十三經注疏本）。

大戴禮記解詁（清王聘珍撰，世界書局印行）。

大小戴記選注（王夢鷗選注，正中書局印行）。

國語（二十一卷附札記一卷，吳韋昭撰，士禮居黃氏叢書本，上海石竹山房影印）。
左傳（十三經注疏本）。
左傳會箋（日本竹添光鴻會箋，廣文書局印行）。
春秋公羊傳何氏解詁（漢何休解詁，新興書局發行）。
論語（十三經注疏本）。
論語集註（宋朱熹註）。
論語會箋（徐英編著，正中書局印行）。
孟子（十三經注疏本）。
孟子集註（宋朱熹集註）。
老子道德經注（晉王弼撰，唐陸德明釋文，世界書局印行）。
墨子閒詁（清孫貽讓撰，世界書局印行）。
莊子集釋（晉郭象注，唐成玄英疏，唐陸德明釋文，世界書局印行）。
荀子集解（唐楊倞注，清王先謙集解，世界書局印行）。
荀子約注（梁叔任撰，世界書局印行）。
韓非子集解（清王先愼撰，世界書局印行）。
列子注（晉張湛撰，世界書局印行）。

呂氏春秋（漢高誘注，清畢沅校，世界書局印行）。
新語（漢陸賈撰，世界書局印行）。
韓詩外傳（漢韓嬰撰，漢魏叢書本）。
春秋繁露（漢董仲舒著，漢魏叢書本）。
春秋繁露注（清凌曙注，世界書局印行）。
淮南子（漢高誘注，世界書局印行）。
鹽鐵論（漢桓寬撰，清張敦仁考證，世界書局印行）。
說苑（漢劉向撰，漢魏叢書本）。
新序（同上）。
白虎通疏證（十二卷，清陳立撰）。
抱朴子（晉葛洪撰，清孫星衍校正，世界書局印行）。
史記（漢司馬遷撰，司馬貞索隱，裴駰集解，張守節正義，藝文印書館影印）。
漢書（漢班固撰，顏師古注，王先謙集解，同上）。
晉書（唐太宗撰，藝文印書館影印）。
隋書（唐長孫無忌等撰，同上）。
韓昌黎全集（新興書局影印）。

郡齋讀書志（宋晁公武撰，四部叢刋三，臺灣商務印書館影印）。
二程全書（四部備要本，中華書局倣宋版影印）。
張子正蒙注（宋張載撰，明王夫之注）。
朱子語類（宋朱熹語錄）。
象山全集（宋陸九淵撰、四部備要本）
王陽明全書（正中書局印行）。
論衡索引
才性與玄理（牟宗三著，人生出版社印行）。
歷史哲學（宋陸九淵撰，四部備要本）
政道與治道（同上，廣文書局印行）。
荀學大略（同上、中央文物供應社印行）。
中國人性論史（徐復觀著，東海大學出版）。
儒墨平議（陳拱著，臺灣商務印書館印行）。
人之本質與眞理（同上）。
中國哲學史（宜文出版社印行）。

王充思想評論／陳拱著. -- 初版. --臺北市
：臺灣商務, 1996[民85]
面 ； 公分
參考書目：面
ISBN 957-05-1286-5（平裝）

1.（漢）王充-學術思想-哲學

122.7 85003592

王充思想評論

定價新臺幣二八〇元

著作者 陳拱
封面設計 吳郁婷
發行人 張連生
出版者 印刷所 臺灣商務印書館股份有限公司
臺北市重慶南路一段三十七號
電話：（〇二）三一一六一一八
傳真：（〇二）三七一〇二七四
郵政劃撥：〇〇〇〇一六五－一號
出版事業登記證：局版臺業字第〇八三六號

• 一九九六年六月初版第一次印刷

版權所有 • 翻印必究

ISBN 957-05-1286-5（平裝） 10640010